新工科×新商科·大数据与商务智能系列

商务数据分析与应用实训教程

陈海城 甘 宏 张雪存 主 编

吴 爽 林威媚 副主编

电子工业出版社
Publishing House of Electronics Industry
北京·BEIJING

内 容 简 介

本书基于 Excel 数据分析技术，以真实商务场景的数据处理问题为案例，按项目驱动教学方式安排全书体例，更符合高职、应用型本科类学生的教学特色。全书分为 10 个项目，包括市场分析、选品分析、店铺诊断分析、商品分析、用户分析、推广分析、抖音内容营销分析、活动分析、数据报告撰写和数据采集。本书提供配套数据文件和电子课件，读者可登录华信教育资源网（www.hxedu.com.cn）下载使用。

本书可作为高职、应用型本科院校财经类专业学生学习商务数据分析与应用、数据化运营与管理的教材，也可作为从事数据分析工作人员的参考用书。

未经许可，不得以任何方式复制或抄袭本书之部分或全部内容。
版权所有，侵权必究。

图书在版编目（CIP）数据

商务数据分析与应用实训教程 / 陈海城，甘宏，张雪存主编. — 北京：电子工业出版社，2023.10
ISBN 978-7-121-46434-8

Ⅰ.①商… Ⅱ.①陈… ②甘… ③张… Ⅲ.①商业统计－统计数据－统计分析－高等学校－教材 Ⅳ.①F712.3

中国国家版本馆 CIP 数据核字(2023)第 183737 号

责任编辑：王二华
特约编辑：角志磐
印　　刷：北京雁林吉兆印刷有限公司
装　　订：北京雁林吉兆印刷有限公司
出版发行：电子工业出版社
　　　　　北京市海淀区万寿路 173 信箱　邮编：100036
开　　本：787×1092　1/16　印张：13.25　字数：318 千字
版　　次：2023 年 10 月第 1 版
印　　次：2024 年 9 月第 2 次印刷
定　　价：45.00 元

凡所购买电子工业出版社图书有缺损问题，请向购买书店调换。若书店售缺，请与本社发行部联系，联系及邮购电话：（010）88254888，88258888。
质量投诉请发邮件至 zlts@phei.com.cn，盗版侵权举报请发邮件至 dbqq@phei.com.cn。
本书咨询联系方式：wangrh@phei.com.cn。

在数据普及的时代，数据分析应用的重要性不言而喻。本书汇集了商务数据分析实战案例，旨在使读者通过学习实际案例掌握商务数据分析的基本知识和技能，提高数据分析和应用的能力。

本书分为10个项目，包括市场分析、选品分析、店铺诊断分析、商品分析、用户分析、推广分析、抖音内容营销分析、活动分析、数据报告撰写和数据采集。每个项目包含多个任务，每个任务都是针对具体商务问题进行的实战训练，涉及市场容量分析、市场趋势分析、市场竞争分析、蓝海选品分析、红海选品分析、店铺页面诊断分析、商品评价分析、爆款诊断分析、用户响应预测分析、直通车报表分析、直通车推广词分析、MCN机构分析、短视频效果分析、活动复盘分析和数据报告撰写等方面。

本书的特色体现在以下几个方面。

(1) 实战性强。本书以商务数据分析实战案例为主线，每个任务都是针对实际问题解决方案的实战演练，可以帮助读者快速掌握商务数据分析的基本知识和技能。

(2) 内容全面。本书不仅包含了市场分析、选品分析、店铺诊断分析、商品分析、用户分析、推广分析、抖音内容营销分析、活动分析、数据报告撰写和数据采集等方面的内容，还涵盖了商务数据分析的各个方面。

(3) 案例实际。本书中的案例都是真实的商务案例，通过这些案例读者可以深入了解商务数据分析的特点和应用。读者可登录华信教育资源网（www.hxedu.com.cn）获取本书的数据文件、操作步骤图和电子课件。

(4) 易于上手。本书使用Excel作为分析工具，易于读者上手操作。

总之，本书是一本实战性强、内容全面、案例实际、易于上手的商务数据分析与应用实训教程。希望通过对本书的学习，读者可以快速掌握商务数据分析的基本知识和技能，提高数据分析和应用实战能力，为未来的职业发展打下坚实的基础。

编 者

目录

项目1　市场分析 ... 1
　　任务1　市场容量分析 ... 2
　　任务2　市场趋势分析 ... 10
　　任务3　市场人群分析 ... 18
　　任务4　市场竞争分析 ... 32

项目2　选品分析 ... 49
　　任务1　蓝海选品分析 ... 50
　　任务2　红海选品分析 ... 54

项目3　店铺诊断分析 ... 58
　　任务1　店铺页面诊断分析 ... 59
　　任务2　店铺商品结构分析 ... 64
　　任务3　店铺问题溯源分析 ... 66

项目4　商品分析 ... 73
　　任务1　商品评价分析 ... 74
　　任务2　爆款诊断分析 ... 79
　　任务3　商品生命周期分析 ... 95
　　任务4　商品关键词分析 ... 96
　　任务5　商品补货计划分析 ... 103

项目5　用户分析 ... 109
　　任务1　店铺用户地域打标 ... 110
　　任务2　用户响应预测分析 ... 114
　　任务3　用户价值分析 ... 118
　　任务4　用户舆情分析 ... 124

项目6　推广分析 ... 130
　　任务1　直通车报表分析 ... 131

任务2　直通车推广词分析 ································ 140

项目7　抖音内容营销分析 ································ 152
　　任务1　MCN机构分析 ································ 153
　　任务2　主播账号与定位分析 ·························· 155
　　任务3　短视频效果分析 ······························ 166
　　任务4　直播效果分析 ································ 172

项目8　活动分析 ·· 175
　　任务1　聚划算活动效果分析 ·························· 176
　　任务2　店内促销分析 ································ 179
　　任务3　活动复盘分析 ································ 183

项目9　数据报告撰写 ···································· 188
　　任务1　数据报告结构设计 ···························· 189
　　任务2　数据报告配图设计 ···························· 191
　　任务3　数据报告文案撰写 ···························· 193

项目10　数据采集 ······································· 195
　　任务1　静态数据采集(一) ····························· 196
　　任务2　静态数据采集(二) ····························· 198
　　任务3　动态数据采集 ································ 201

项目1 市场分析

【场景描述】

企业 A 是一家设计并生产运动服及休闲服装的 OEM（原始设备制造商）企业，主要为淘宝或天猫的卖家加工生产各类服装。随着业务发展，企业 A 想打造自有品牌并开展网络销售，但企业 A 从未涉足过一线的网络销售活动，为了更好地了解市场需求、把控市场，企业 A 想对淘宝和天猫平台的运动服及休闲服装市场的整体情况进行分析。

【项目目标】

本项目通过历年的市场数据对某商品类目的市场整体规模、变化规律及竞争情况进行分析，了解该商品类目的客群特征及竞争商品的变化趋势，为运营目标的制定和切入市场时机的选择提供数据支持。

【分析思路】

项目	任务	分析维度
市场分析	任务1：市场容量分析	■ 二级类目的市场容量与占比
	任务2：市场趋势分析	■ 市场容量趋势 ■ 同比与环比
	任务3：市场人群分析	■ 市场人群的地域、性别、职业、年龄等特征 ■ 人口年龄结构特征
	任务4：市场竞争分析	■ 市场卖家竞争度 ■ 目标市场店铺集中度 ■ 竞争店铺的核心指标 ■ 竞品的基本属性及变化趋势

任务 1 市场容量分析

了解市场容量分析的意义，掌握市场容量分析的思路，熟悉市场容量分析的方法；通过分析二级类目的市场容量及占比，找出该类目市场份额占比较大的二级类目，并使用“波士顿矩阵法”查看各二级类目的年增长幅度与成交金额占比情况，找到年成交金额占比较大且增幅较高的机会类目，为企业进入该一级类目市场下的二级类目市场提供数据支持。

注：该任务所用到的文件为“1-1 市场分析数据”。

【操作手册】

步骤 1 市场容量及占比分析

打开“1-1 市场分析数据”文件，如图 1-1 所示。

	A	B	C	D	E	F	G	H	I	J	K
1	一级类目	二级类目	日期	成交金额	访客数	搜索人数	支付件数	加购次数	加购人数	浏览量	成交金额较父
2	运动服/休闲服装	健身服装	2018/1/1	14357892.38	2774375	676259	0	442042	216752	10606982	0.022706
3	运动服/休闲服装	健身服装	2018/2/1	8348044.48	2433483	545982	0	402723	168840	8344407	0.022759
4	运动服/休闲服装	健身服装	2018/3/1	24273922.07	5137247	1351510	0	683732	428145	19533815	0.024718
5	运动服/休闲服装	健身服装	2018/4/1	24489028.12	5599047	1399241	0	714171	443388	20113879	0.024566
6	运动服/休闲服装	健身服装	2018/5/1	27028015.14	6179252	1528859	0	796025	487345	21991231	0.028084
7	运动服/休闲服装	健身服装	2018/6/1	29055703.77	6650923	1557922	0	908894	560099	23655107	0.035705
8	运动服/休闲服装	健身服装	2018/7/1	31582248.16	7210967	1685441	0	1077910	651523	27690512	0.047393
9	运动服/休闲服装	健身服装	2018/8/1	31350368.62	8318459	1736156	0	1096781	673688	27331460	0.046877
10	运动服/休闲服装	健身服装	2018/9/1	33234960.15	7228332	1687797	0	1021549	645144	24231814	0.037753
11	运动服/休闲服装	健身服装	2018/10/1	42432354.45	8470605	2098888	0	1267606	797345	28004647	0.043517
12	运动服/休闲服装	健身服装	2018/11/1	71938946.86	12884076	2798274	0	2453156	1501814	47323301	0.049553
13	运动服/休闲服装	健身服装	2018/12/1	57641999.42	10526629	2453552	946914	1748625	1066593	40657481	0.060405
14	运动服/休闲服装	健身服装	2019/1/1	42727543.8	10157377	2256416	669256	1474191	902148	37615765	0.053832
15	运动服/休闲服装	健身服装	2019/2/1	39875154.01	10308748	2245331	454822	1656235	991671	41459552	0.079175
16	运动服/休闲服装	健身服装	2019/3/1	83449656.88	19338759	4480986	1581339	3310463	2012701	80673877	0.07812
17	运动服/休闲服装	健身服装	2019/4/1	73336144.71	17512224	3760508	1019082	2829793	1728970	71223036	0.069522

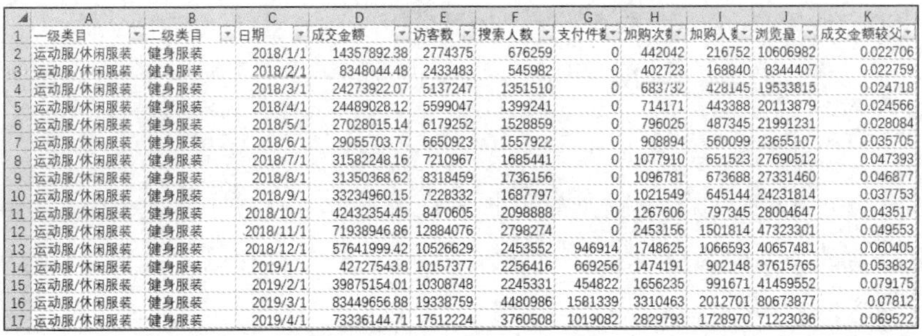

图 1-1

在“插入”选项卡中选择“数据透视表”选项，单击“确定”按钮，如图 1-2 所示。

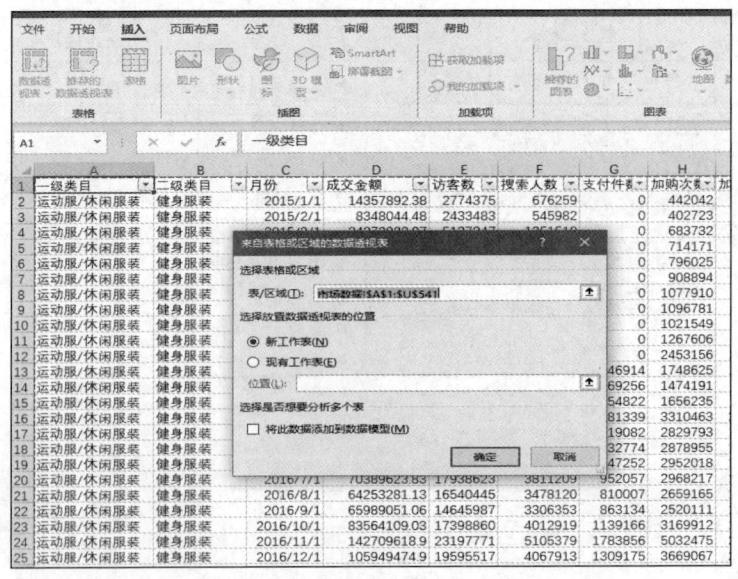

图 1-2

设置"数据透视表字段":在"数据透视表字段"窗格设置中,将其中"二级类目"字段放入"行"标签框,将"求和项:成交金额"字段放入"值"标签框,如图1-3所示。

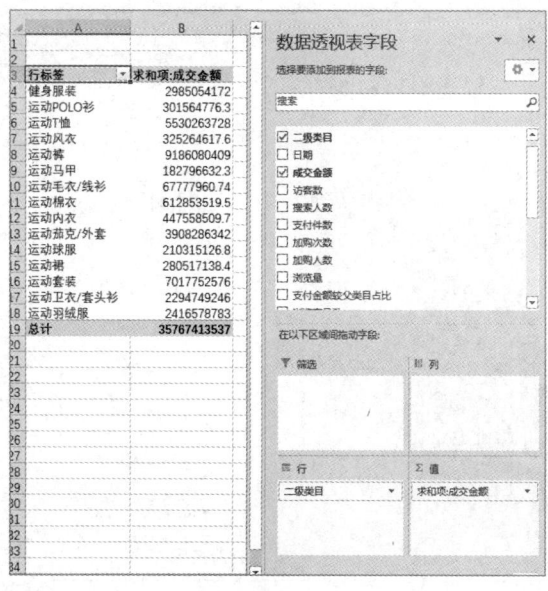

图1-3

在"插入"选项卡中的"推荐的图表"功能组中选择"二维饼图"选项,如图1-4所示。

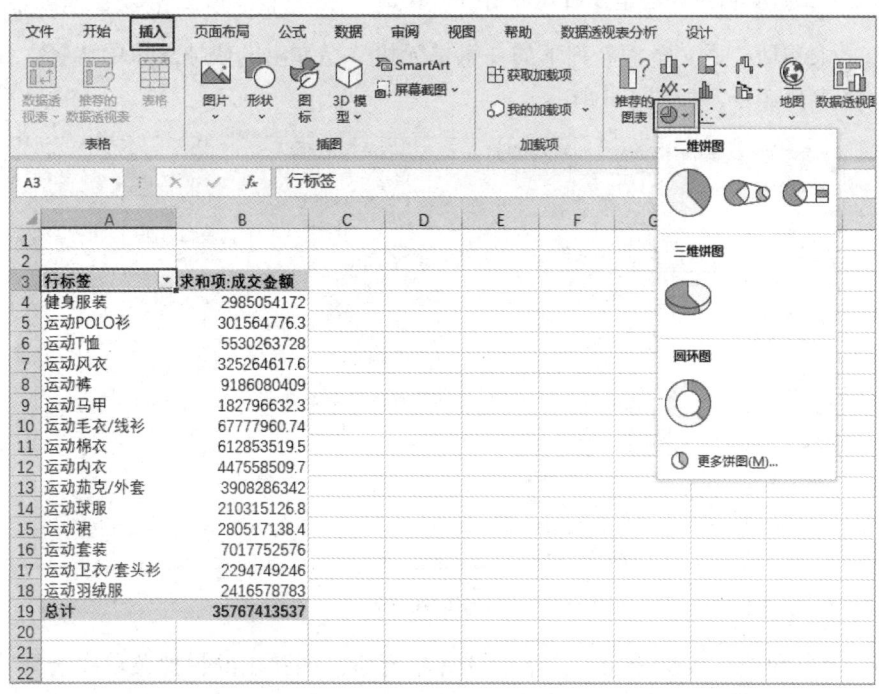

图1-4

优化图表：单击"二级类目容量图"右上角的"+"按钮，在"图表元素"窗格中勾选"图表标题""数据标签""图例"复选框，将"图表标题"设置为"二级类目容量图"，如图1-5所示。

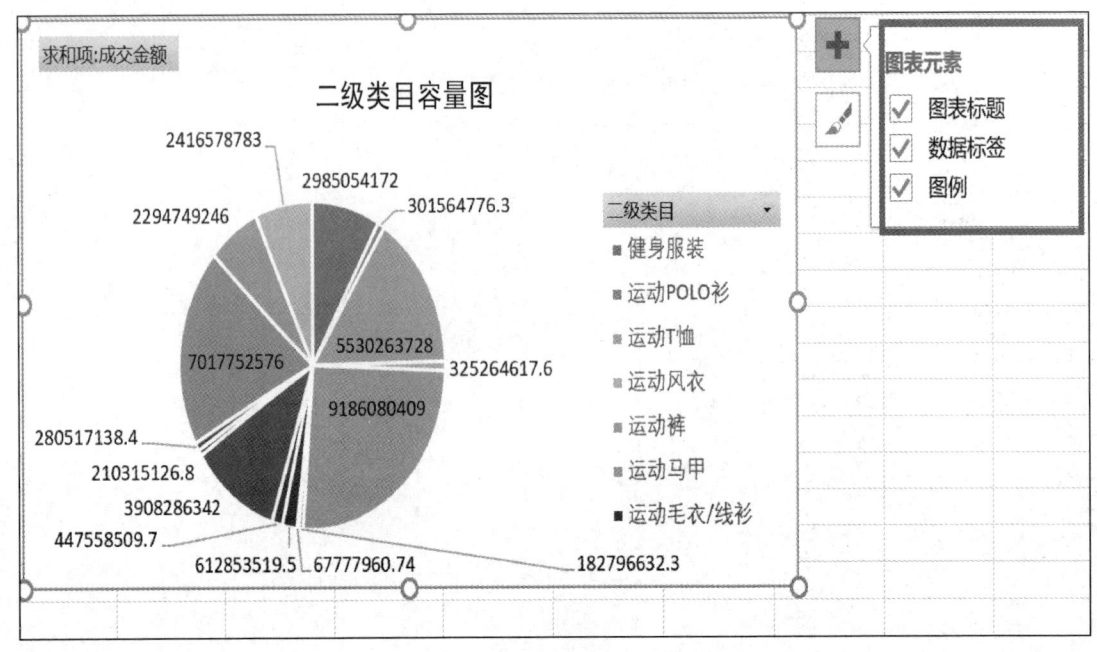

图1-5

步骤2　二级类目市场容量及占比分析

右击"求和项：成交金额"列下的任意单元格，在弹出的快捷菜单中选择"排序"选项中的"降序"命令，如图1-6所示。

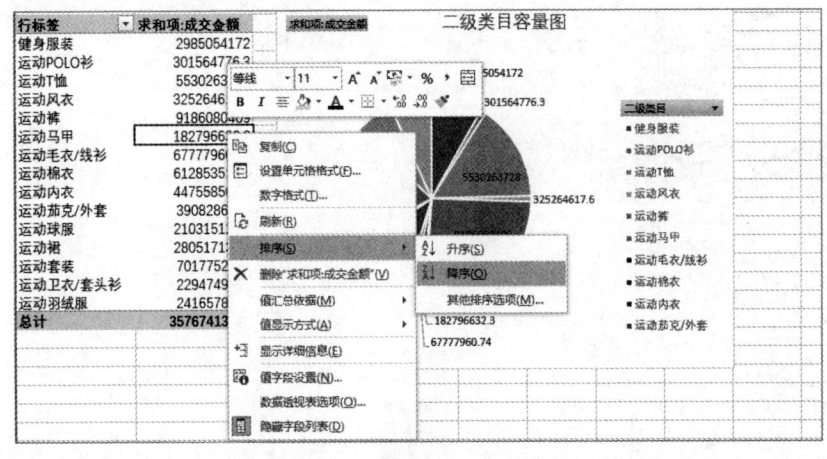

图1-6

右击"求和项：成交金额"列下的任意单元格，在弹出的快捷菜单中选择"值显示方式"选项中的"总计的百分比"命令，如图1-7所示。

项目1 市场分析

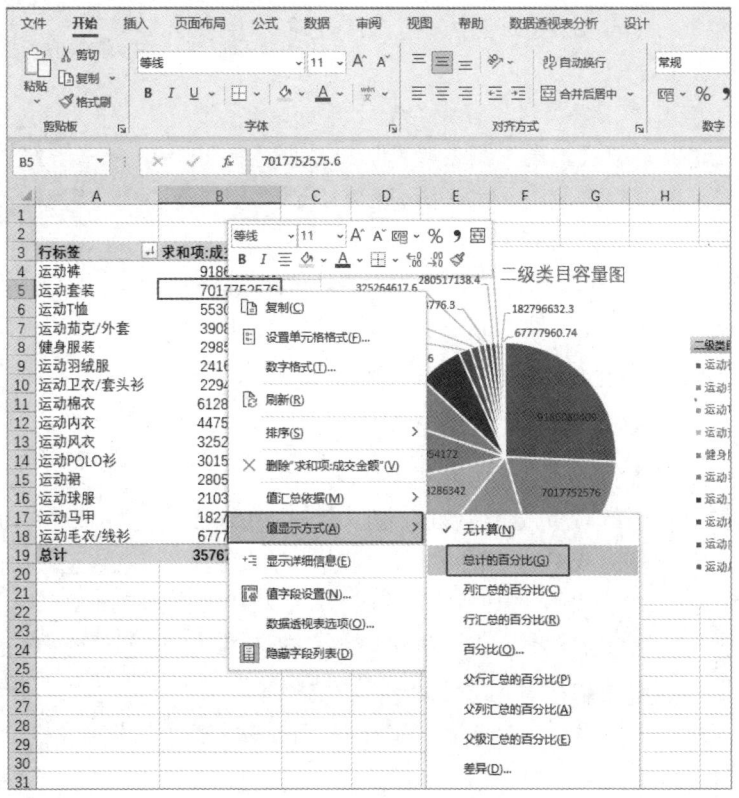

图 1-7

单击"二级类目容量图"右上角的"+"按钮,在"图表元素"窗格中单击"数据标签"右侧展开按钮,选择"更多选项"选项,调出右侧"设置数据标签格式"窗格,如图1-8所示。

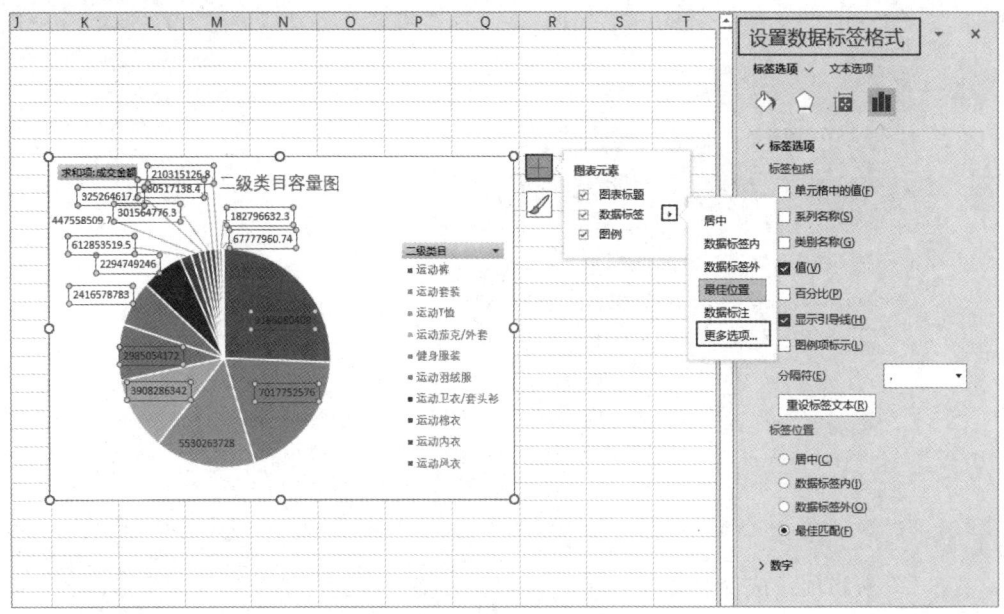

图 1-8

5

在"设置数据标签格式"窗格中勾选"类别名称"复选框,如图1-9所示。

优化图表:单击"二级类目容量图"右上角的"+"按钮,在"图表元素"窗格中只勾选"图表标题""数据标签"复选框,不勾选"图例"复选框,将"图表标题"改为"二级类目容量占比图",如图1-10所示。

【图表解析】由图1-10可知,运动裤以25.54%的占比在所有的二级类目中占比最大,其次为运动T恤,占比15.83%。

步骤3 二级类目成交金额增幅及占比分析

打开"1-1 市场分析数据"文件,在"插入"选项卡中选择"数据透视表"选项,在"数据透视表字段"窗格中勾选"二级类目""日期""成交金额"复选框。此时,Excel会自动将"日期"与段生成多粒度的字段,包括"年""季度""日期"。其中,将"年"字段放入"列"标签框,将"二级类目"字段放入"行"标签框,将"求和项:成交金额"字段放入"值"标签框两次,取消勾选"季度""日期"复选框,将其中一列"求和项:成交金额"字段的"值显示方式"设置为"总计的百分比"选项,结果如图1-11所示。

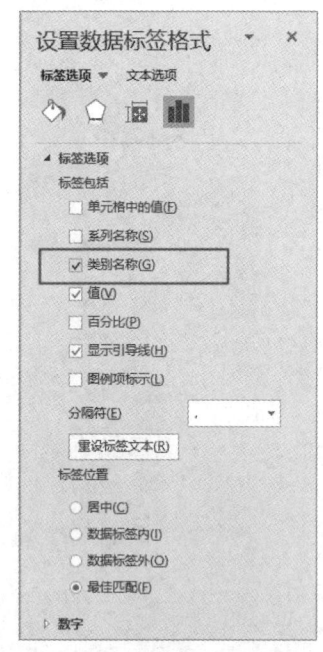

图1-9

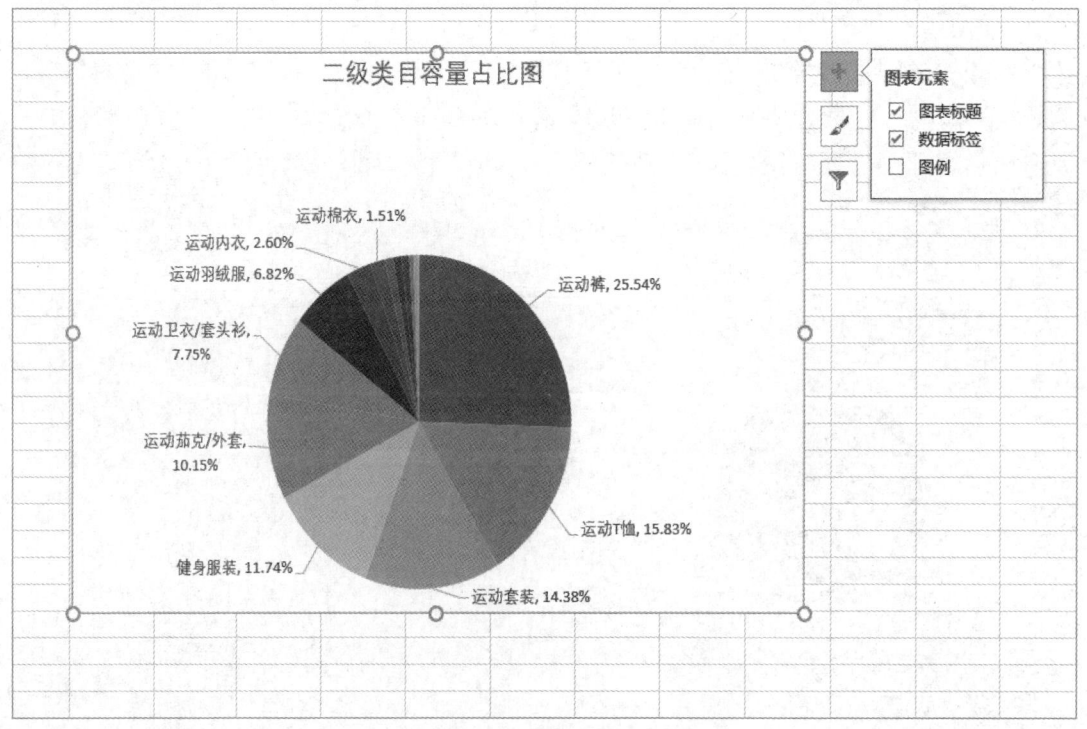

图1-10

另一列“求和项：成交金额 2”字段的“值显示方式”设置为“差异百分比”选项，在“值显示方式(求和项：成交金额 2)”对话框中，“基本字段”设置为“年”选项，“基本值”设置为“(上一个)”选项，结果如图 1-12 所示。

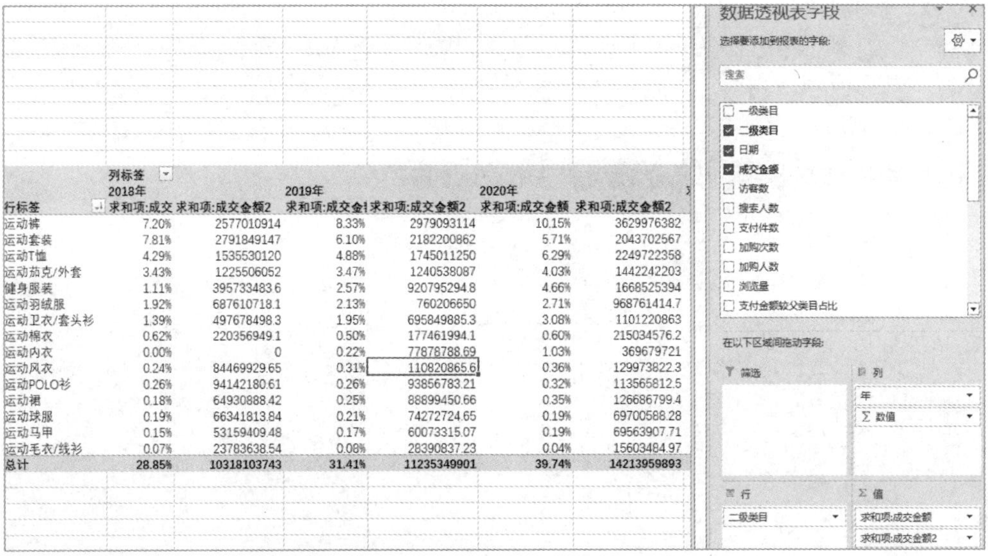

行标签	列标签 2018年 求和项:成交	求和项:成交金额2	2019年 求和项:成交金	求和项:成交金额2	2020年 求和项:成交金额	求和项:成交金额2
运动裤	7.20%	2577010914	8.33%	2979093114	10.15%	3629976382
运动套装	7.81%	2791849147	6.10%	2182200862	5.71%	2043702567
运动T恤	4.29%	1535530120	4.88%	1745011250	6.29%	2249722358
运动茄克/外套	3.43%	1225506052	3.47%	1240538087	4.03%	1442242203
健身服装	1.11%	395733483.6	2.57%	920795294.8	4.66%	1668525394
运动羽绒服	1.92%	687610718.1	2.13%	760206650	2.71%	968761414.7
运动卫衣/套头衫	1.39%	497678498.3	1.95%	695849885.3	3.08%	1101220863
运动棉衣	0.62%	220356949.1	0.50%	177461994.1	0.60%	215034576.2
运动内衣	0.00%	0	0.22%	77878788.69	1.03%	369679721
运动风衣	0.24%	84469929.65	0.31%	110820865.6	0.36%	129973822.3
运动POLO衫	0.26%	94142180.61	0.26%	93856783.21	0.32%	113565812.5
运动裙	0.18%	64930888.42	0.25%	88899450.66	0.35%	126686799.4
运动球服	0.19%	66341813.84	0.21%	74272724.65	0.19%	69700588.28
运动马甲	0.15%	53159409.48	0.17%	60073315.07	0.19%	69563907.71
运动毛衣/线衫	0.07%	23783638.54	0.08%	28390837.23	0.04%	15603484.97
总计	28.85%	10318103743	31.41%	11235349901	39.74%	14213959893

图 1-11

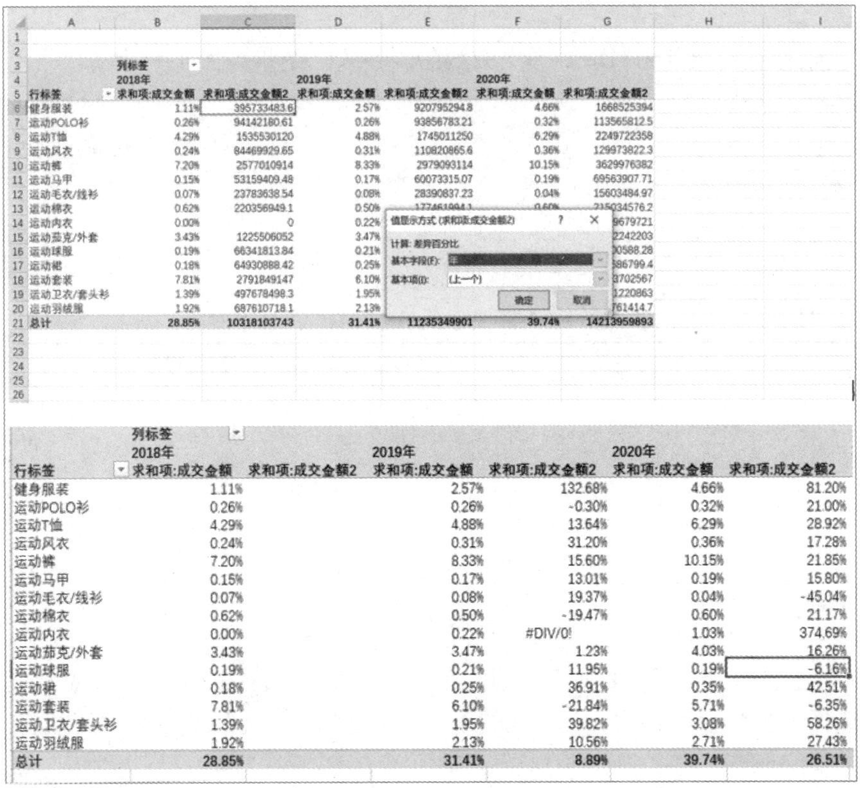

行标签	列标签 2018年 求和项:成交金额	求和项:成交金额2	2019年 求和项:成交金额	求和项:成交金额2	2020年 求和项:成交金额	求和项:成交金额2
健身服装	1.11%	395733483.6	2.57%	920795294.8	4.66%	1668525394
运动POLO衫	0.26%	94142180.61	0.26%	93856783.21	0.32%	113565812.5
运动T恤	4.29%	1535530120	4.88%	1745011250	6.29%	2249722358
运动风衣	0.24%	84469929.65	0.31%	110820865.6	0.36%	129973822.3
运动裤	7.20%	2577010914	8.33%	2979093114	10.15%	3629976382
运动马甲	0.15%	53159409.48	0.17%	60073315.07	0.19%	69563907.71
运动毛衣/线衫	0.07%	23783638.54	0.08%	28390837.23	0.04%	15603484.97
运动棉衣	0.62%	220356949.1	0.50%	[illegible]	[illegible]	[illegible]
运动内衣	0.00%	0	0.22%	[illegible]	[illegible]	[illegible]
运动茄克/外套	3.43%	1225506052	3.47%	[illegible]	[illegible]	[illegible]
运动球服	0.19%	66341813.84	0.21%	[illegible]	[illegible]	[illegible]
运动裙	0.18%	64930888.42	0.25%	[illegible]	[illegible]	[illegible]
运动套装	7.81%	2791849147	6.10%	[illegible]	[illegible]	[illegible]
运动卫衣/套头衫	1.39%	497678498.3	1.95%	[illegible]	[illegible]	[illegible]
运动羽绒服	1.92%	687610718.1	2.13%	[illegible]	[illegible]	[illegible]
总计	28.85%	10318103743	31.41%	11235349901	39.74%	14213959893

行标签	列标签 2018年 求和项:成交金额	求和项:成交金额2	2019年 求和项:成交金额	求和项:成交金额2	2020年 求和项:成交金额	求和项:成交金额2
健身服装	1.11%		2.57%	132.68%	4.66%	81.20%
运动POLO衫	0.26%		0.26%	-0.30%	0.32%	21.00%
运动T恤	4.29%		4.88%	13.64%	6.29%	28.92%
运动风衣	0.24%		0.31%	31.20%	0.36%	17.28%
运动裤	7.20%		8.33%	15.60%	10.15%	21.85%
运动马甲	0.15%		0.17%	13.01%	0.19%	15.80%
运动毛衣/线衫	0.07%		0.08%	19.37%	0.04%	-45.04%
运动棉衣	0.62%		0.50%	-19.47%	0.60%	21.17%
运动内衣	0.00%		0.22%	#DIV/0!	1.03%	374.69%
运动茄克/外套	3.43%		3.47%	1.23%	4.03%	16.26%
运动球服	0.19%		0.21%	11.95%	0.19%	-6.16%
运动裙	0.18%		0.25%	36.91%	0.35%	42.51%
运动套装	7.81%		6.10%	-21.84%	5.71%	-6.35%
运动卫衣/套头衫	1.39%		1.95%	39.82%	3.08%	58.26%
运动羽绒服	1.92%		2.13%	10.56%	2.71%	27.43%
总计	28.85%		31.41%	8.89%	39.74%	26.51%

图 1-12

确定需要分析的年份，将相关数据复制到空白处，在"插入"选项卡中单击"推荐的图表"选项，在弹出来的"插入图表"对话框中选择"XY散点图"选项，本例以2020年的数据为例，如图1-13所示。

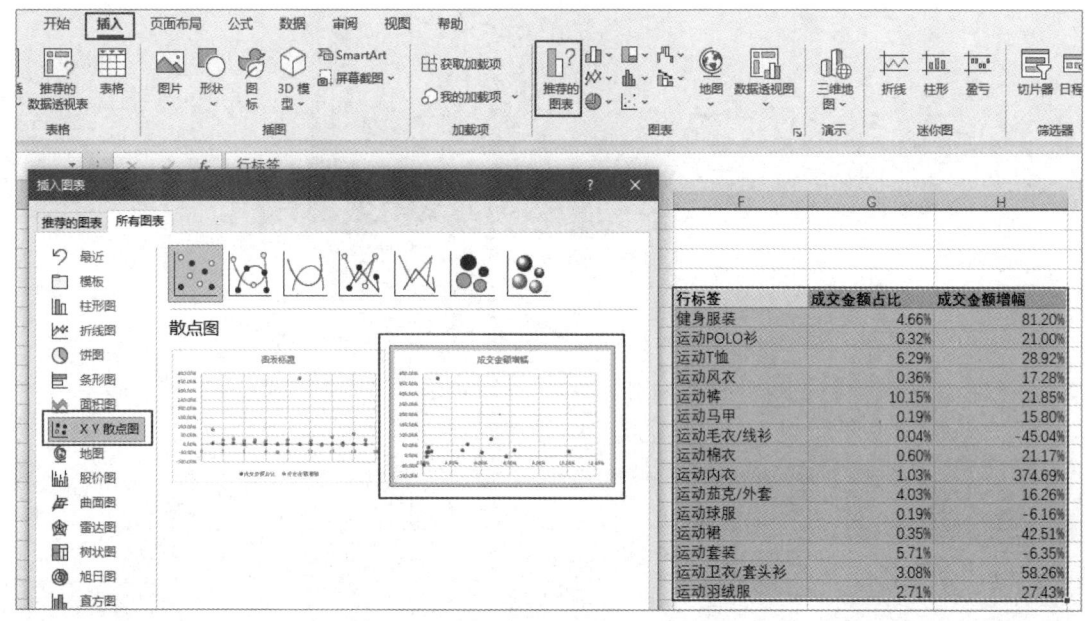

图1-13

将"图表标题"设置为"散点图"并删除网格线，结果如图1-14所示。

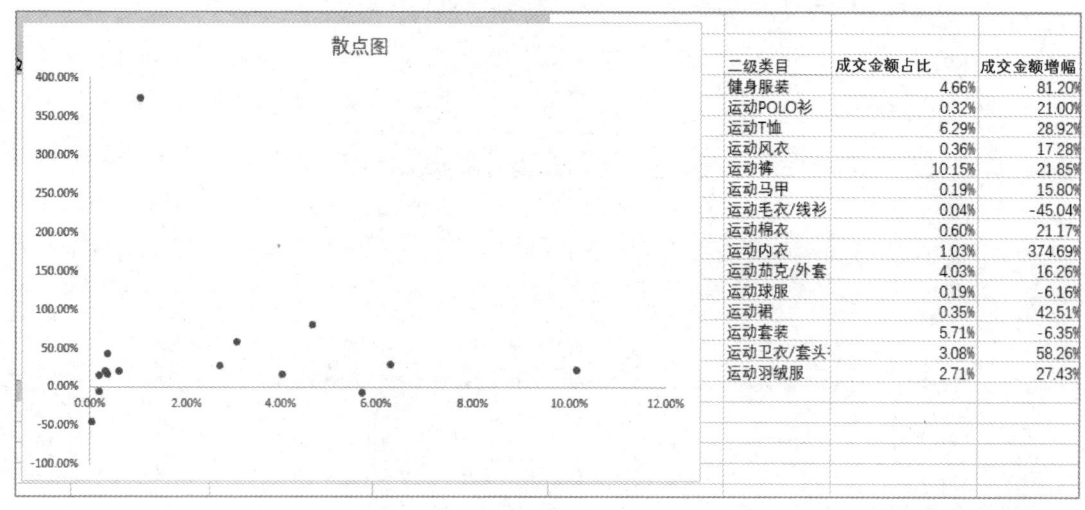

图1-14

单击"散点图"右上角的"+"按钮，在"图表元素"窗格中单击"数据标签"右侧展开按钮，选择"更多选项"选项，勾选"单元格中的值""X值""Y值"复选框，如图1-15所示。

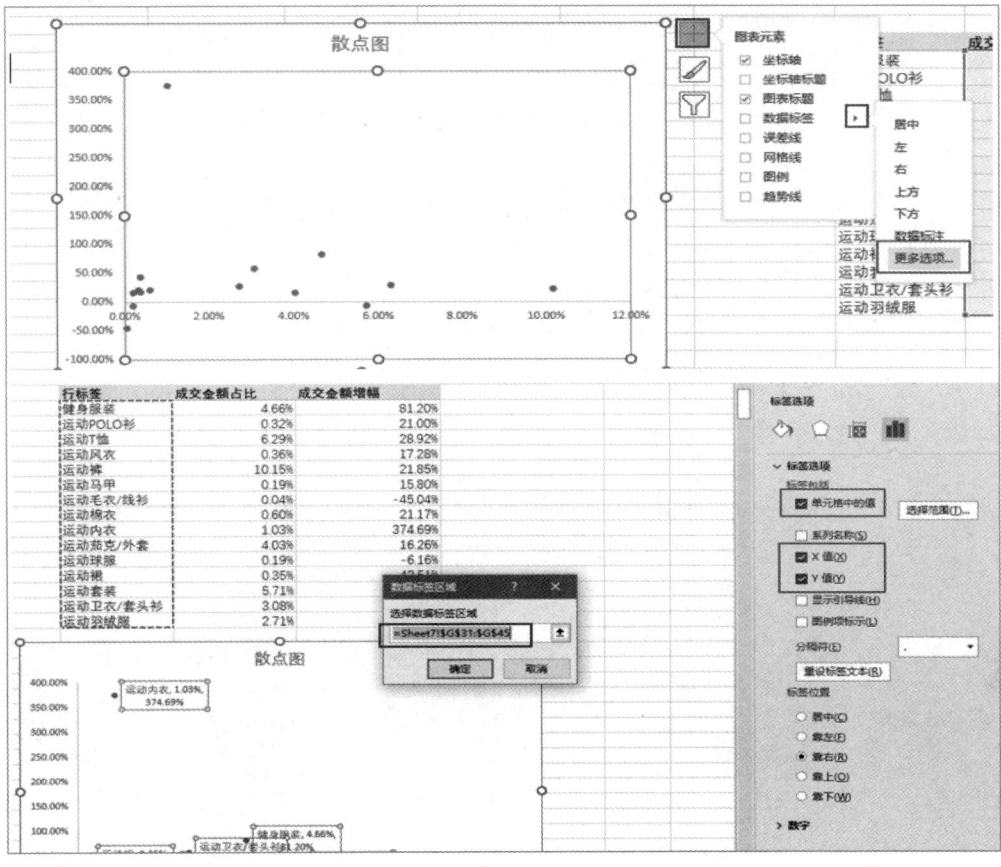

图 1-15

在"成交金额占比""成交金额增幅"数据下方的空白单元格中，使用"AVERAGE"公式，计算"成交金额占比"及"成交金额增幅"平均值，如图 1-16 所示。

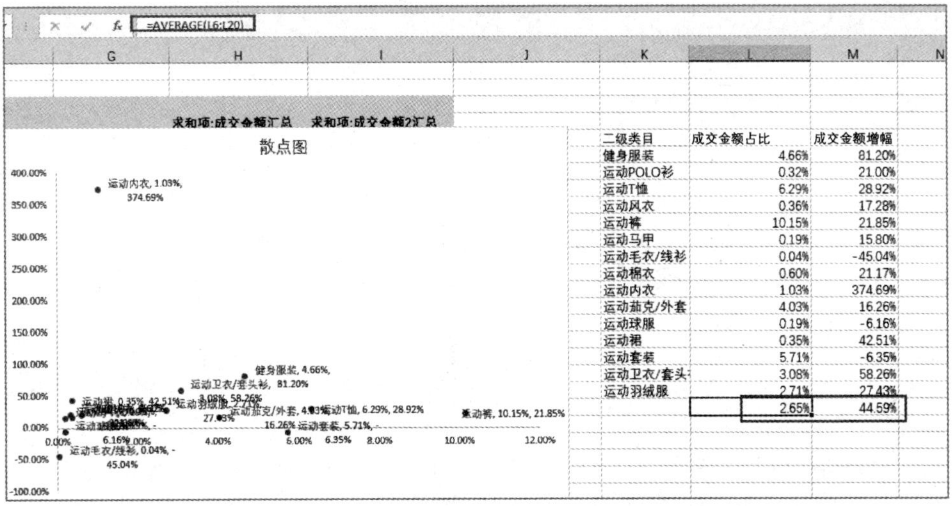

图 1-16

得出平均值后，在"垂直(值)轴"下拉列表中选择"设置坐标轴格式"选项，在"设置坐标轴格式"窗格的"横坐标轴交叉"选区中单击"坐标轴值"单选按钮，将数据修改为均值(这里要填数字格式)，再执行上述操作修改"纵坐标轴交叉"的"坐标轴值"为均值，如图1-17所示。

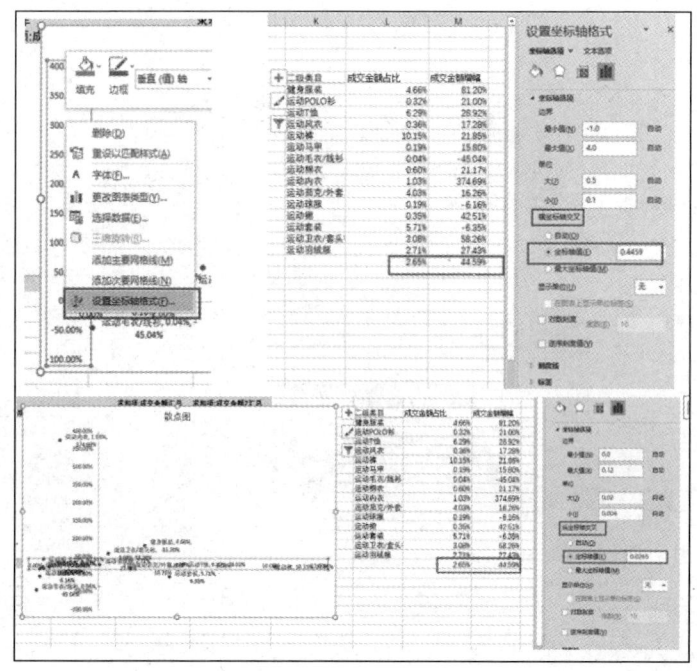

图1-17

【图表解析】由图1-17可知，运动内衣的成交金额增幅远超行业的均值，且成交金额占比达到行业的均值，该市场增长势头较好，可考虑进入。运动裤的成交金额占比大但成交金额增幅较小，竞争会比其他类目更激烈，进入该市场需谨慎。

任务2 市场趋势分析

了解市场趋势分析的意义，掌握市场趋势分析的思路，根据同比和环比的数据来判断市场趋势，并根据市场趋势来预测未来市场的规模。

注：该任务所用到的文件为"1-1 市场分析数据"。

【操作手册】

步骤1 市场容量趋势分析

打开"1-1 市场分析数据"文件，在"插入"选项卡中选择"数据透视表"选项，如图1-18所示。

在弹出的"创建数据透视表"对话框

图1-18

中检查设置,若引用的数据是"表",则无须修改,若引用的数据是"区域",则需要检查区域范围是否正确。检查完毕后单击"确定"按钮,如图1-19所示。

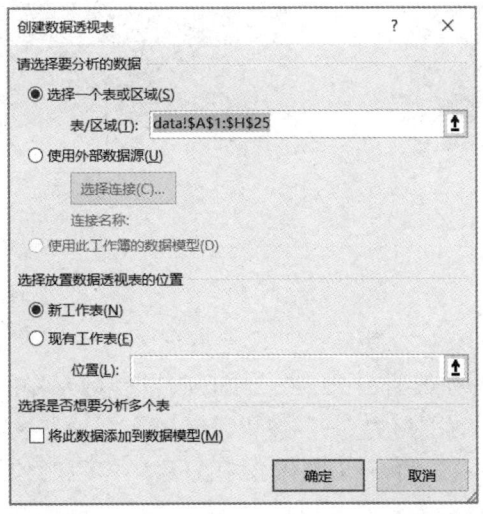

图 1-19

在"数据透视表字段"窗格中勾选"日期""成交金额"复选框,将"日期"字段放入"轴(类别)"标签框,将"求和项:成交金额"字段放入"值"标签框。"数据透视表"会自动识别日期数据的格式,将日期分成"年""季度""日期"三个组,如图1-20所示。

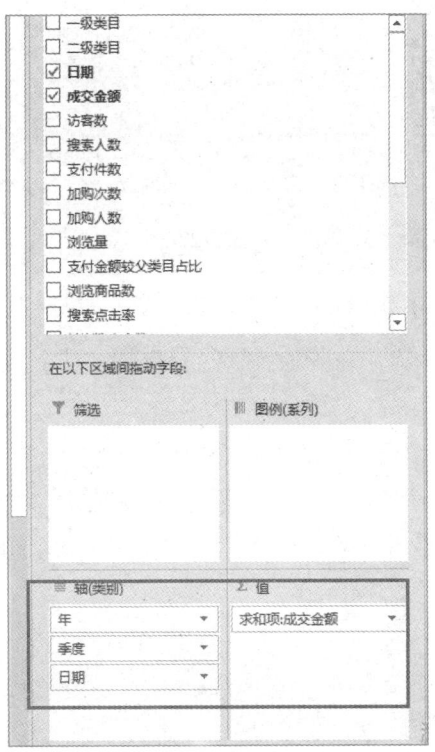

图 1-20

在"插入"选项卡的"推荐的图表"功能组中选择"二维折线图"选项,如图 1-21 所示。

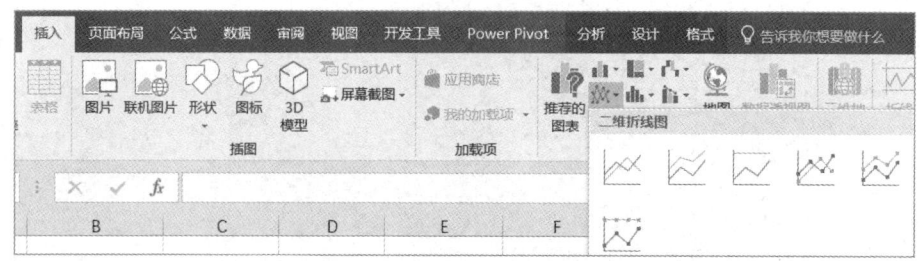

图 1-21

创建的二维折线图如图 1-22 所示。

由图 1-22 可知,该行业数据在 2018—2020 年持续增长,在 2019—2020 年增幅最大。

单击"数据透视表"右下角的"+"按钮,展开"X 轴"字段,展开到季度,可以明显观察到每一年都有共同的趋势,行业旺季集中在第二季度和第四季度(图中为第二季和第四季),如图 1-23 所示。

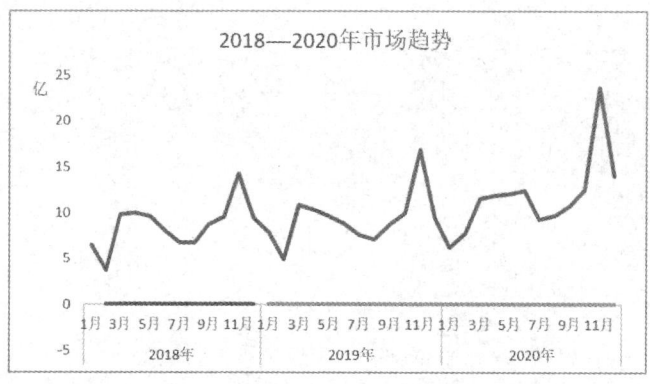

图 1-22

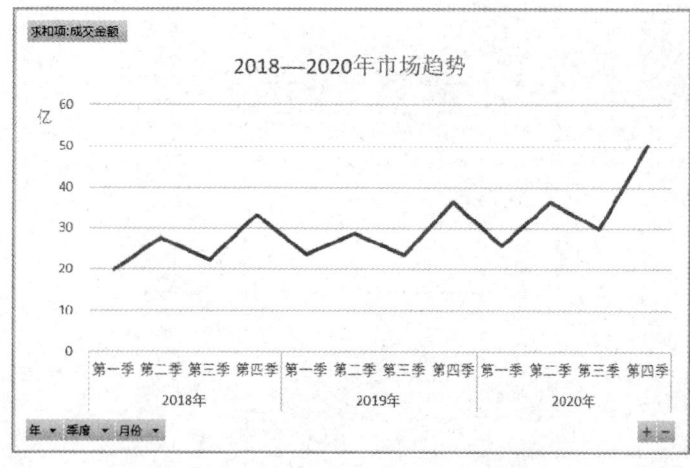

图 1-23

再次单击"数据透视表"右下角的"+"按钮,展开"X 轴"字段,展开到月份,如图 1-24 所示。

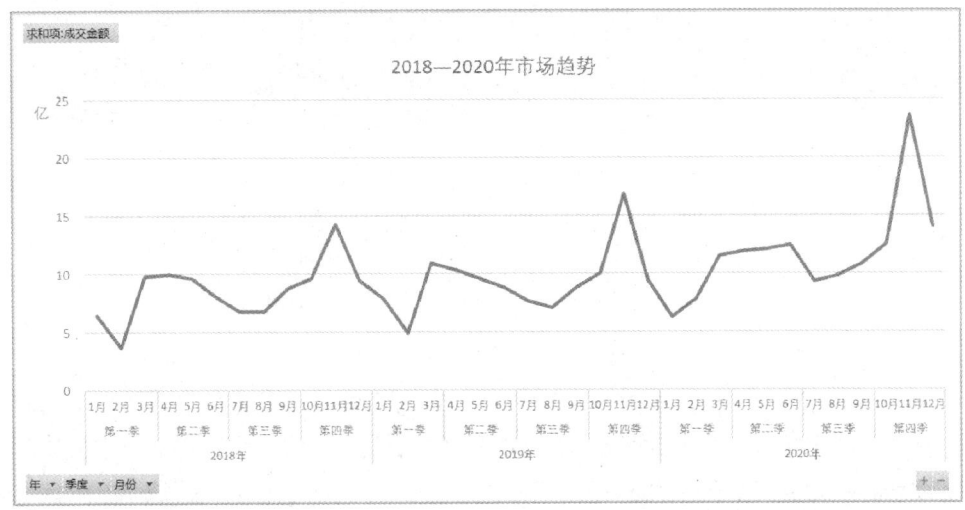

图 1-24

【图表解析】由图 1-24 可知,每年成交金额的波峰都是 11 月,这是受"双十一"购物节的影响。如果不考虑"双十一"购物节的影响,将 11 月的成交金额等同 10 月的成交金额,就可以观察到每年的成交金额都分别有两个波峰、两个波谷,波峰分别是 3—5 月和 10—12 月,波谷分别是 1—2 月和 7—9 月。其中,2 月是受春节的影响,农历的春节一般会在公历的 1 月或 2 月,因此波谷也会随着春节在公历月份的变动而变动。

步骤 2　同比与环比的计算

打开"1-1 市场分析数据"文件,创建"数据透视表",将其中"日期"字段放入"行"标签框,将"求和项:成交金额"字段放入"值"标签框 3 次。"行"标签框默认会显示"年""季度""日期"3 个字段,将"季度"字段从"行"标签框中移除,如图 1-25 所示。

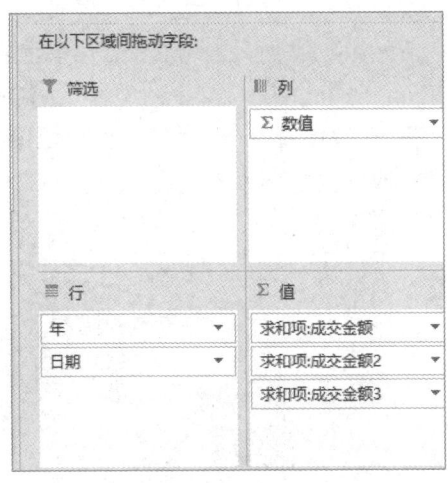

图 1-25

设置好字段后展开“数据透视表”的“行标签”，可以观察到“数据透视表”，如图 1-26 所示。

行标签	求和项:成交金额	求和项:成交金额2	求和项:成交金额3
⊟2018年	10318103743	10318103743	10318103743
1月	647681939.2	647681939.2	647681939.2
2月	368576623.9	368576623.9	368576623.9
3月	977529105.2	977529105.2	977529105.2
4月	998130791.6	998130791.6	998130791.6
5月	963969563.7	963969563.7	963969563.7
6月	804301681.1	804301681.1	804301681.1
7月	674819887.4	674819887.4	674819887.4
8月	676382760.2	676382760.2	676382760.2
9月	875083509.5	875083509.5	875083509.5
10月	958473892.2	958473892.2	958473892.2
11月	1430159604	1430159604	1430159604
12月	942994384.6	942994384.6	942994384.6
⊟2019年	11235349901	11235349901	11235349901
1月	787065196.7	787065196.7	787065196.7
2月	491515080.1	491515080.1	491515080.1

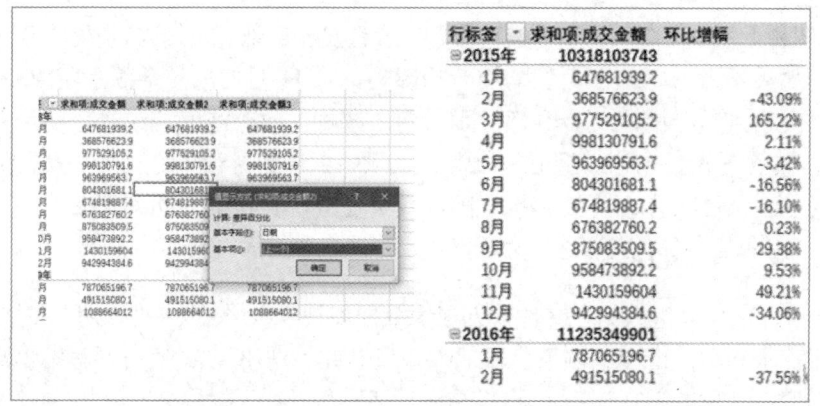

图 1-26

计算环比：在“求和项：成交金额 2”列处右击其中一个单元格，在弹出的窗格中选择“差异百分比”选项，展开“值显示方式(求和项：成交金额 2)”对话框中的“基本字段”下拉列表，选择“日期”选项，在“基本项”下拉列表中选择“(上一个)”选项，把字段名称修改为“环比增幅”，如图 1-27 所示。

图 1-27

计算同比：在“求和项：成交金额 3”列处右击其中任意单元格，在弹出的窗格中选择“差异百分比”选项，展开“值显示方式(求和项：成交金额 3)”对话框中的“基本字段”下拉列表，选择“年”选项，在“基本项”下拉列表中选择“(上一个)”选项，如图 1-28 所示。

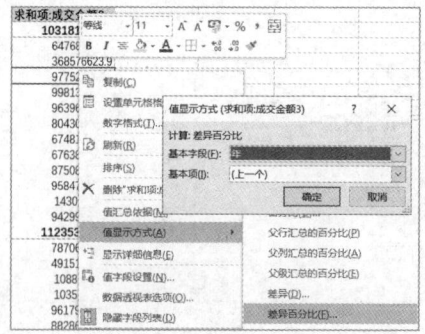

图 1-28

把字段名称修改为"同比增幅",如图1-29所示。

在完成同比、环比的计算后,"数据透视表"的数据有两个量纲,一个是金额,另一个是百分比。在这种情况下如果直接作图,小量纲的数据将无法阅读,如图1-30所示。

若要在一张图中直观地展示所有数据,则可以使用组合图的功能,即在"插入"选项卡中的"推荐的图表"功能组中选择"创建自定义组合图"选项,在"组合图"窗格中,"环比增幅"选项和"同比增幅"选项的"图表类型"选区均选择"折线图"选项,同时勾选"次坐标轴"复选框,用两个轴来分别支持两个量纲,如图1-31所示。

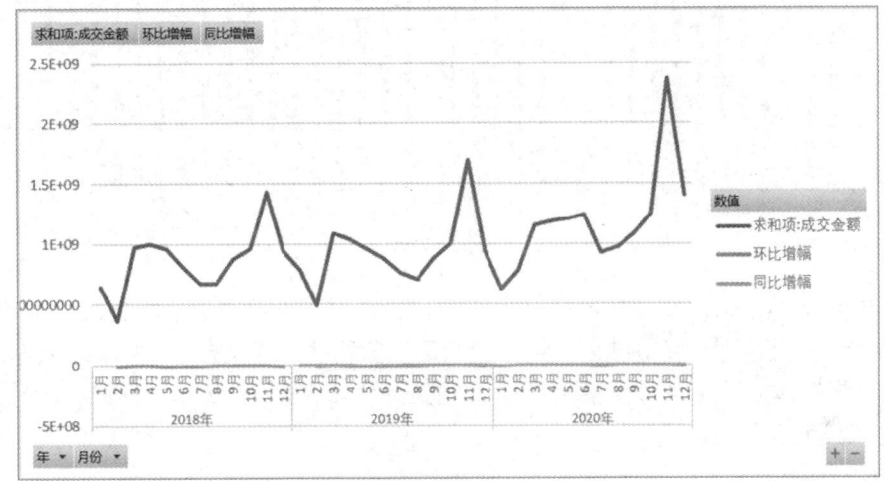

图 1-29

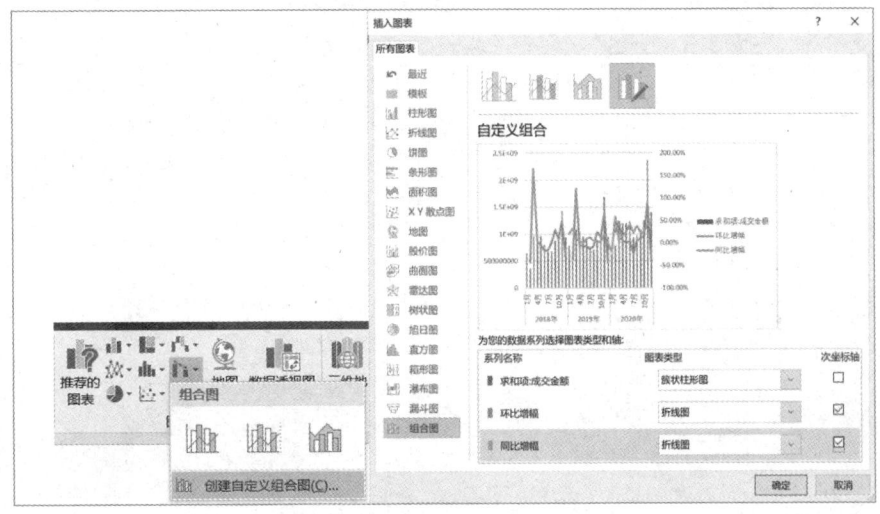

图 1-30

图 1-31

结果如图1-32所示。

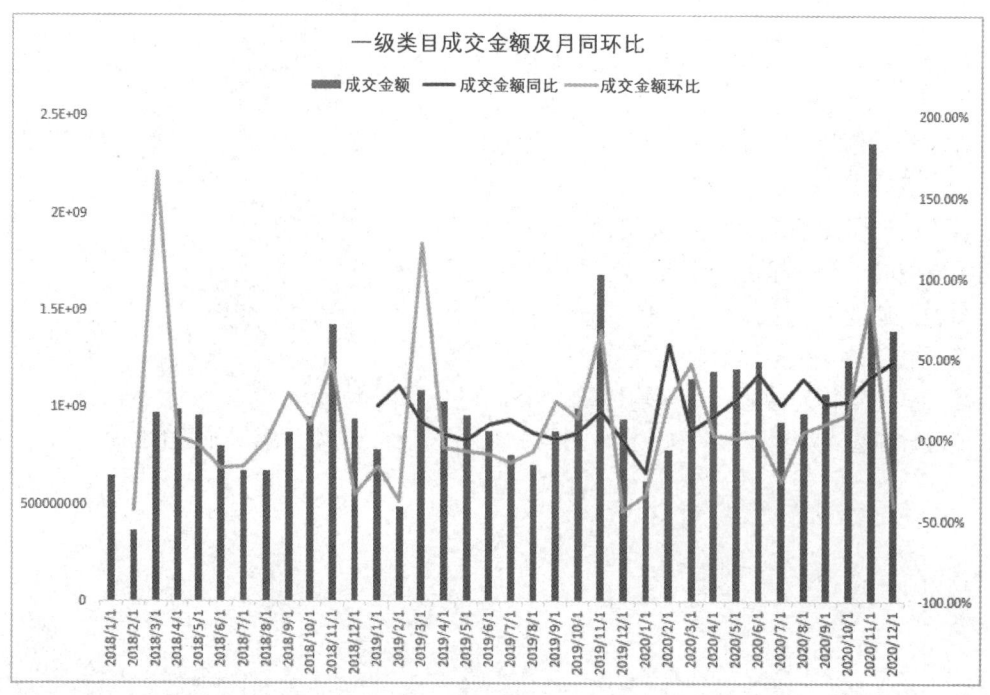

图1-32

【图表解析】由图1-32可知，在每年的3月、11月成交金额会有大幅度上涨的情况，是成交高峰。3月是因为春节结束，物流开始运送货物从而成交金额大幅上涨；11月有淘宝"双十一"活动，所以成交金额环比上涨明显。商家在2月和10月应积极备货，为3月和11月做准备。

步骤3　市场预测

打开"1-1 市场分析数据"文件，在"插入"选项卡中选择"表格"选项，如图1-33所示。

图1-33

选中创建好的表格，在"数据"选项卡中选择"预测工作表"选项，单击"季节性"选区中的"手动设置"单选按钮，并将数值调节按钮调节至"12"（月），单击"创建"按钮即可创建预测工作表(季节性也称为周期性，一般根据数据的趋势确定，在电子商务中，行业季节性一般是6个月或12个月)，如图1-34所示。

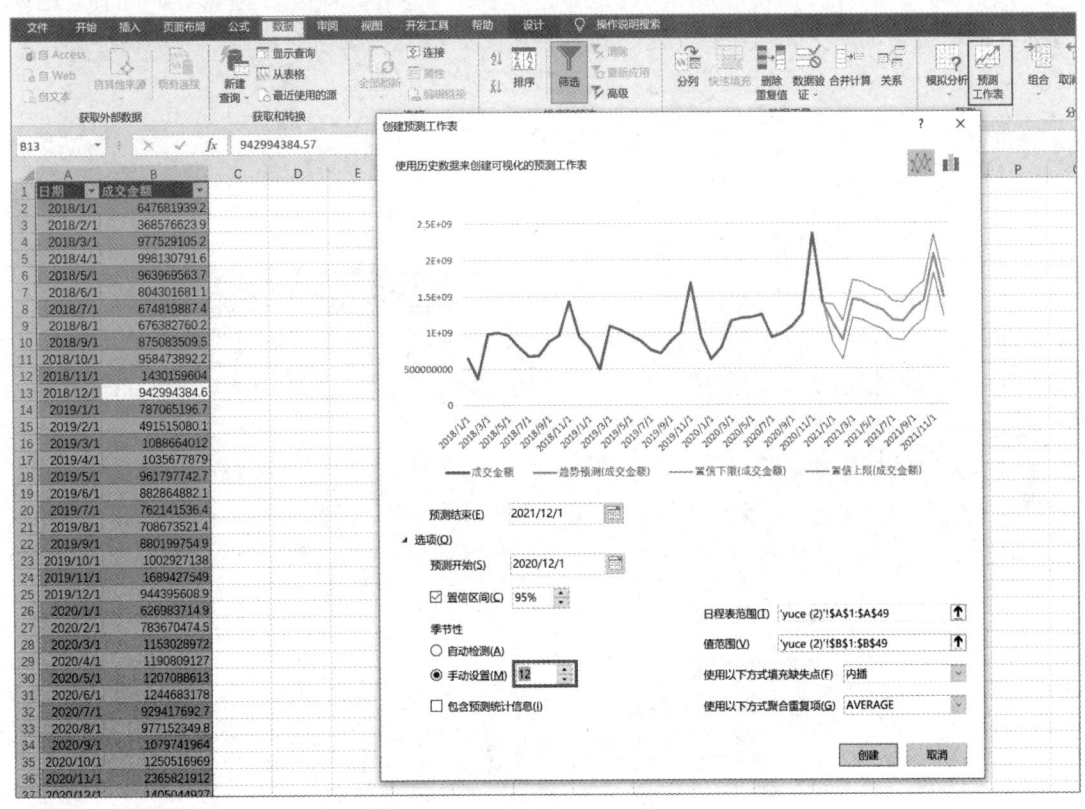

图 1-34

用过去3年(36个月)的数据预测未来1年(12个月)的成交金额，如图1-35所示。

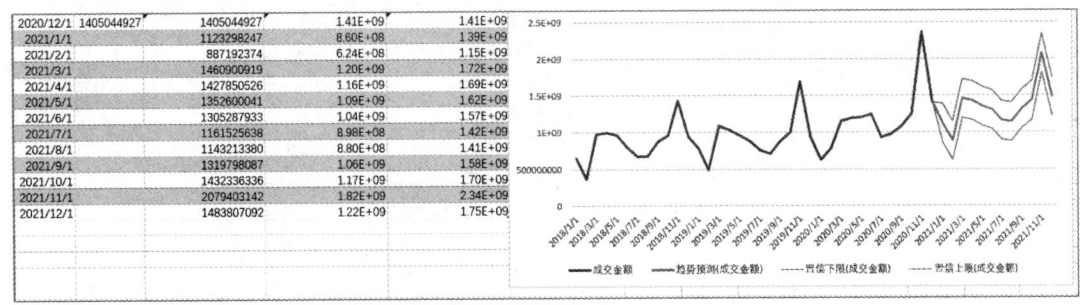

图 1-35

【图表解析】由图1-35可知，成交金额在2月有大幅下降的情况下于3月有所回升；随后呈下降趋势，一直持续到9月，在11月有一次爆发式上升，大致符合组合图得出的结论。商家在2月及11月之前应积极运营店铺且备货，为爆发期做好准备。

任务3　市场人群分析

依据不同的属性类别将消费者进行划分，如性别、年龄、职业、地域等，再通过已划分属性的消费者的成交金额占比来定位市场的主要客群，最后与人口年龄结构特征进行对比，找出该市场中未被满足的消费者人群(客群)。

注：该任务所用到的文件为"1-3 用户画像"和"1-3 人口数据"。

【操作手册】

步骤1　市场人群地域分析

打开"1-3 用户画像"文件，在"插入"选项卡中选择"数据透视表"选项，如图1-36所示。

在弹出的"创建数据透视表"对话框中检查设置，若引用的数据是"表"则无须修改，若引用的数据是"区域"则需要检查区域范围是否正确。检查完毕后单击"确定"按钮，如图1-37所示。

图1-36

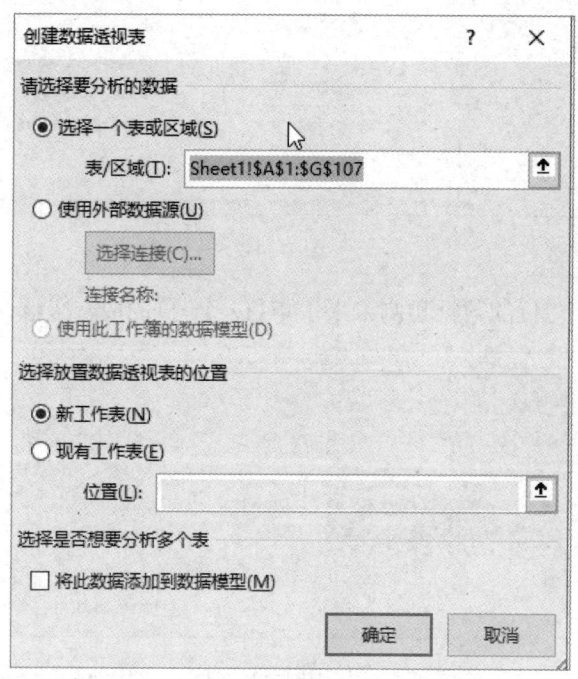

图1-37

在"数据透视表字段"窗格中勾选"属性类别""属性名称""成交金额"复选框，将"属性类别"字段放入"筛选"标签框，将"属性名称"字段放入"行"标签框，将"计数项：交易金额"字段放入"值"标签框，如图1-38所示。

项目1 市场分析

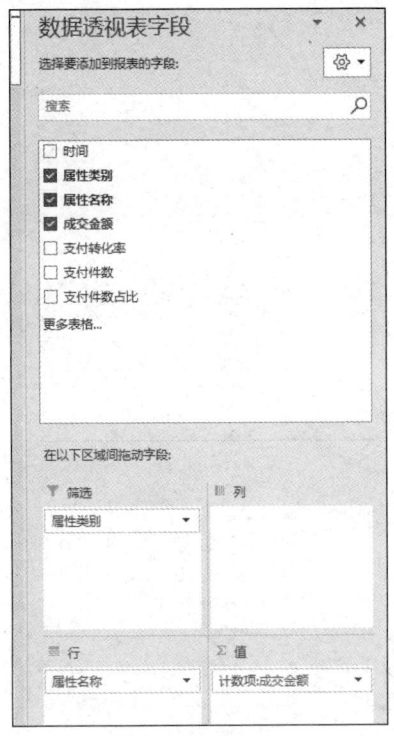

图1-38

右击"计数项：成交金额"列中的任意单元格，在弹出对话框中的"值汇总依据"选项卡中选择"求和"选项，如图1-39所示。再执行上述操作，在弹出对话框中的"值显示方式"选项卡中选择"总计的百分比"选项，如图1-40所示。

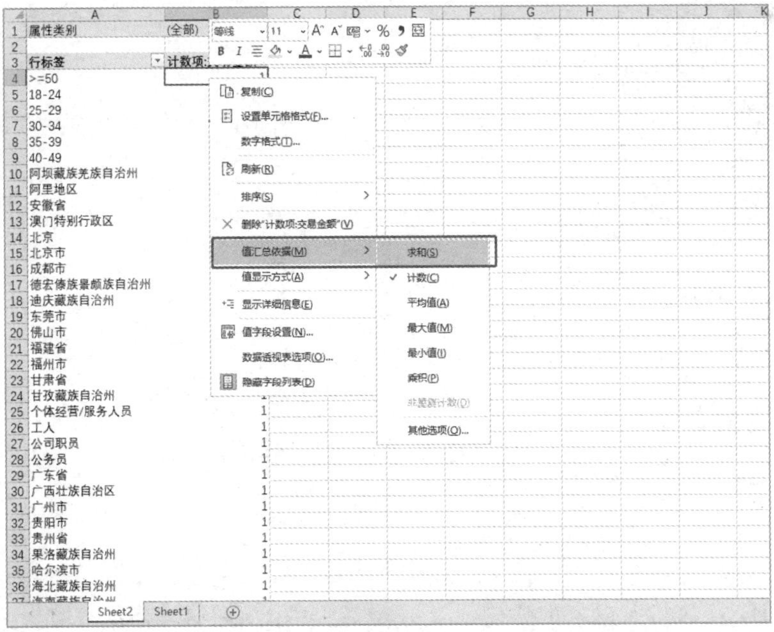

图1-39

19

图 1-40

单击"全部"单元格的下拉列表按钮可以对需要分析的"属性类别"进行筛选,如选择"省份"选项,如图 1-41 所示。

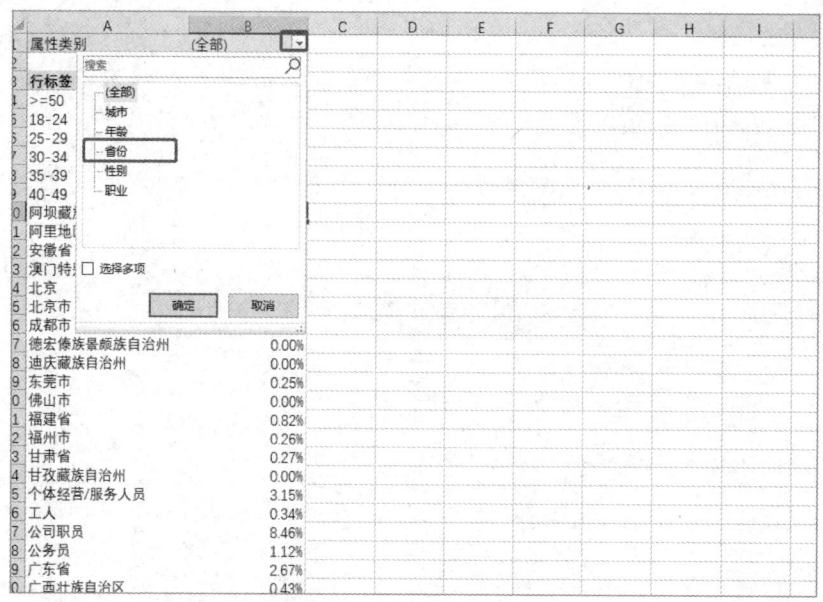

图 1-41

单击"⬇"按钮,选择"省份"字段选项,在弹出的快捷菜单中,选择"其他排序选项"选项,如图 1-42 所示。

在弹出的"排序(属性名称)"对话框中单击"降序排序(Z 到 A)依据"单选按钮，单击下拉列表按钮，选择"求和项：成交金额"选项，单击"确定"按钮对成交金额进行降序排序，如图 1-43 所示。

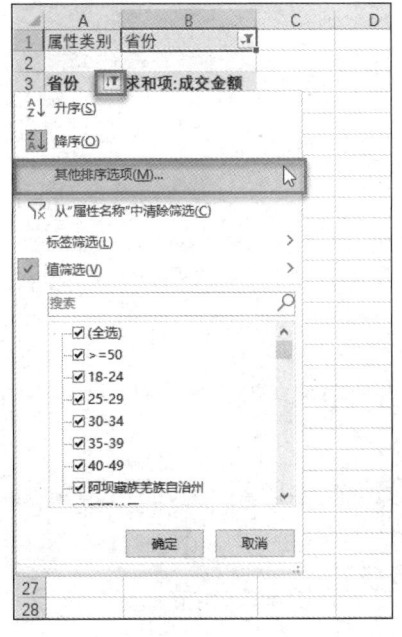

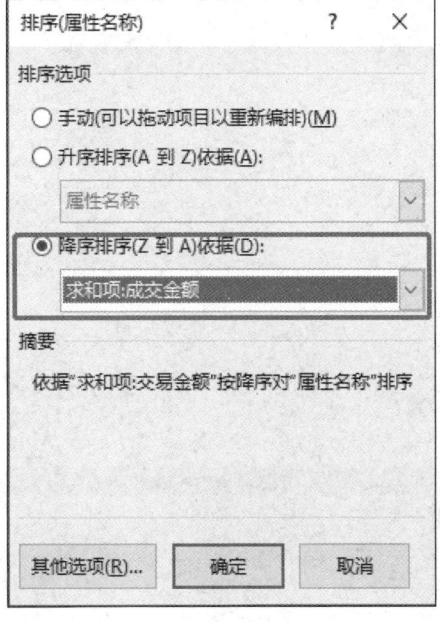

图 1-42　　　　　　　　　　　　　　图 1-43

筛选排名前十的省份，单击"▼"按钮，选择"值筛选"选项卡中"前 10 项"选项，如图 1-44 所示。

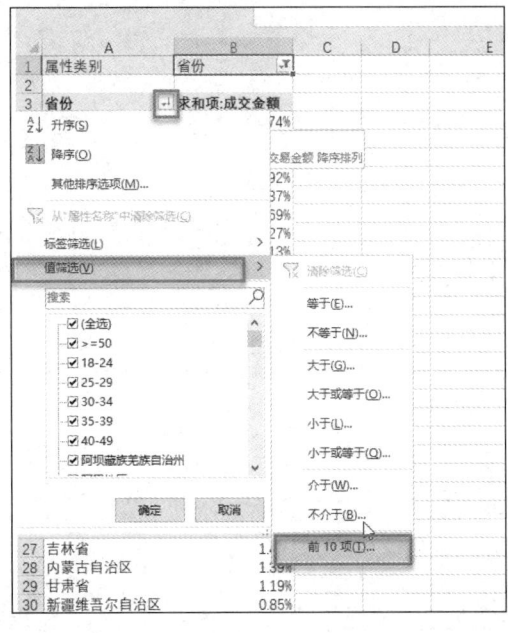

图 1-44

在弹出的"前 10 个筛选(属性名称)"对话框中依次选择"最大""10""项""求和项：成交金额"字段选项，单击"确定"按钮，如图 1-45 所示。

得出"数据透视表"，如图 1-46 所示。

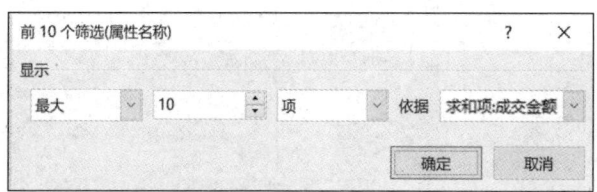

图 1-45

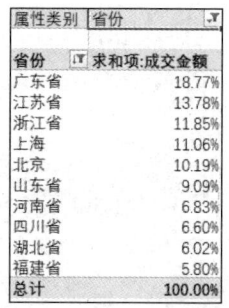

图 1-46

在"插入"选项卡中的"推荐的图表"功能组中选择"二维柱形图"选项，如图 1-47 所示。

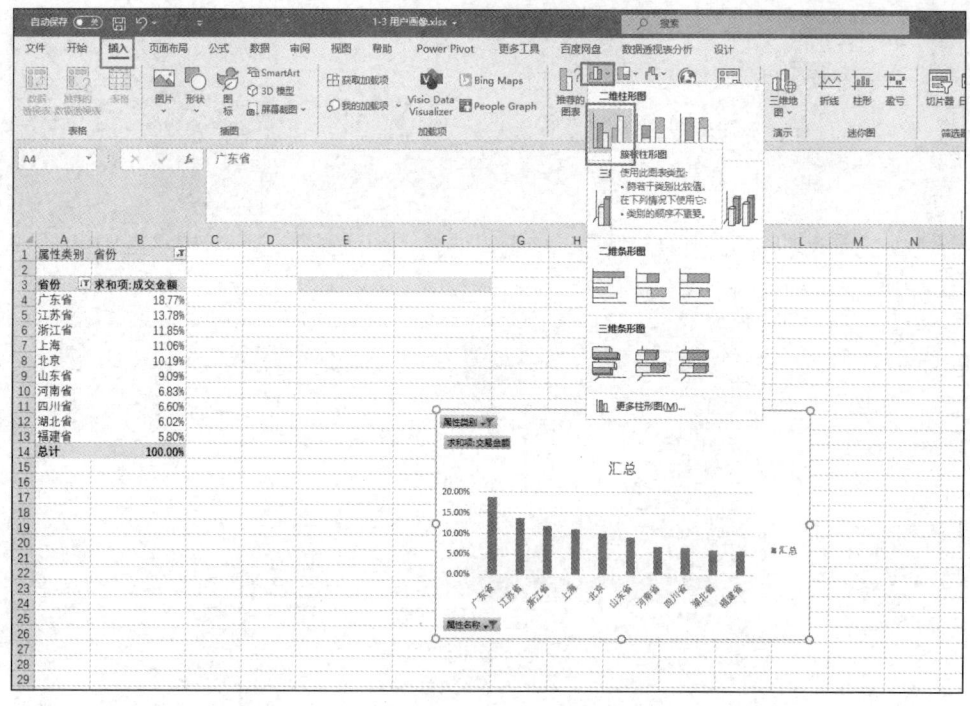

图 1-47

优化图表：将图表名称修改为"客群省份占比图"，如图 1-48 所示。

【图表解析】由图 1-48 可知，客群主要分布在广东省、江苏省等地区。

步骤 2　市场人群性别分析

在数据透视表的"属性类别"单元格中，单击" "按钮，选择"性别"选项，如图 1-49 所示。

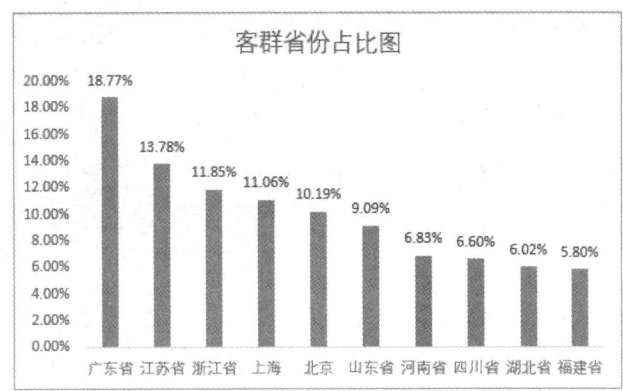

图 1-48

得到"数据透视表",如图 1-50 所示。

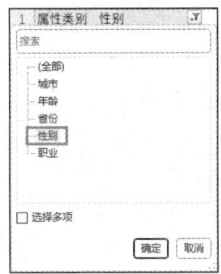
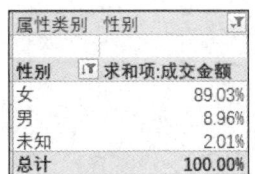

图 1-49　　　　　　　　　　图 1-50

在"插入"选项卡中的"推荐的图表"功能组中选择"二维饼图"选项,如图 1-51 所示。

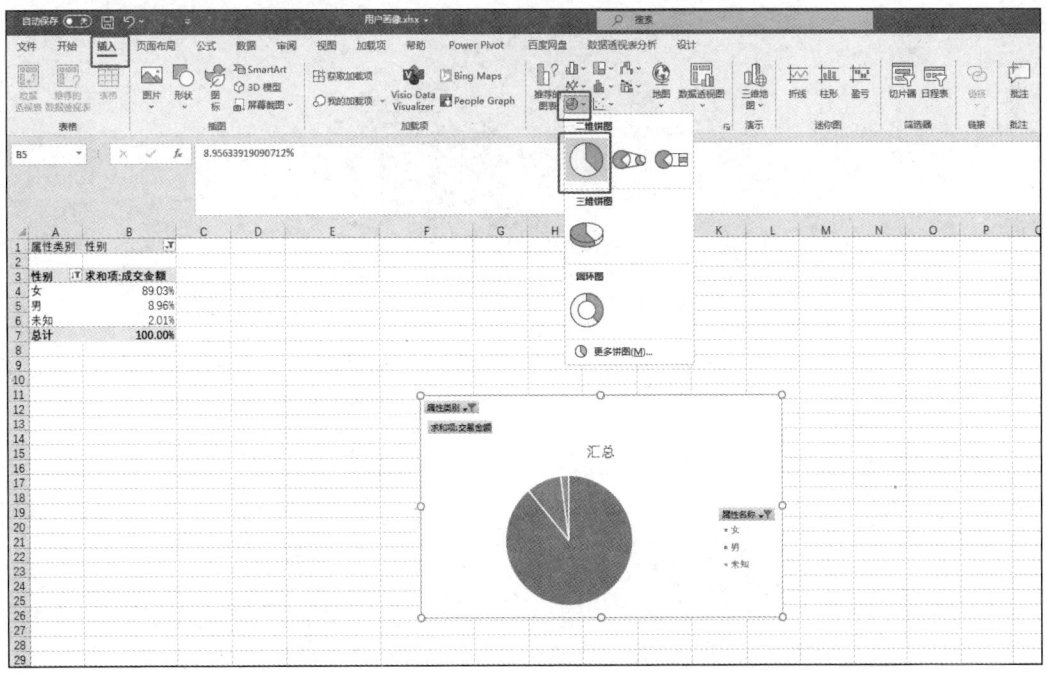

图 1-51

优化图表：将图表名称修改为"市场客群性别分布"，右击"字段"按钮，单击"隐藏图表上的所有字段"按钮，取消勾选"图例"复选框，勾选"数据标签"复选框，在"设置数据标签格式"窗格中勾选"类别名称"复选框，如图1-52所示。

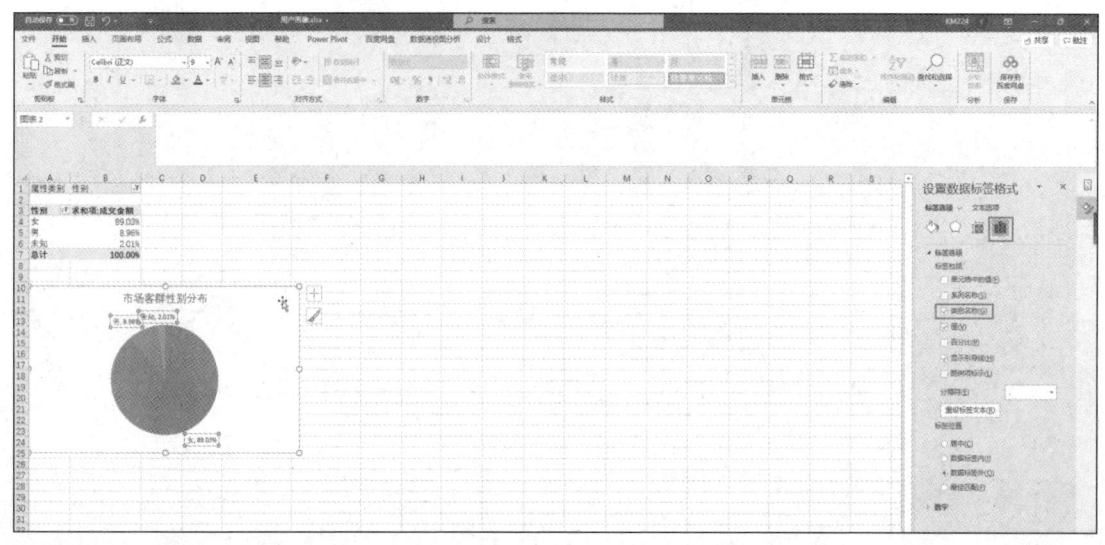

图1-52

得到图表如图1-53所示。

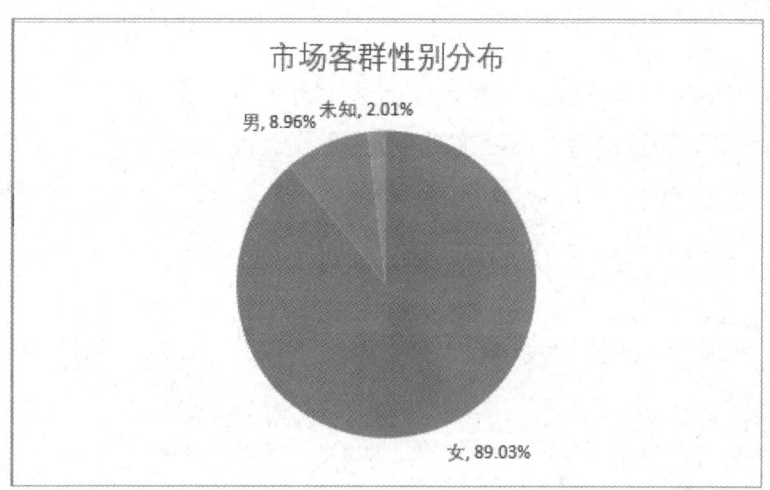

图1-53

【图表解析】由图1-53可知，女性的占比远远高于男性，因此女性客户是市场的主要消费者人群(客群)。

步骤3 市场人群职业分析

在数据透视表的"属性类别"单元格中，单击"▼"按钮，选择"职业"选项，如图1-54所示。得到"数据透视表"，如图1-55所示。

对"求和项：成交金额"字段进行降序排序，单击"求和项：成交金额"列中的任意一个单元格,在"开始"选项卡的"排序和筛选"功能组中选择"升序"选项,结果如图 1-56 所示。

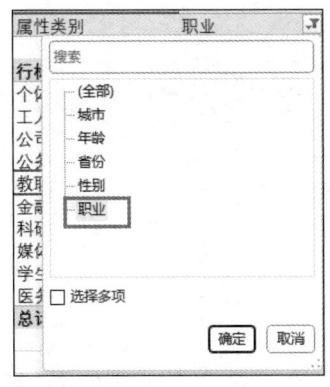

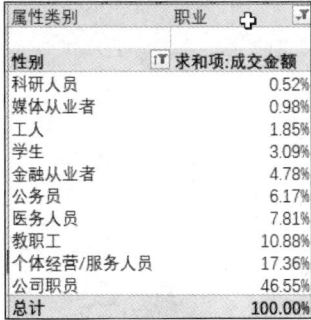

图 1-54　　　　　　　　　图 1-55　　　　　　　　　图 1-56

选中"求和项:成交金额"列中的一个单元格,在"插入"选项卡的"推荐的图表"功能组中选择"二维条形图"选项,如图 1-57 所示。

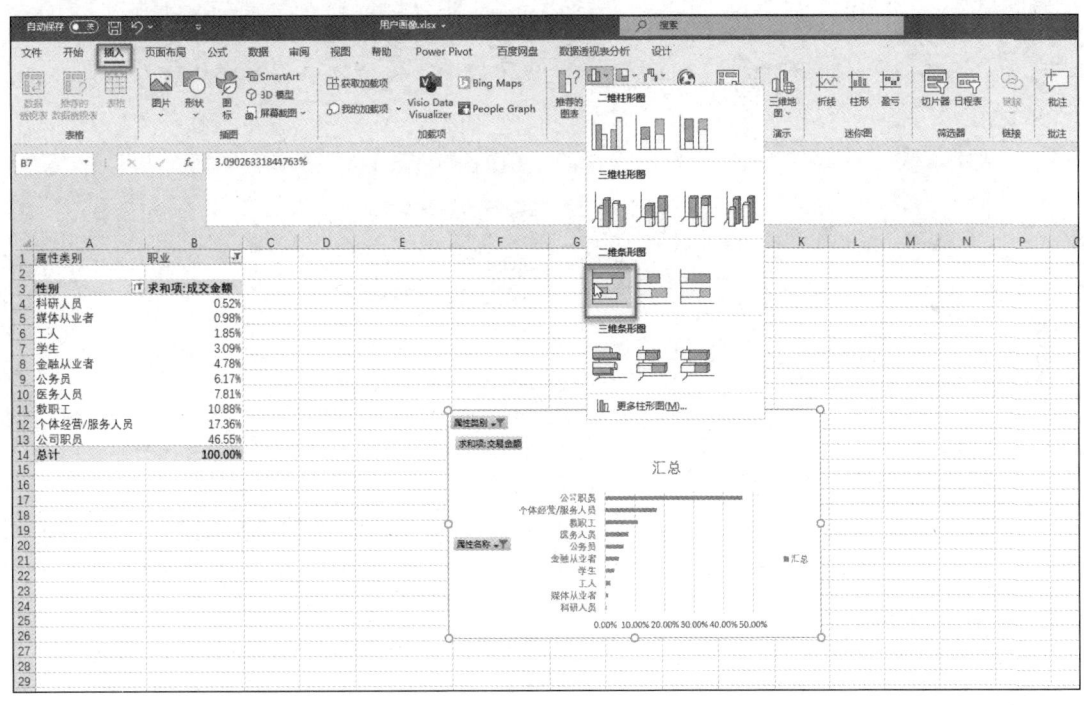

图 1-57

优化图表:将图表名称修改为"市场客群职业占比图",右击"字段"按钮,单击"隐藏图表上的所有字段"选项,取消勾选"图例"和"网格线"复选框,勾选"数据标签"复选框,结果如图 1-58 所示。

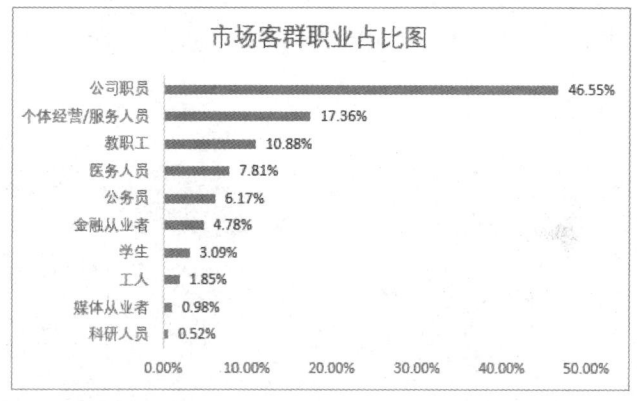

图 1-58

【图表解析】由图 1-58 可知，该市场的客群以公司职员和个体经营/服务人员为主，企业可以根据客群的职业制订不同的营销计划。

步骤 4　市场人群年龄分析

执行在数据透视表的"属性类别"单元格中，单击"▼"按钮，选择"年龄"选项，单击"确定"按钮，如图 1-59 所示。

单击"年龄"单元格的"▼"按钮，选择"升序"选项，进行升序排序，如图 1-60 所示。

按照年龄排序，将">=50"的数据移动到最后，如图 1-61 所示。

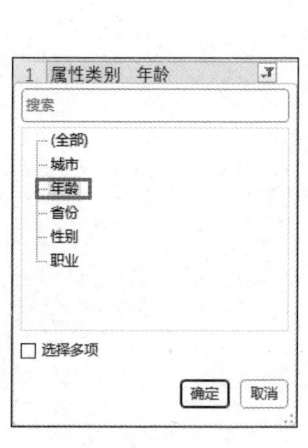

图 1-59

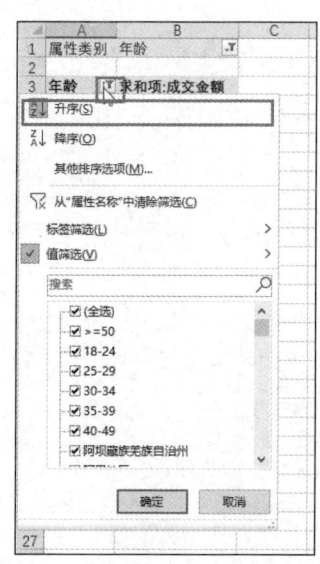

图 1-60

图 1-61

在"插入"选项卡的"推荐的图表"功能组中选择"二维柱状图"选项，如图 1-62 所示。

优化图表：将图表名称修改为"市场客群年龄占比图"，右击"字段"按钮，单击"隐藏图表上的所有字段"按钮，取消勾选"图例"和"网格线"复选框，勾选"数据标签"复选框，结果如图 1-63 所示。

项目1 市场分析

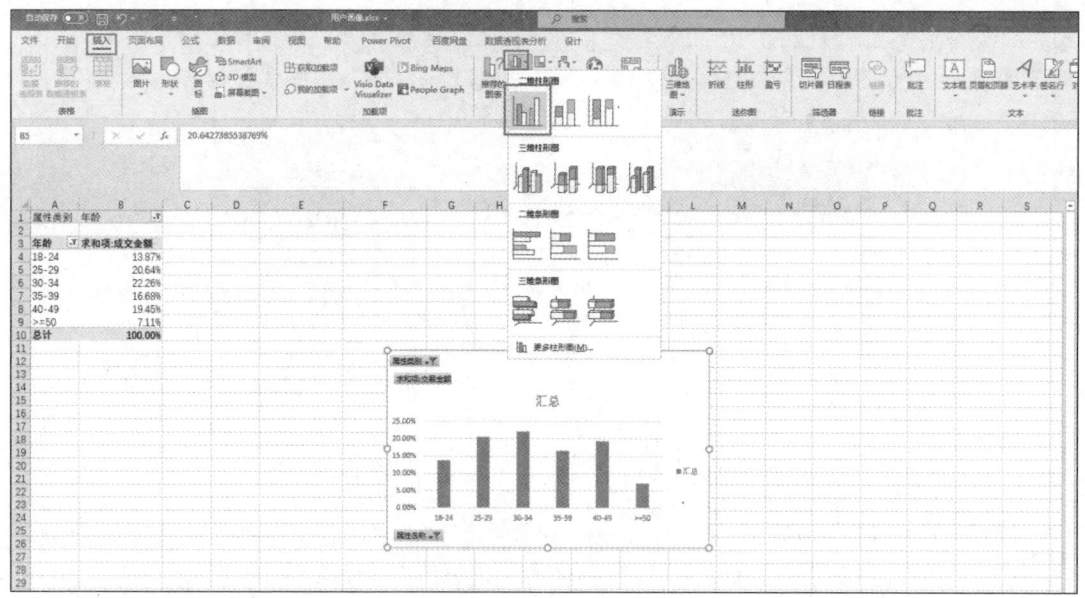

图 1-62

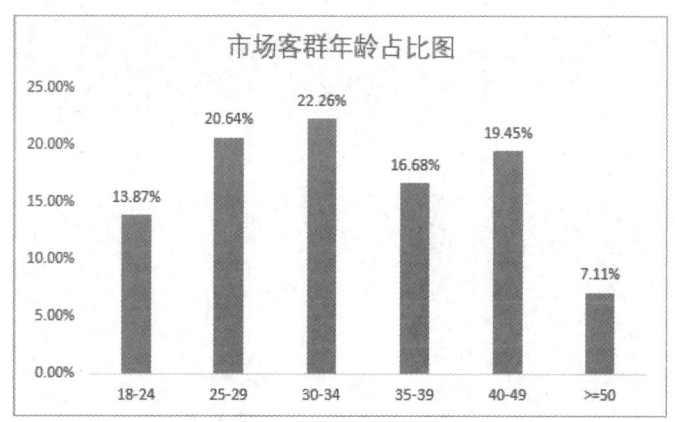

图 1-63

【图表解析】由图 1-63 可知,市场中 30～34 岁年龄段的客户占比最多,达到 22.26%;其次是 25～29 岁年龄段的客户,占比达到 20.64%;排名第三的客户年龄段为 40～49 岁,占比达到 19.45%。该市场客户年龄段主要为 25～34 岁和 40～49 岁,商家可根据该年龄段客群特点制定经营策略。

步骤5 人口年龄结构分析

下面观察中国人口年龄结构数据(该数据采集自国家统计局,采集后将年龄做处理,忽略死亡率:约 2%～3%)。如图 1-64 所示,共有 3 个字段,"年龄"是维度,"男"和"女"是度量,分别指具体年龄和性别的人口数量,数据需要经过统计分组处理成年龄段的形式。

由于实际分析时所采用的各年龄段之间的步长并不统一,因此不能使用"数据透视表"

27

的组合方法("数据透视表"的组间步长必须一致)。此时选择"VLOOKUP"函数,可以简单地解决这个需求。在"G1"处建立字典表,建立 6 个和"市场客群年龄占比图"对应的年龄段组,如图 1-65 所示。

	A	B	C
1	年龄	男	女
2	18	7726203	6522622
3	19	7830808	6623549
4	20	7522558	6413156
5	21	8288987	7110572
6	22	8161000	7064032
7	23	8463924	7429876
8	24	9524898	8499586
9	25	9795181	8995340

图 1-64

G	H
组边界	分组名称
18	18-24
25	25-29
30	30-34
35	35-39
40	40-49
50	>=50

图 1-65

打开"1-3 人口数据"文件,在"D2"单元格中键入"=VLOOKUP(A2,$G$2:$H$7,2,TRUE)",公式向下填充,并将"D1"命名为"年龄段",如图 1-66 所示。注意:字典引用字典时必须使用绝对引用符号"$",表示固定引用,不会随着填充或剪切而改变引用范围。

图 1-66

选中数据集,在"插入"选项卡中选择"数据透视表"选项,检查"创建数据透视表"对话框中所选的区域是否正确,如图 1-67 所示。

创建"数据透视表"后,在"数据透视表字段"窗格中勾选"数值""年龄""男""女"复选框,将"年龄段"字段放入"行"标签框,将"求和项:男"字段和"求和项:女"字段放入"值"标签框,如图 1-68 所示。

将"数据透视表"的"年龄段"按照"升序"方式排序,如图 1-69 所示。

选中"数据透视表",在"插入"选项卡的"推荐的图表"功能组中,选择"二维柱形图"选项,结果如图 1-70 所示。

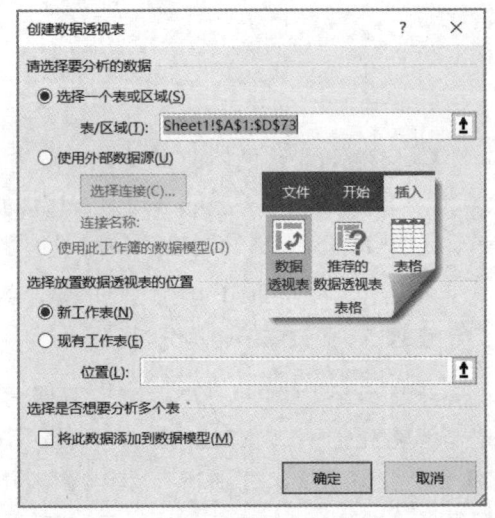

图 1-67

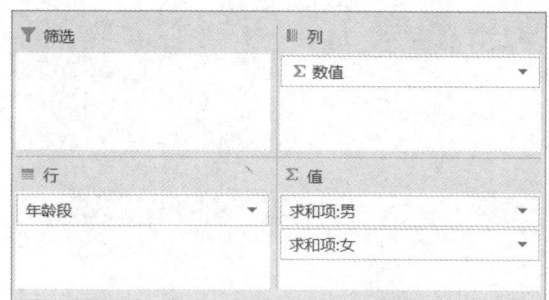

图 1-68　　　　　　　　　　　　　图 1-69

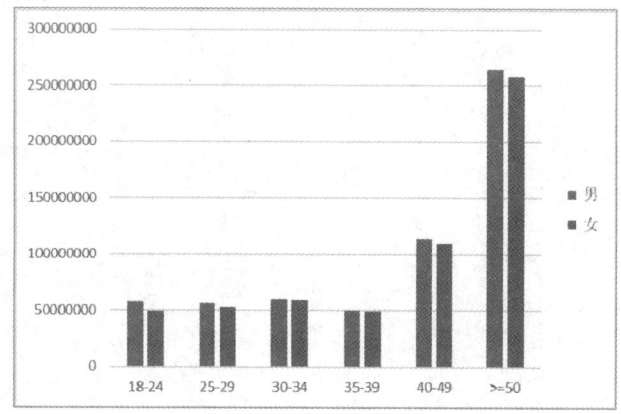

图 1-70

优化图表：在"图表元素"窗格中勾选"图表标题"复选框，将"图表标题"改为"人口分析"，如图 1-71 所示。

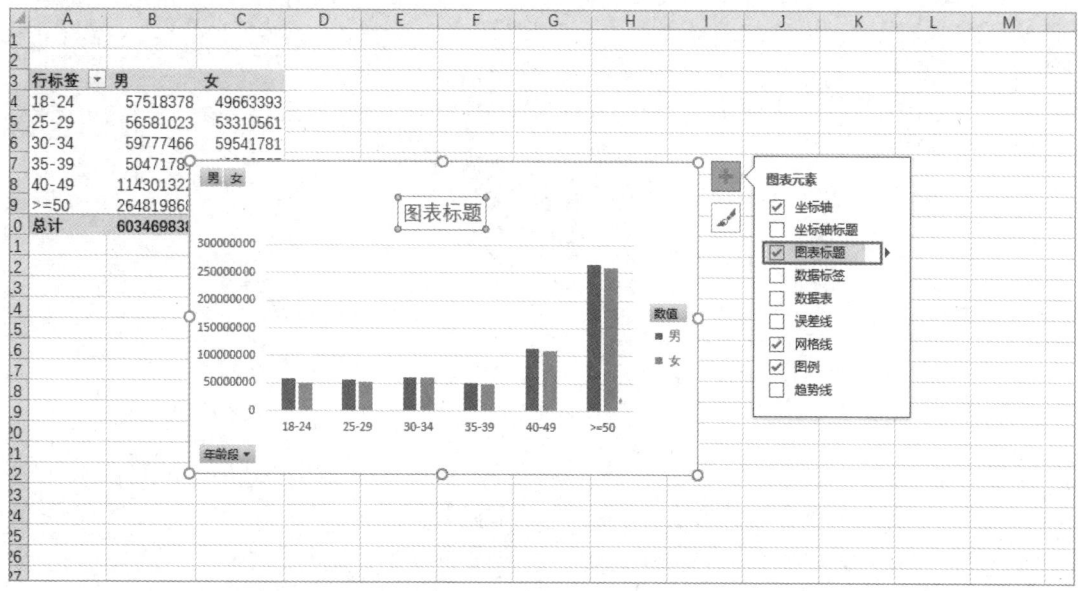

图 1-71

取消勾选"网格线"复选框,如图1-72所示。

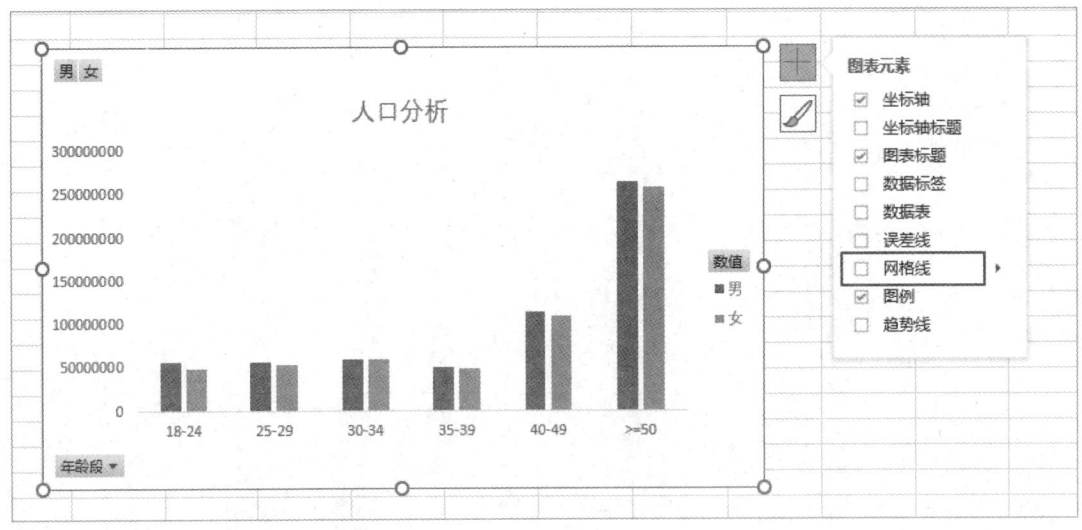

图1-72

双击"纵坐标轴"工作区,打开"设置坐标轴格式"窗格,选择"文本选项"选项,在"文本填充"选区中单击"无填充"单选按钮,如图1-73所示。

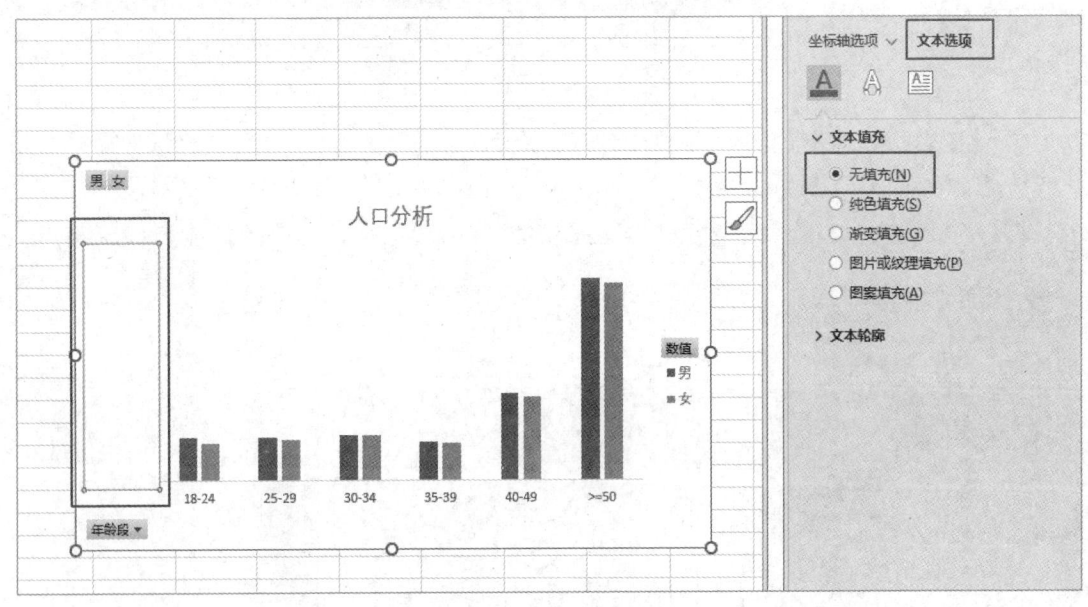

图1-73

在"图表元素"窗格中的"数据标签"复选框中选择"更多选项"选项,如图1-74所示。
选择"设置数据标签格式"窗格中的"大小与属性"选项卡,将"对齐方式"选区的"文字方向"设置为"所有文字旋转270°",如图1-75所示。
优化后的图表如图1-76所示。

项目1 市场分析

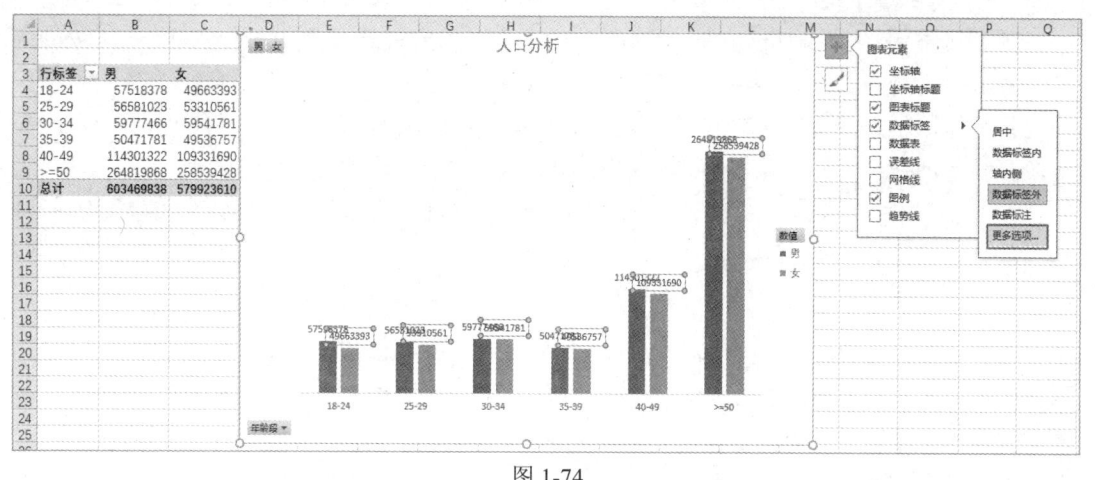

图 1-74

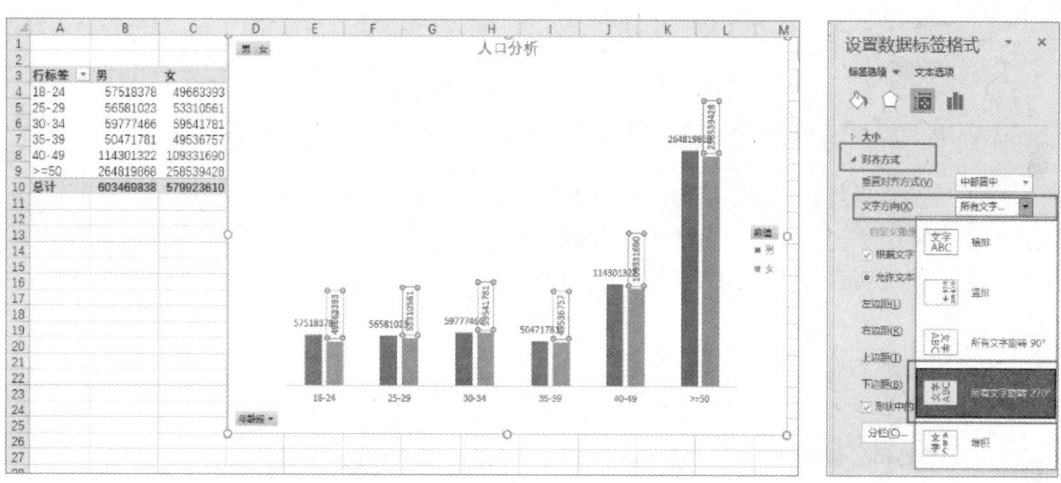

图 1-75

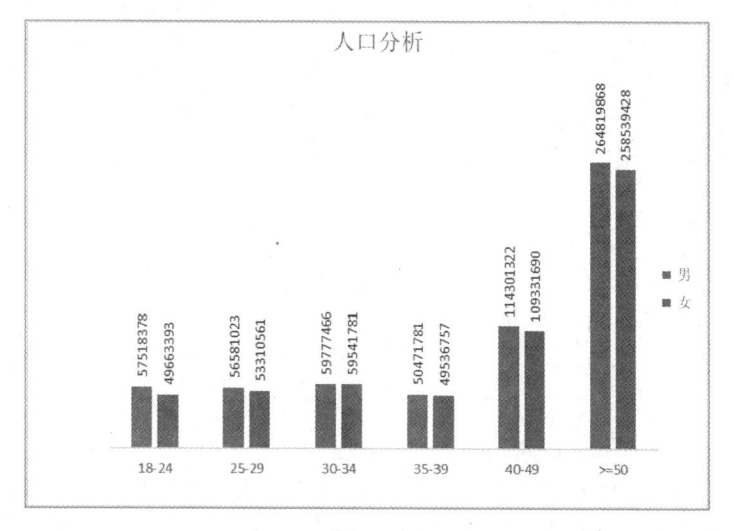

图 1-76

【图表解析】由图 1-76 可知，年龄在 30~34 岁的人口基数大于年龄在 25~29 岁的人口基数，而年龄在 25~29 岁的人口基数大于年龄在 18~24 岁的人口基数，这是因为在计划生育的作用下人口持续下降。结合"市场客群年龄占比图"看，50 岁（含）以上的客户更习惯在线下消费，导致"市场客群年龄占比图"中该年龄段的客户占比不高。

任务 4　市场竞争分析

通过对市场卖家的竞争度、目标市场的店铺集中度等指标进行分析，可得出市场竞争的基本情况；通过与竞争店铺的核心指标、竞品的基本属性及变化趋势的对比，找到与竞争店铺的差距所在，并进行针对性优化。

注：该任务所用到的文件为"1-1 市场分析数据""1-4 市场 TOP 店铺数据""1-4 竞品数据""1-4 核心指标""1-4 流量来源""1-4 入店关键词""1-4 维度表"。

【操作手册】

步骤 1　市场卖家竞争度分析

打开"1-1 市场分析数据"文件，在"插入"选项卡中选择"数据透视表"选项，在创建好的"数据透视表"中，勾选"二级类目""日期""成交金额""卖家数"复选框。"数据透视表"会自动识别日期数据的格式，将日期分成"年""季度""日期"3 个组，将"年"字段放入"筛选"标签框，筛选出相应年份，删除"季度""日期"字段，将"二级类目"字段放入"行"标签框，将"平均值项：成交金额"字段和"平均值项：卖家数"字段放入"值"标签框。字段的"值汇总依据"设置为"平均值"，如图 1-77 所示。

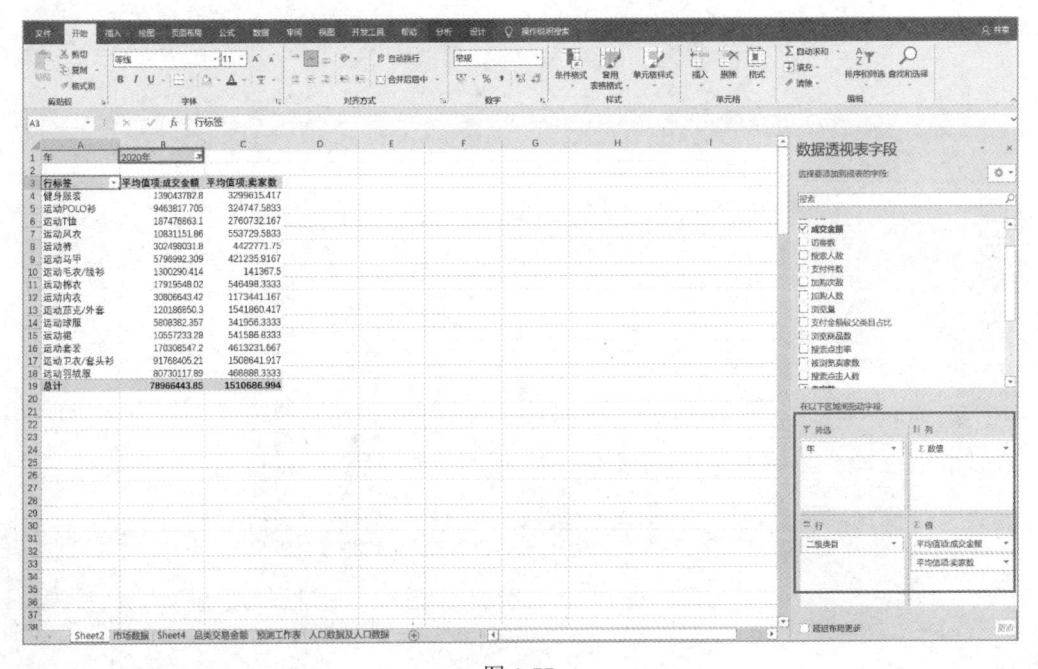

图 1-77

对卖家数进行排序，单击"行标签"右边的下拉列表按钮，选择"其他排序选项"选项，如图1-78所示。

图 1-78

在弹出的"排序(二级类目)"对话框中，单击"降序排序(Z 到 A)依据"单选按钮，排序依据为"平均值项：卖家数"，如图1-79所示。

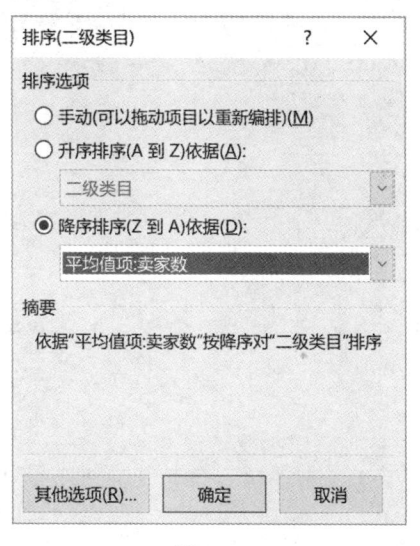

图 1-79

在"插入"选项卡的"推荐的图表"功能组中选择"组合图"选项，勾选"平均值项：成交金额"选项的"次坐标轴"复选框，如图1-80所示。

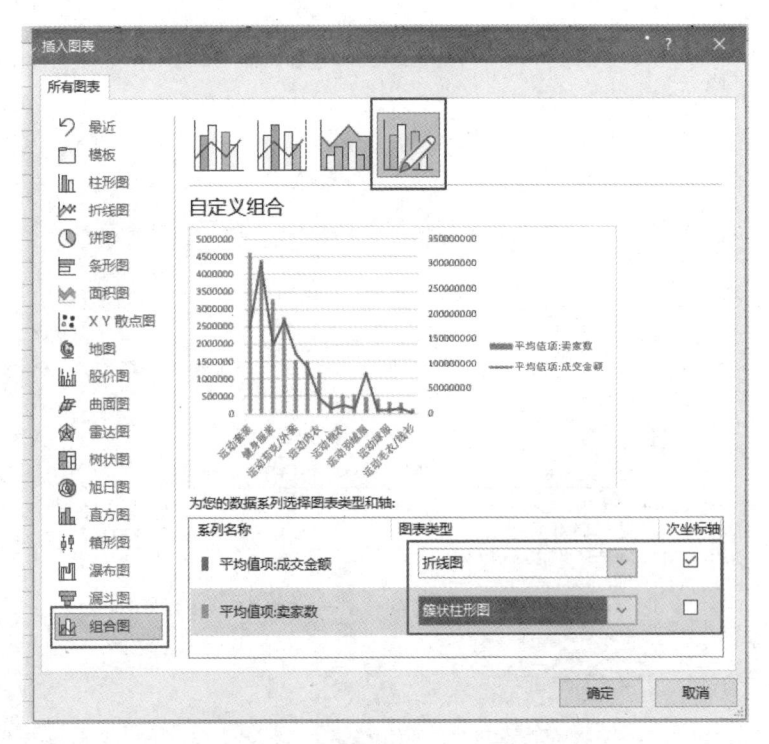

图 1-80

单击图表右上角的"+"按钮,在"图表元素"窗格中勾选"坐标轴""图表标题""图例"复选框,将"图表标题"设置为"各二级类目卖家数及成交金额",右击"字段"按钮,单击"隐藏图表上的所有字段"按钮,结果如图 1-81 所示。

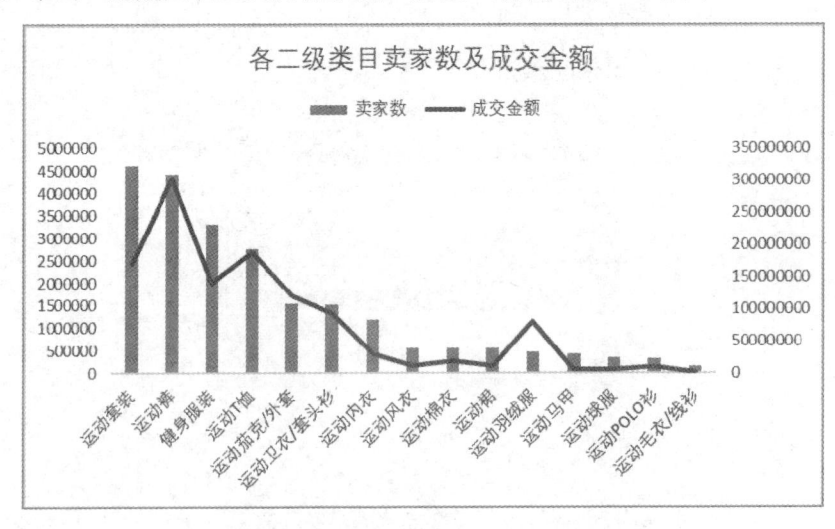

图 1-81

【图表解析】由图 1-81 可知,运动套装和运动裤的成交金额较高,但同时卖家数也多,市场接近饱和;运动羽绒服的卖家数不多,但是成交金额远超相同卖家数的其他二级类目。因此,运动羽绒服的市场还有较大富余。

步骤 2　目标市场店铺集中度分析

打开"1-4 市场 TOP 店铺数据",如图 1-82 所示。

	A	B	C	D	E	F
1	日期	店铺信息	行业排名	成交金额	成交增长幅度	支付转化率
2	2021-02-01|2021-02-28	百年扁氏旗舰店	1升1名	10296187	4.10%	14.37%
3	2021-02-01|2021-02-28	haier海尔如优专卖店	2降1名	9514306	-22.90%	7.89%
4	2021-02-01|2021-02-28	可复美旗舰店	3升2名	7046660	-19.03%	4.93%
5	2021-02-01|2021-02-28	敷尔佳旗舰店	4降1名	4877706	-44.43%	2.31%
6	2021-02-01|2021-02-28	蕲大妈旗舰店	5降1名	4821667	-44.92%	27.04%
7	2021-02-01|2021-02-28	氧精灵永瑞专卖店	6升7名	3954182	-4.26%	7.94%
8	2021-02-01|2021-02-28	康佰个人护理专营店	7持平	3926879	-31.33%	8.26%
9	2021-02-01|2021-02-28	岳家老铺医疗器械专营店	8升7名	3630366	-8.93%	40.82%
10	2021-02-01|2021-02-28	鱼跃南京专卖店	9升89名	3322350	273.09%	27.46%
11	2021-02-01|2021-02-28	敷益清旗舰店	10升54名	3030936	167.12%	27.46%
12	2021-02-01|2021-02-28	鸿益德医疗器械旗舰店	11降5名	2981553	-51.35%	5.35%
13	2021-02-01|2021-02-28	欧脉个人护理旗舰店	12降4名	2821284	-44.84%	12.75%
14	2021-02-01|2021-02-28	托嗳浪漫窝专卖店	13升6名	2430529	-22.29%	29.40%
15	2021-02-01|2021-02-28	允宝旗舰店	14降4名	2265291	-55.46%	3.55%
16	2021-02-01|2021-02-28	仙草艾旗舰店	15升5名	2165952	-28.64%	13.72%
17	2021-02-01|2021-02-28	亿康医疗器械旗舰店	16降4名	2137919	-50.45%	8.08%
18	2021-02-01|2021-02-28	好护士器械旗舰店	17降1名	1902216	-52.02%	9.06%
19	2021-02-01|2021-02-28	绽妍医疗器械旗舰店	18升29名	1897334	15.54%	10.91%
20	2021-02-01|2021-02-28	同普堂旗舰店	19升27名	1785188	7.50%	18.85%
21	2021-02-01|2021-02-28	amonoy雅美娜旗舰店	20升6名	1744072	-23.99%	8.24%
22	2021-02-01|2021-02-28	信轩旗舰店	21升22名	1679990	-1.36%	9.13%
23	2021-02-01|2021-02-28	子威医疗器械专营店	22升6名	1670027	-25.31%	21.73%
24	2021-02-01|2021-02-28	红杏林旗舰店	23升11名	1545123	-25.04%	11.13%
25	2021-02-01|2021-02-28	众乐康健赣益坊专卖店	24升3名	1506282	-33.70%	13.56%
26	2021-02-01|2021-02-28	可孚医疗器械旗舰店	25降14名	1496290	-70.34%	9.63%
27	2021-02-01|2021-02-28	星云医疗器械旗舰店	26-	1469632	0	4.98%

图 1-82

在"插入"选项卡中选择"数据透视表"选项,如图 1-83 所示。

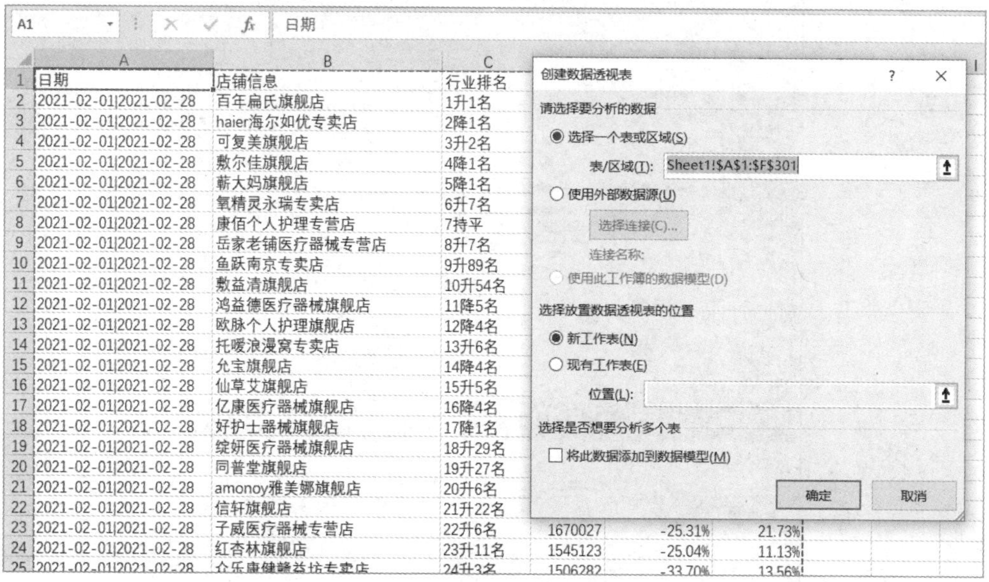

图 1-83

设置"数据透视表字段",在右边的"数据透视表字段"对话框中,勾选"店铺信息"

35

"成交金额"复选框,将"店铺信息"字段放入"行"标签框,将"求和项:成交金额"字段放入"值"标签框,如图1-84所示。

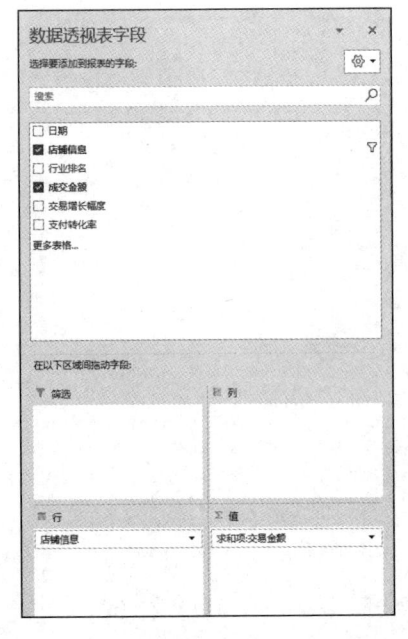

图1-84

筛选店铺成交金额TOP50,右击"行标签"列下任意单元格,在"筛选"选项卡中选择"前10个"选项,在"显示"选区中,将"最大"数值调节按钮的数值改为"50",在"依据"下拉列表中选择"求和项:成交金额"选项,如图1-85所示。

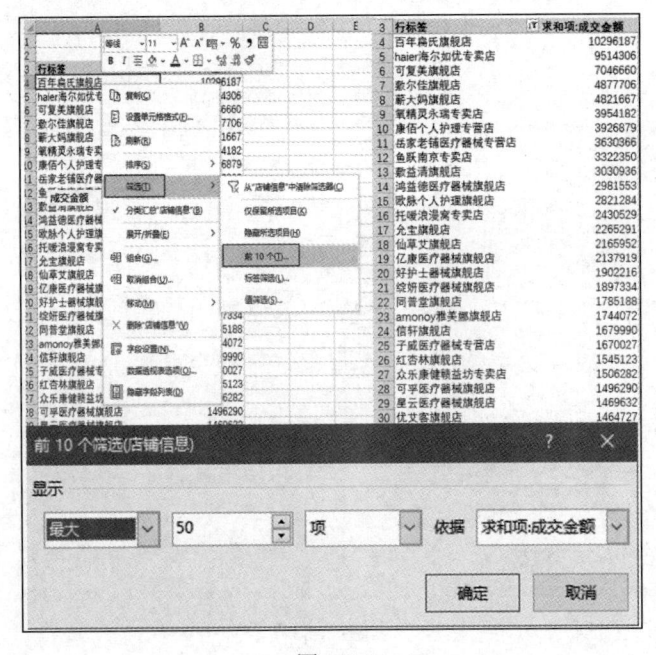

图1-85

将筛选出来的店铺成交金额 TOP50 进行降序排序，右击"求和项：成交金额"列下的任意单元格，在快捷菜单中选择"排序"选项卡中的"降序"选项，如图 1-86 所示。

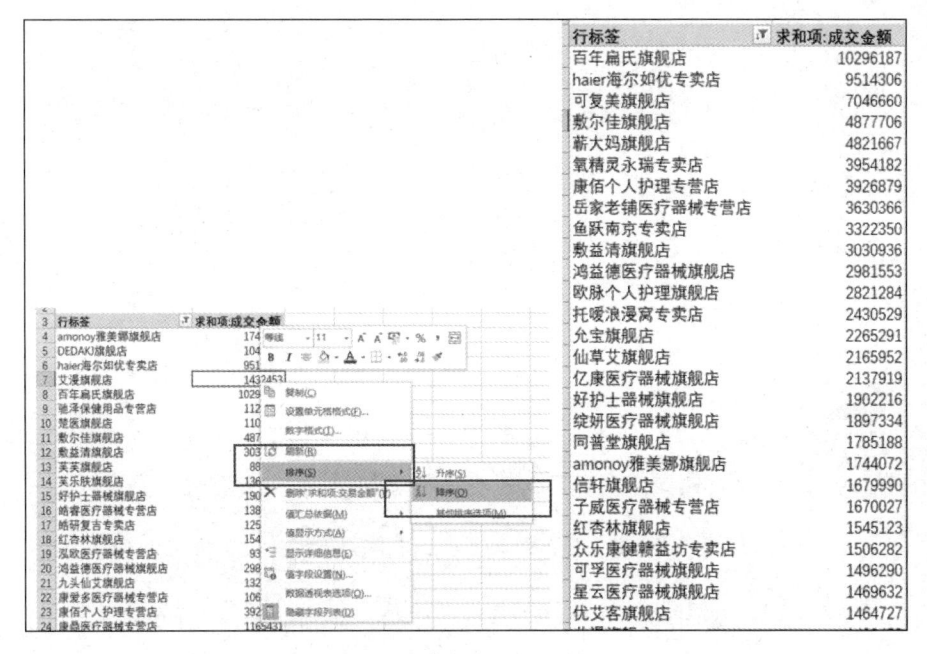

图 1-86

因为直方图不能直接插入，所以先复制数据到空白单元格中。在"插入"选项卡的"推荐的图表"功能组中选择"直方图"选项，如图 1-87 所示。

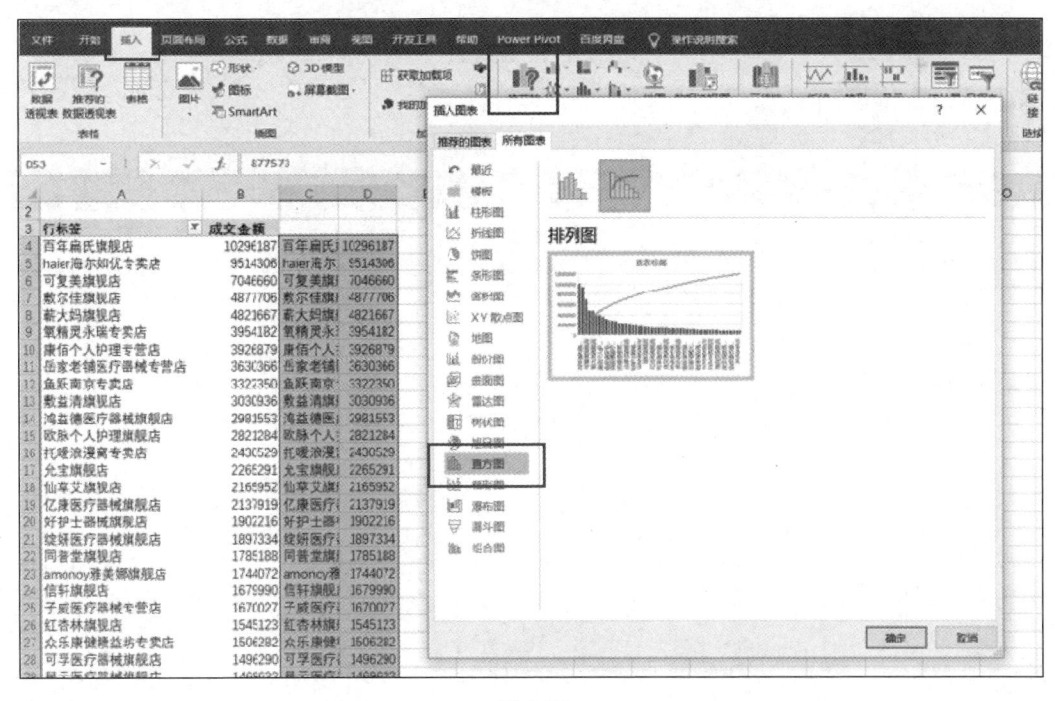

图 1-87

37

优化图表：单击图表右上角的"+"按钮，在"图表元素"窗格中勾选"图表标题"复选框（"坐标轴""网格线"复选框是默认勾选的），将"图表标题"设置为"TOP50 店铺集中度"，在80%曲线交叉处画十字线，并组合形状，如图1-88所示。

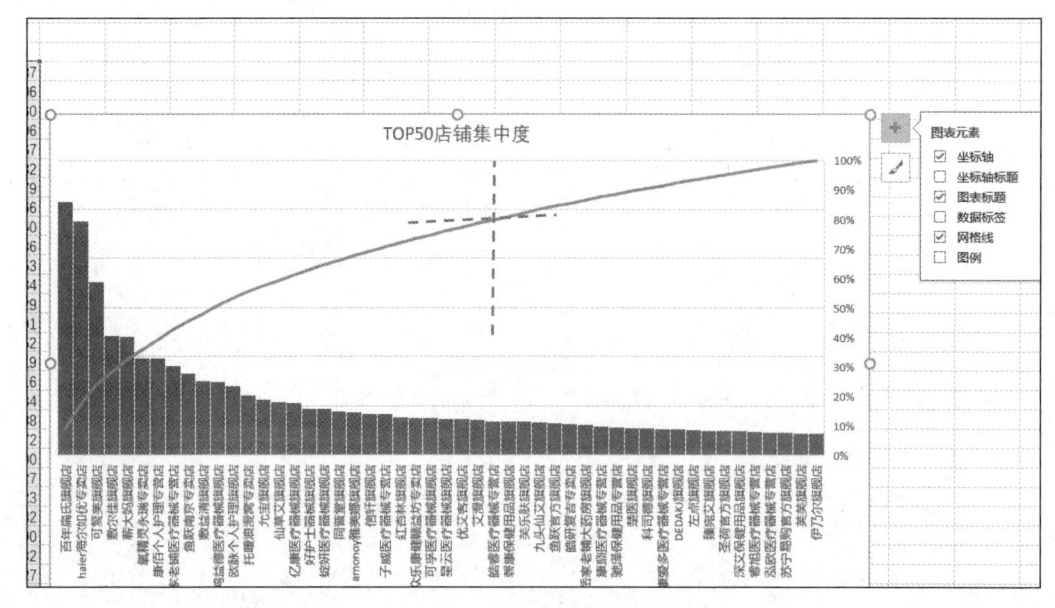

图 1-88

【图表解析】由图1-88可知，保健用品市场TOP50店铺集中度为31，集中度较低，未出现品牌垄断情况，市场竞争状况良好。

步骤3 竞争店铺核心指标分析

打开新的Excel工作簿，在"Power Pivot"选项卡中选择"管理数据模型"选项，如图1-89所示。

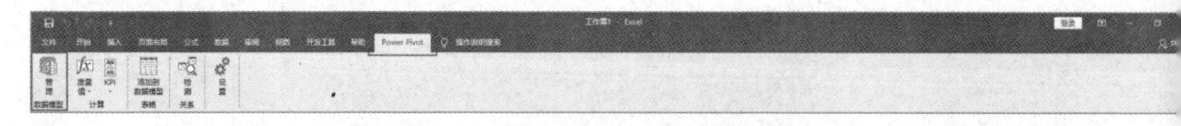

图 1-89

在"主页"选项卡中选择"从其他源"选项，如图1-90所示。

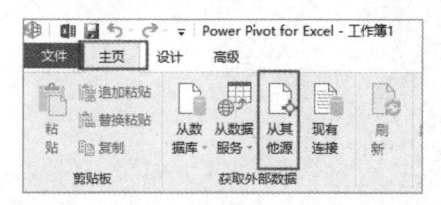

图 1-90

在"表导入向导"对话框中选择"Excel文件"选项，单击"下一步"按钮，如图1-91所示。

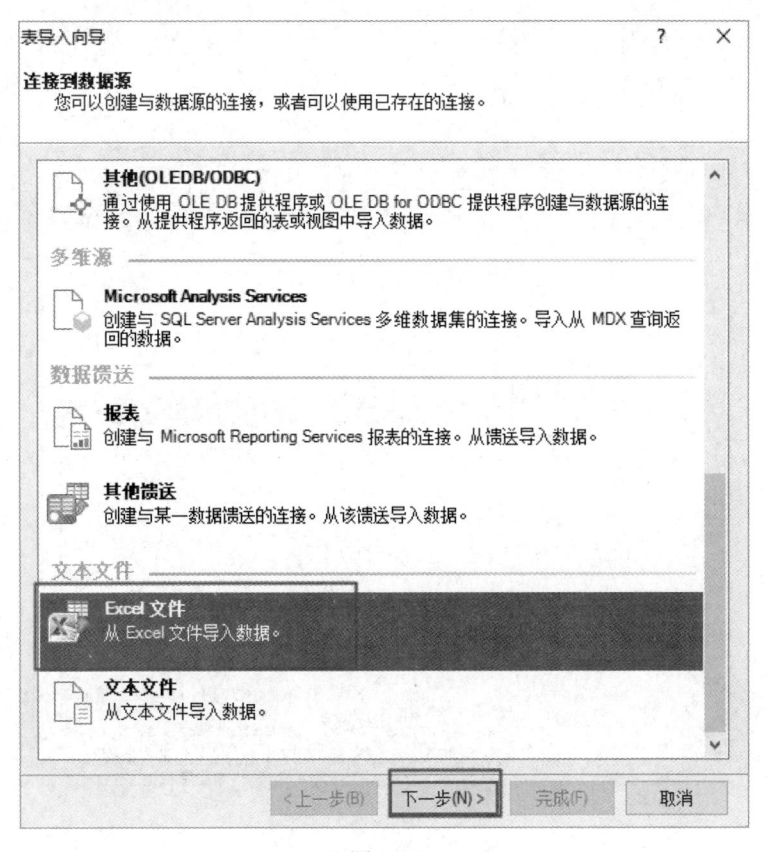

图 1-91

单击"浏览"按钮,选择"1-4 核心指标"文件,单击"打开"按钮后勾选"使用第一行作为列标题"复选框,最后单击"下一步"按钮,如图 1-92 所示。

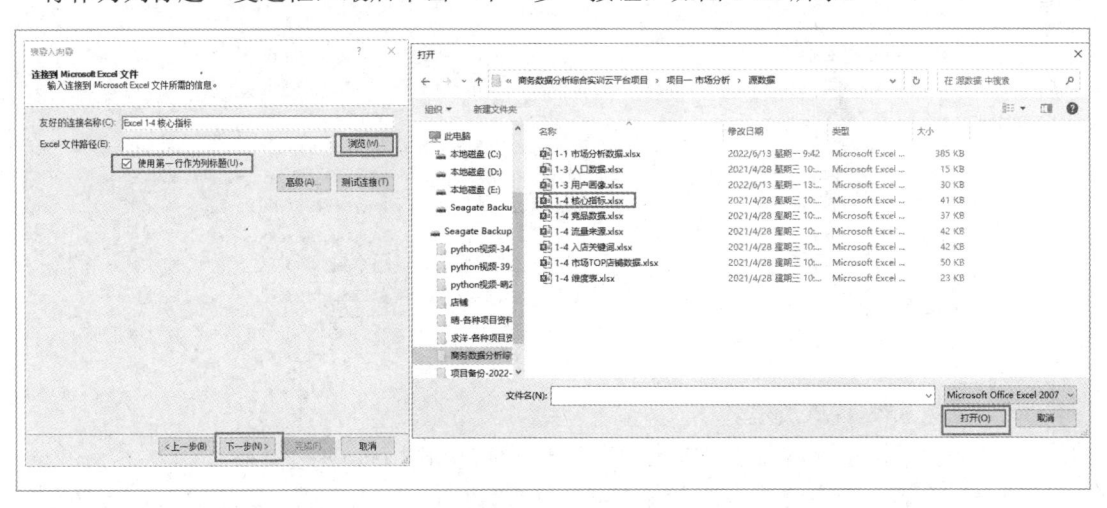

图 1-92

在"表导入向导"对话框中勾选"核心指标数据$"复选框,单击"完成"按钮,如图 1-93 所示。

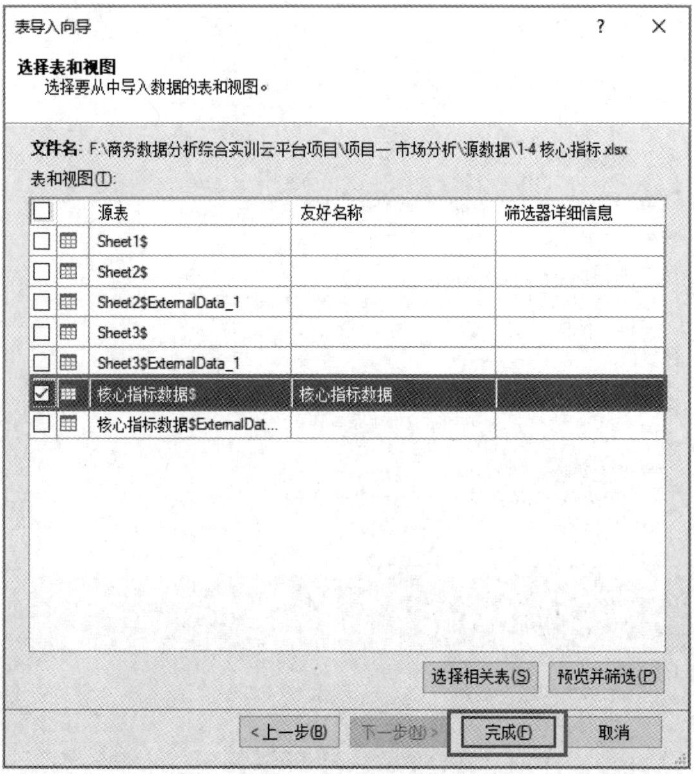

图1-93

重复执行上述操作，分别将"1-4 流量来源""1-4 入店关键词""1-4 维度表"文件导入"Power Pivot"选项卡中（操作方法同图1-89到图1-93），如图1-94所示。

图1-94

导入结果如图1-95所示。

在"主页"选项卡中选择"关系图视图"选项，如图1-96所示。

将"日期表"表中的"日期"与"核心指标数据"表、"入店关键词数据"表及"流量来源数据"表中的"日期"连接，将"终端"表中的"终端"与"核心指标数据"表、"流量来源数据"表及"来源分类"表中的"终端"连接。重复执行前述操作，将"核心指标"表、"入店关键词"表和"店铺"表与其他表进行相关连接，结果如图1-97所示。

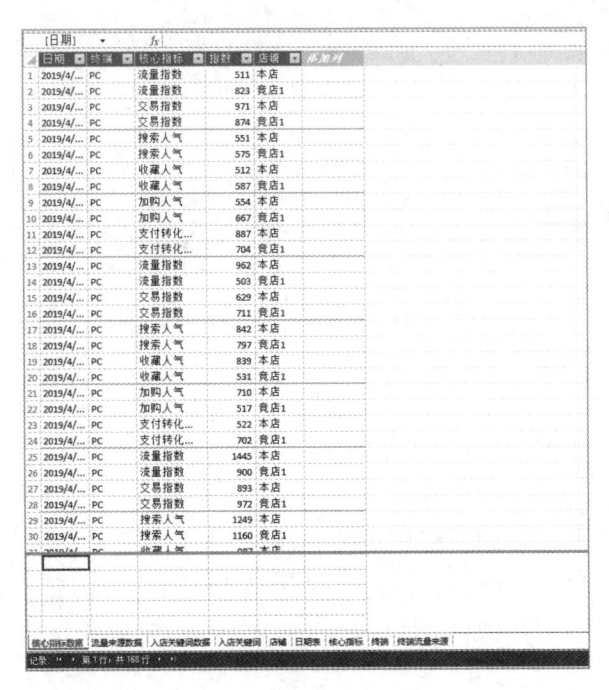

图 1-95

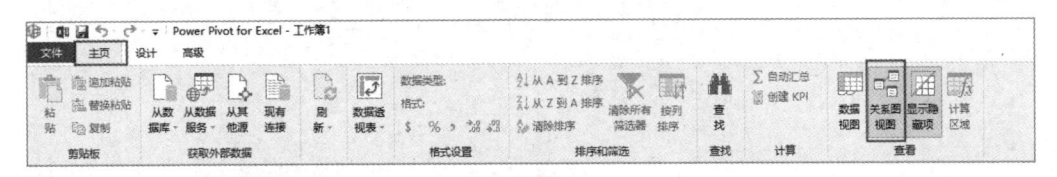

图 1-96

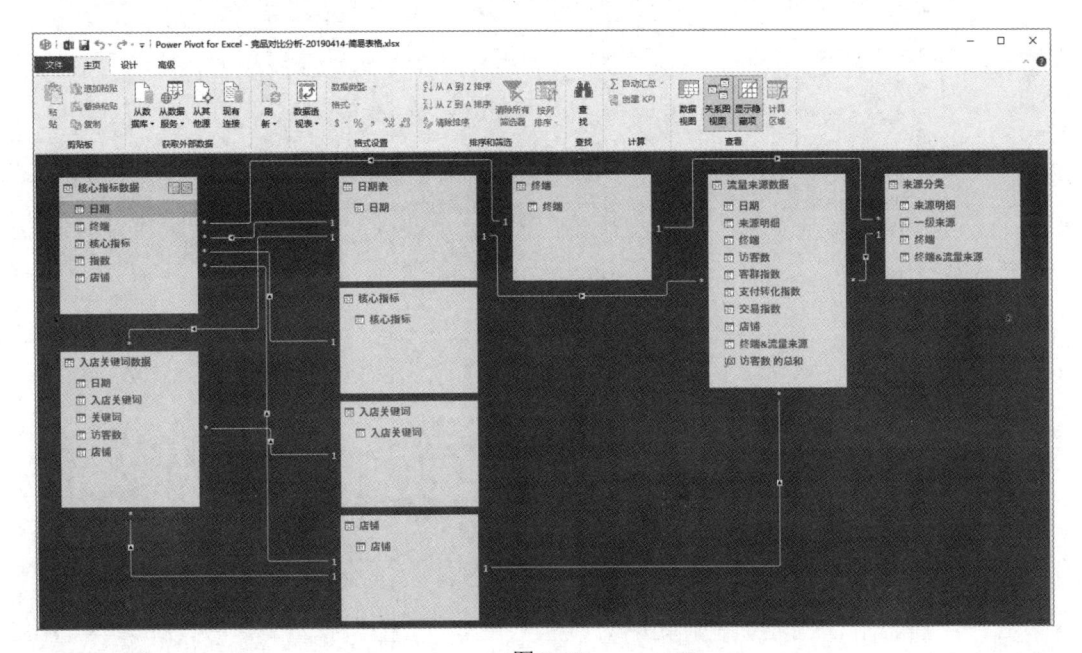

图 1-97

在"主页"选项卡中选择"数据透视表"选项,创建数据透视图,如图1-98所示。

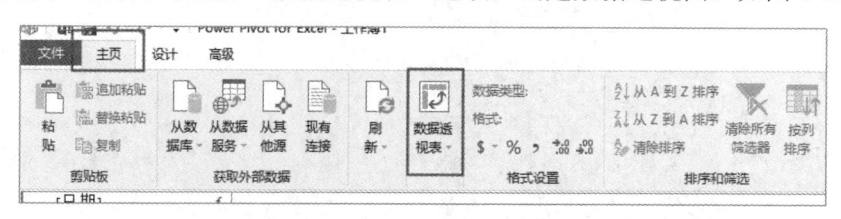

图1-98

对"数据透视表"进行"数据透视表字段"设置,将"日期"字段放入"轴(类别)"标签框,将"以下项目的总和:指数"字段放入"值"标签框,将"店铺"字段放入"图例(系列)"标签框,如图1-99所示。

单击"图例"按钮,右键选择"设置图例格式"选项,如图1-100所示。

在"设置图例格式"窗格中的"图例选项"选区中单击"靠上"单选按钮,并勾选"显示例图,但不与图表重叠"复选框,如图1-101所示。

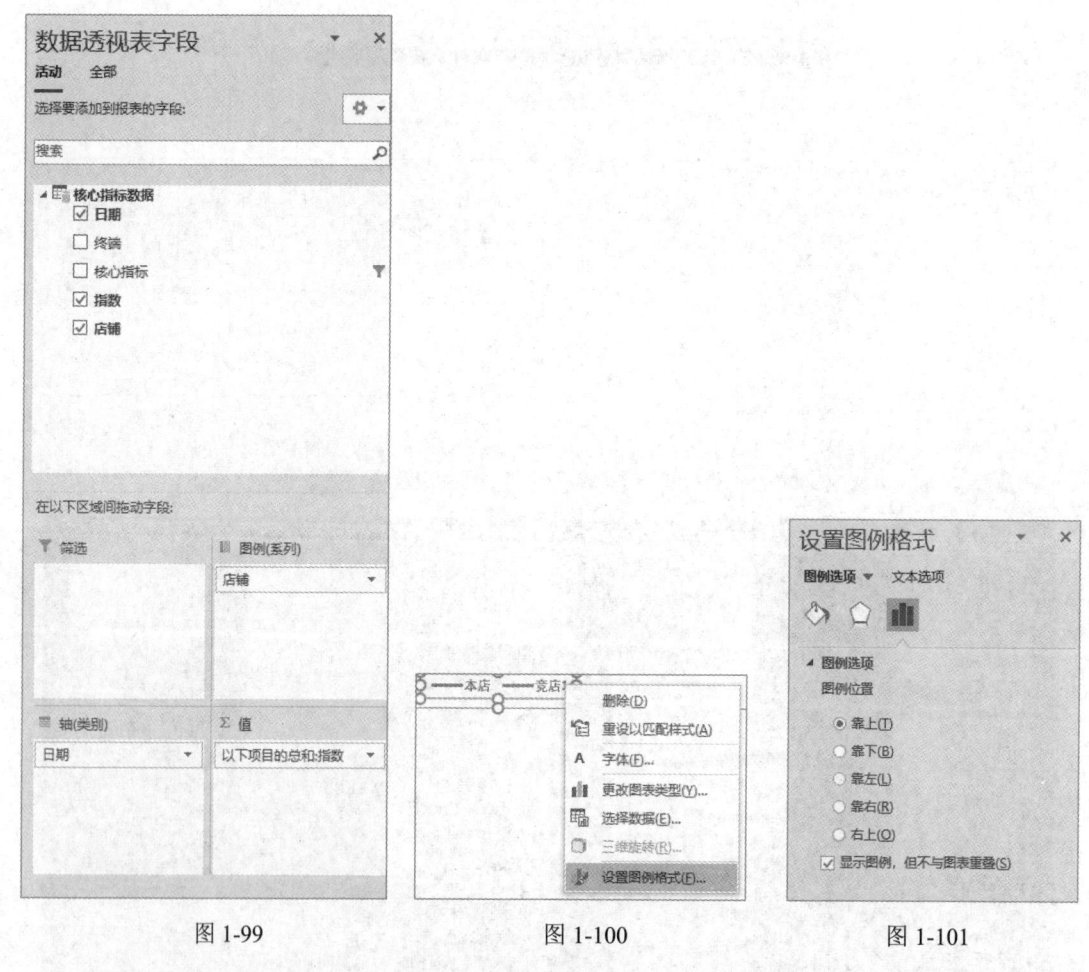

图1-99　　　　　　　图1-100　　　　　　　图1-101

右击"坐标轴"工作区,在弹出的对话框中选择"设置坐标轴格式"选项,如图1-102所示。

42

在"设置坐标轴格式"窗格里选择"坐标轴选项"选项,在"显示单位"下拉列表中选择"10000"选项,如图1-103所示。

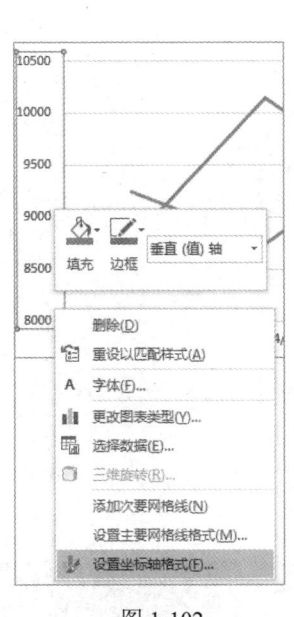

图1-102

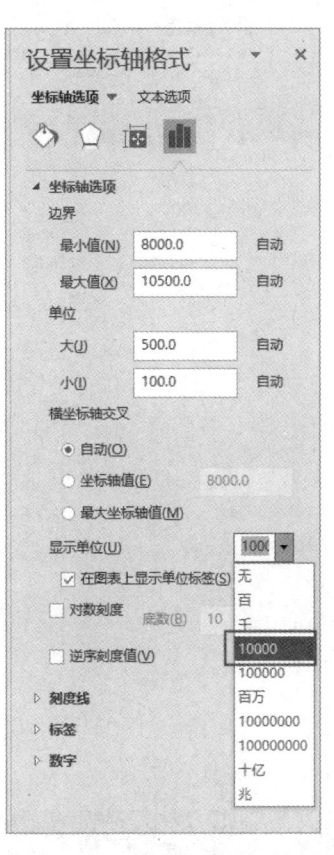

图1-103

单击图表右上角的"+"按钮,在"图表元素"窗格中取消勾选"网格线"复选框,勾选"图表标题"复选框,将"图表标题"改为"核心指标对比",将坐标轴标签改为"万",文字方向改为"竖排",结果如图1-104所示。

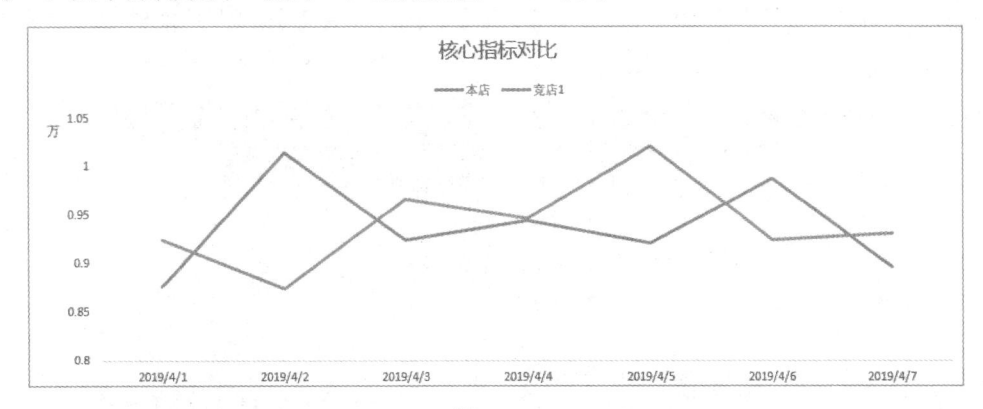

图1-104

在"插入"选项卡中选择"切片器"选项,如图1-105所示。

图 1-105

在"插入切片器"对话框中勾选"店铺""核心指标""终端"复选框,如图 1-106 所示。

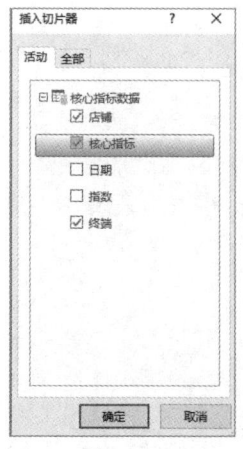

图 1-106

分别处理 3 个切片器,在"选项"选项卡中选择"列"选项,并将数值调节按钮的数值改为"2",如图 1-107 所示。

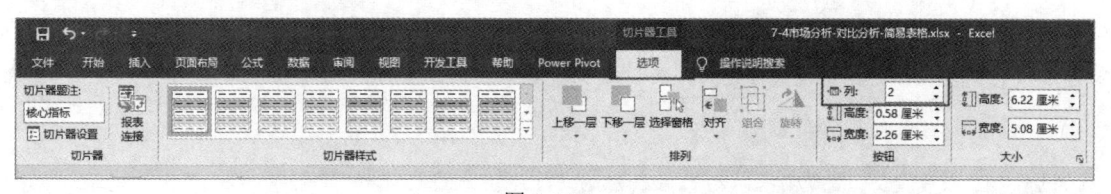

图 1-107

再次分别处理 3 个切片器,在"选项"选项卡的"切片器样式"功能组中,选择"浅蓝"选项,切片器样式选择"深色"第 5 个样式,如图 1-108 所示。

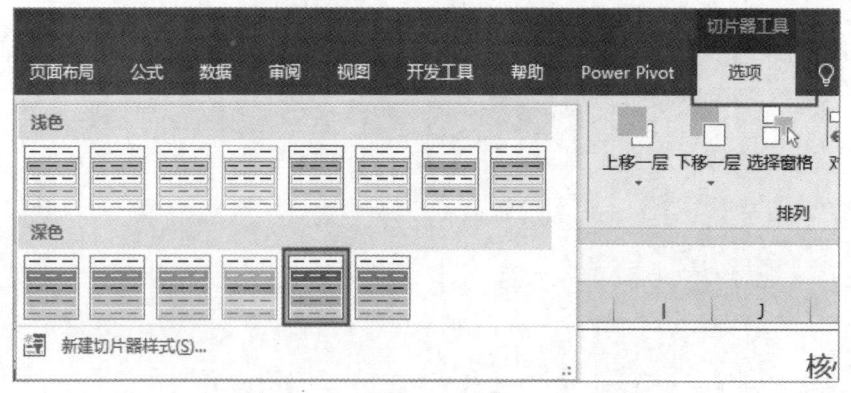

图 1-108

移动切片器位置和修改大小，结果如图 1-109 所示。

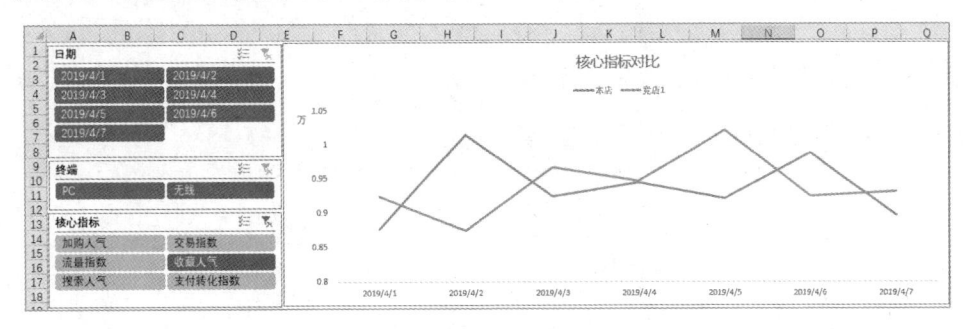

图 1-109

执行上述操作(操作方法同图 1-89 到图 1-109)，完成入店关键词分析，结果如图 1-110 所示。

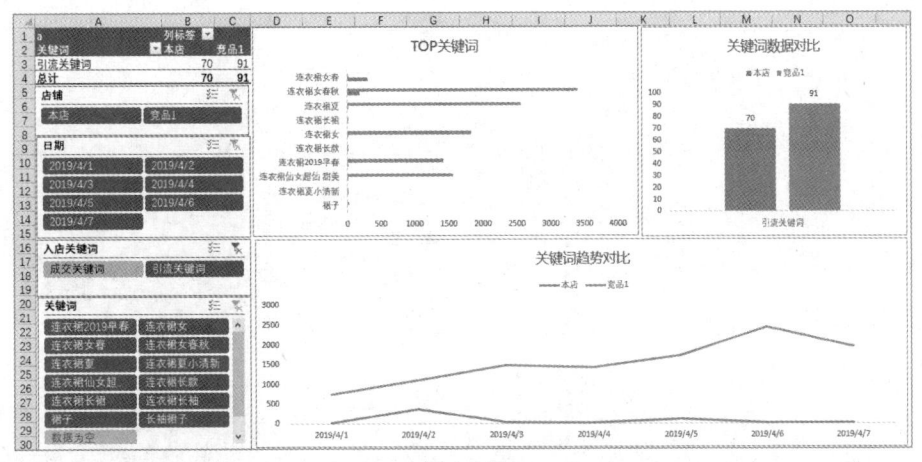

图 1-110

执行上述操作(操作方法同图 1-89 到图 1-109)，完成流量结果分析，结果如图 1-111 所示。

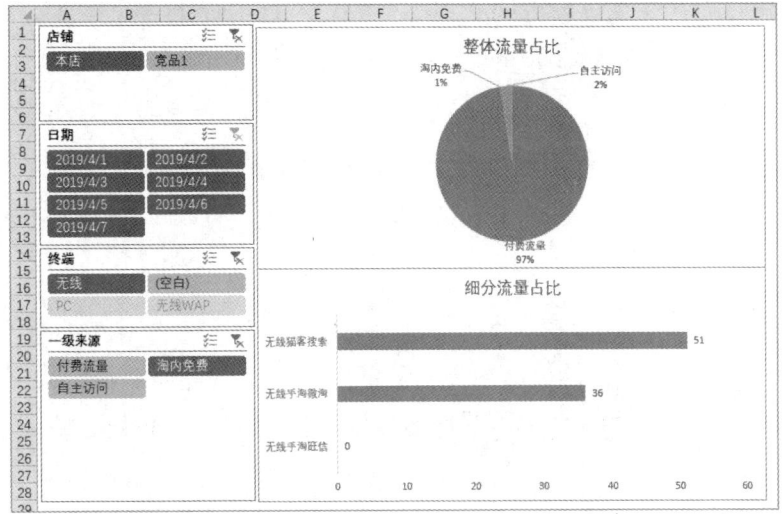

图 1-111

【图表解析】通过图 1-109、图 1-110、图 1-111 可对店铺核心指标、核心关键词与流量来源进行筛选，有针对性地进行对比查看，找到自身与竞店之间存在的差距，确定优化方向。

步骤 4　竞品的基本属性及变化趋势分析

打开"1-4 竞品数据"文件，如图 1-112 所示。

选中全部数据，在"插入"选项卡中选择"数据透视表"选项，如图 1-113 所示。

图 1-112

图 1-113

"筛选"下拉列表设置为"商品 id"字段，"行"下拉列表设置为"日期"字段，"值"下拉列表设置为"求和项：流量指数"字段，如图 1-114 所示。

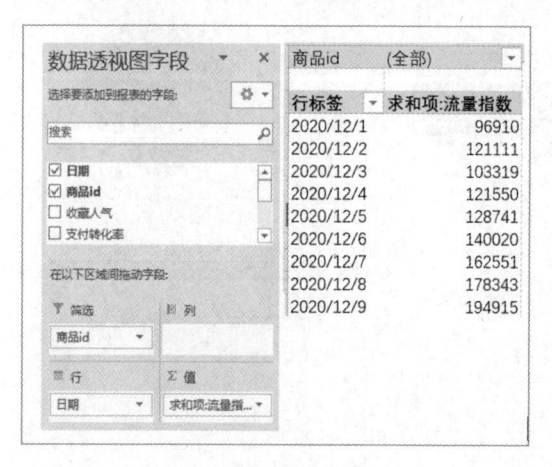

图 1-114

在"插入"选项卡的"推荐的图表"功能组中选择"折线图"选项，如图 1-115 所示。

图 1-115

结果如图 1-116 所示。

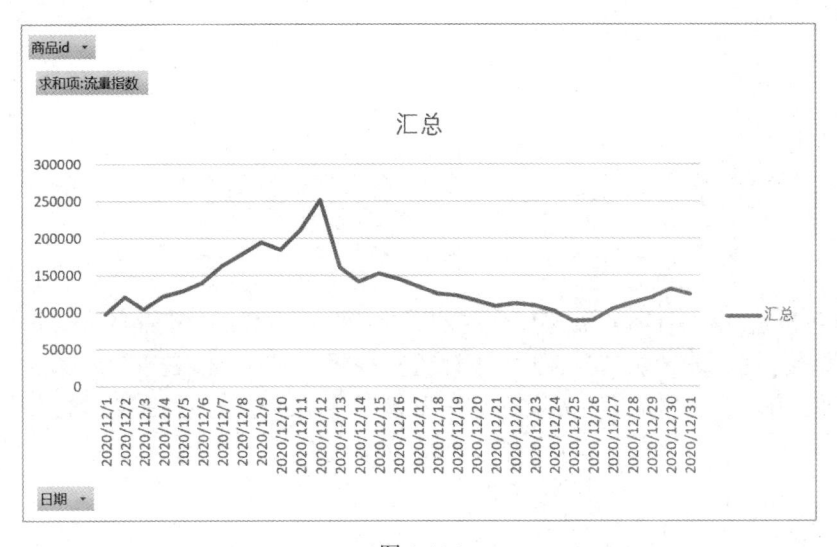

图 1-116

可以在筛选位置更换"商品 id"字段，如图 1-117 所示。

图 1-117

优化图表，结果如图 1-118 所示。

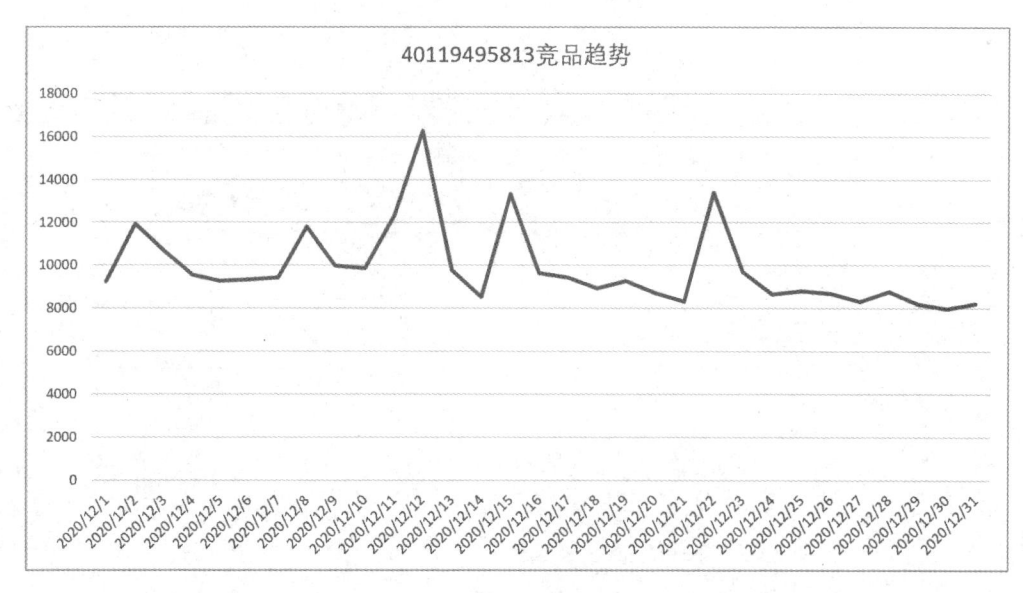

图 1-118

【图表解析】由图 1-118 可知不同竞品的变化趋势，结合自身产品的变化趋势，确定导致变化产生的原因。若竞品与自身产品变化趋势相同，则有可能是市场原因导致的；若竞品变化趋势上升，自身产品变化趋势下降，则是自身产品导致的，需要对自身产品进行诊断优化。

项目 2 选品分析

【场景描述】

企业 A 是一家集设计、生产于一体的互联网医疗/保健用品企业,想根据消费者需求及行业热门商品来确定商品研发方向。

【项目目标】

通过数据分析让企业清晰地了解红/蓝海市场,帮助企业从中选出机会商品进行售卖。本项目分别通过对蓝海市场的蓝海关键词及红海市场的热销商品定位、热销商品 SKU(库存进出的计量单位)结构进行分析,从而找出市场的机会商品。

【分析思路】

项目	任务	分析维度
选品分析	任务 1:蓝海选品分析	■ 蓝海关键词的搜索人数 ■ 蓝海关键词的支付人数
	任务 2:红海选品分析	■ 热卖商品定位 ■ 热卖商品的 SKU 结构

任务 1　蓝海选品分析

根据搜索人数确定蓝海关键词区域，再通过分析蓝海关键词的搜索人数与支付人数进行选品。

注：该任务所用到的文件为“2-1 市场搜索词飙升排行”。

【操作手册】

蓝海是指未被发掘出的，客户有需求且竞争度较小的市场。蓝海选品是指根据观察蓝海关键词的指标情况来寻找机会类目(商品)。

步骤 1　选择蓝海关键词区域

打开“2-1 市场搜索词飙升排行”文件，如图 2-1 所示。

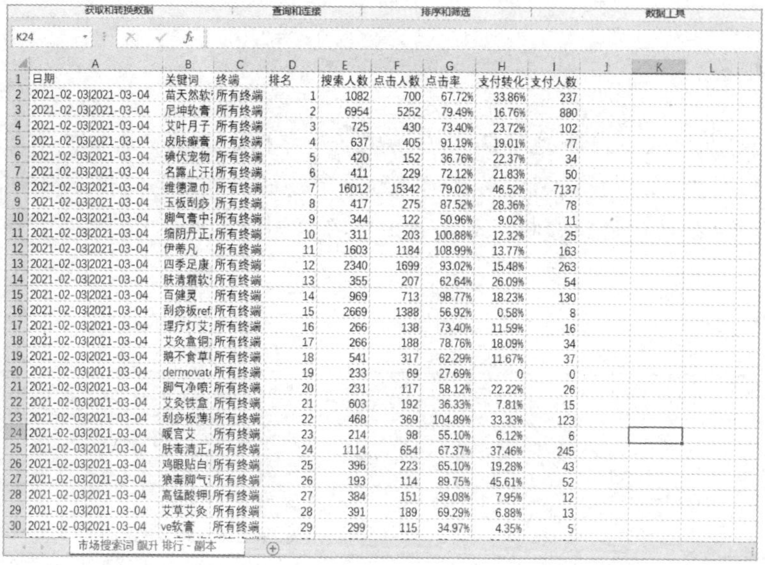

日期	关键词	终端	排名	搜索人数	点击人数	点击率	支付转化	支付人数
2021-02-03|2021-03-04	苗天然软	所有终端	1	1082	700	67.72%	33.86%	237
2021-02-03|2021-03-04	尼坤软膏	所有终端	2	6954	5252	79.49%	16.76%	880
2021-02-03|2021-03-04	艾叶月子	所有终端	3	725	430	73.40%	23.72%	102
2021-02-03|2021-03-04	皮肤癣膏	所有终端	4	637	405	91.19%	19.01%	77
2021-02-03|2021-03-04	碘伏宠物	所有终端	5	420	152	36.76%	22.37%	34
2021-02-03|2021-03-04	名露止汗	所有终端	6	411	229	72.12%	21.83%	50
2021-02-03|2021-03-04	维德湿巾	所有终端	7	16012	15342	79.02%	46.52%	7137
2021-02-03|2021-03-04	玉板刮痧	所有终端	8	417	275	87.52%	28.36%	78
2021-02-03|2021-03-04	脚气膏中	所有终端	9	344	122	50.96%	9.02%	11
2021-02-03|2021-03-04	缩阴丹正	所有终端	10	311	203	100.88%	12.32%	25
2021-02-03|2021-03-04	伊蒂凡	所有终端	11	1603	1184	108.99%	13.77%	163
2021-02-03|2021-03-04	四季足康	所有终端	12	2340	1699	93.02%	15.48%	263
2021-02-03|2021-03-04	肤清霜软	所有终端	13	355	207	62.64%	26.09%	54
2021-02-03|2021-03-04	百健灵	所有终端	14	969	713	98.77%	18.23%	130
2021-02-03|2021-03-04	刮痧板ref.	所有终端	15	2669	1388	56.92%	0.58%	8
2021-02-03|2021-03-04	理疗灯艾	所有终端	16	266	138	73.40%	11.59%	16
2021-02-03|2021-03-04	艾灸盒铜	所有终端	17	266	188	78.76%	18.09%	34
2021-02-03|2021-03-04	鹅不食草	所有终端	18	541	317	62.29%	11.67%	37
2021-02-03|2021-03-04	dermovat	所有终端	19	233	69	27.69%	0	0
2021-02-03|2021-03-04	脚气净喷	所有终端	20	231	117	58.12%	22.22%	26
2021-02-03|2021-03-04	艾灸铁盒	所有终端	21	603	192	36.33%	7.81%	15
2021-02-03|2021-03-04	刮痧板薄	所有终端	22	468	369	104.89%	33.33%	123
2021-02-03|2021-03-04	暖宫艾	所有终端	23	214	98	55.10%	6.12%	6
2021-02-03|2021-03-04	肤毒清正	所有终端	24	1114	654	67.37%	37.46%	245
2021-02-03|2021-03-04	鸡眼贴白	所有终端	25	396	223	65.10%	19.28%	43
2021-02-03|2021-03-04	狼毒脚气	所有终端	26	193	114	89.75%	45.61%	52
2021-02-03|2021-03-04	高锰酸钾	所有终端	27	384	151	39.08%	7.95%	12
2021-02-03|2021-03-04	艾草艾灸	所有终端	28	391	189	69.29%	6.88%	13
2021-02-03|2021-03-04	ve软膏	所有终端	29	299	115	34.97%	4.35%	5

图 2-1

选中“搜索人数”整列，根据四分位数公式“=QUARTILE.EXC(ARRAY,QUART)”(四分位数是指将所有数值按照大小顺序排列并分成四等份，处于 3 个分割点位置的得分就是四分位数。最小的四分位数称为下四分位数。中点位置的四分位数就是中位数。最大的四分位数称为上四分位数。在所有数值中，有四分之三小于上四分位数，四分之一大于上四分位数。也可分别将上四分位数、下四分位数称为第 75 百分位数、第 25 百分位数。下四分位数计算公式：Q1=QUARTILE.EXC(E2:E301,1),上四分位数计算公式：Q3 =QUARTILE.EXC(E2:E301,3)，如图 2-2 所示。

为防止数据中的极值影响，需将异常值排除，选取搜索人数 500～1000 的值。右击“搜索人数”整列，选择“数字筛选”选项卡中的“介于”选项，在“自定义自动筛选方式”窗格中的“搜索人数”选区中，将“大于或等于”下拉列表的数值设置为“500”，将“小于或等于”下拉列表的数值设置为“1000”，如图 2-3 所示。

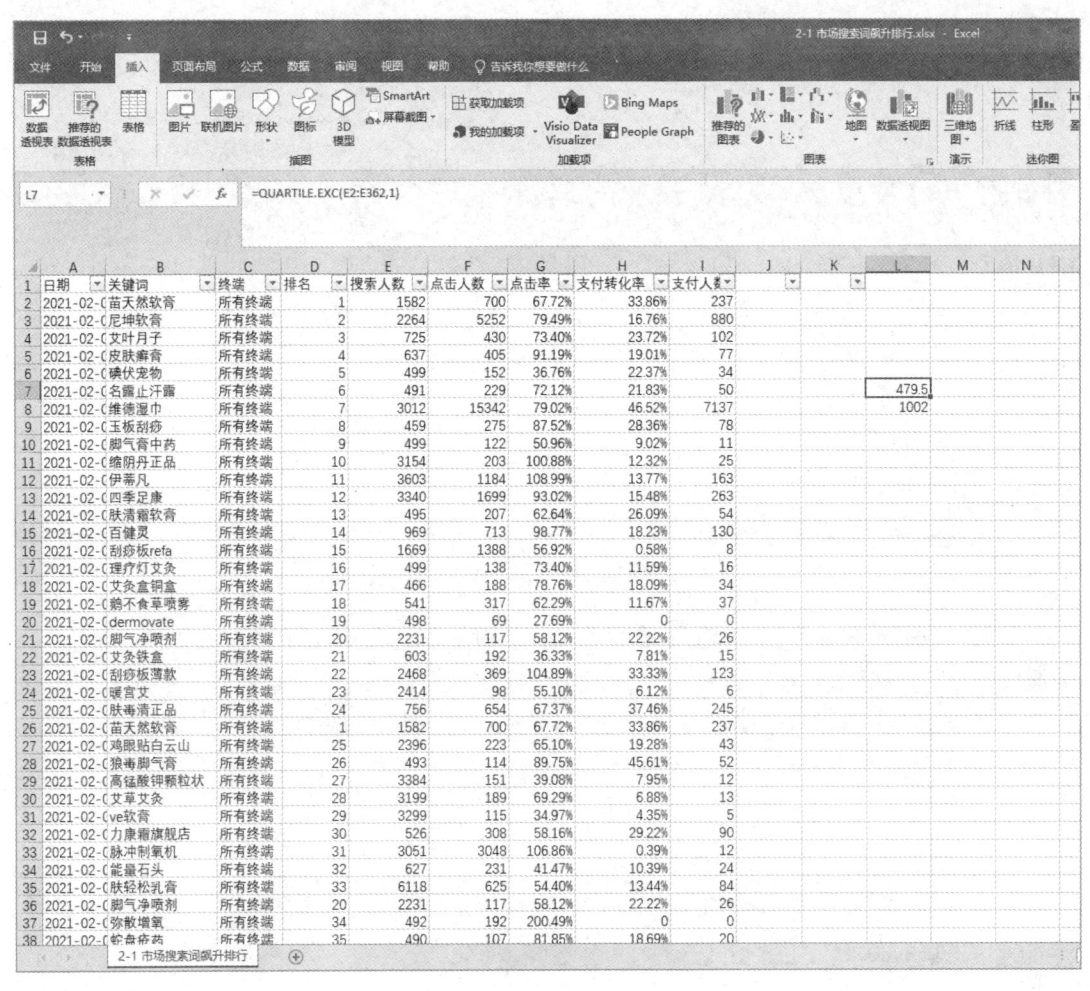

图 2-2

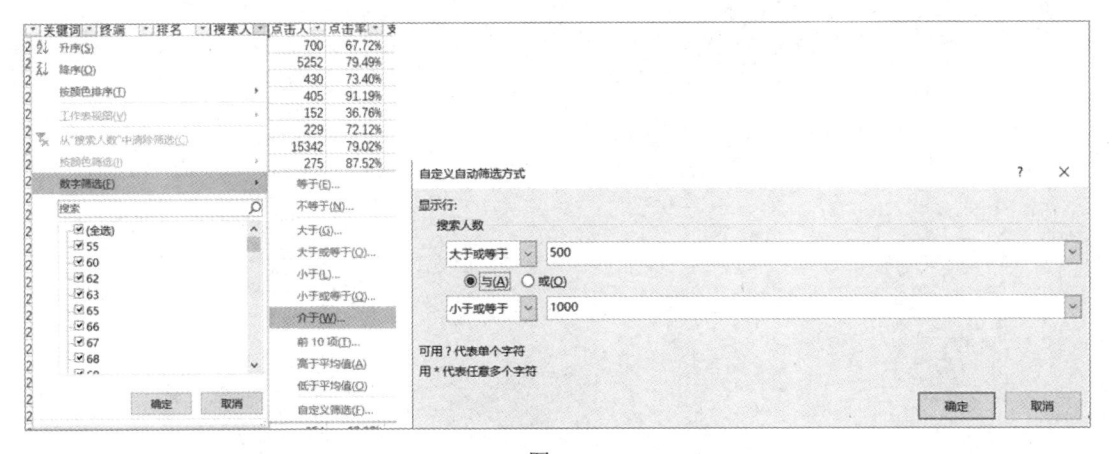

图 2-3

步骤 2　蓝海关键词选品

在"插入"选项卡中选择"数据透视表"选项，如图 2-4 所示。

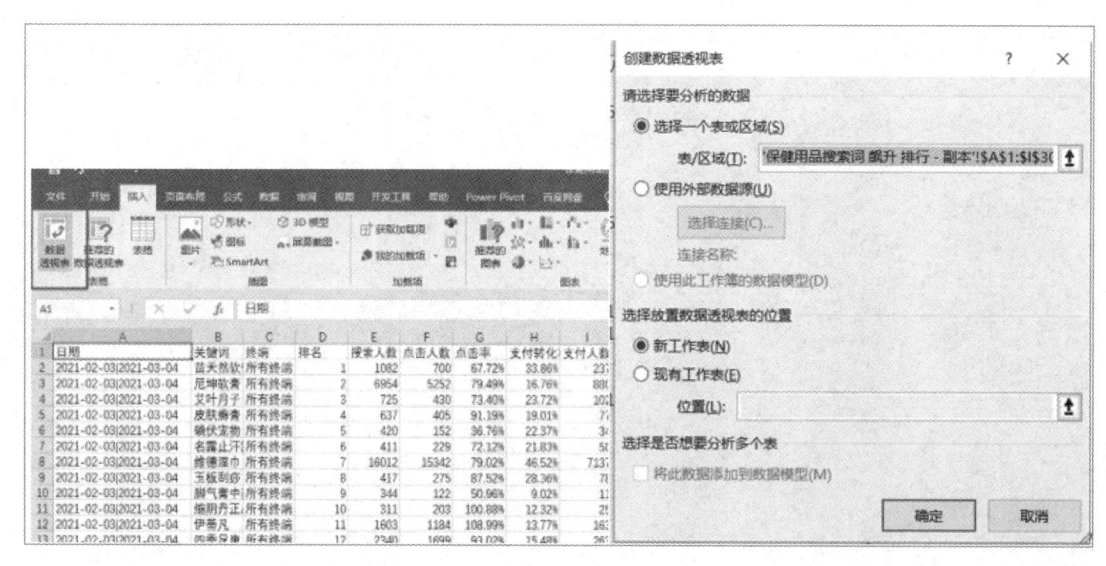

图 2-4

设置"数据透视表字段",在右边的"数据透视表字段"窗格中,勾选"关键词""搜索人数""点击人数"复选框,将"关键词"字段放入"行"标签框,将"求和项:搜索人数""求和项:点击人数"字段放入"值"标签框,如图 2-5 所示。

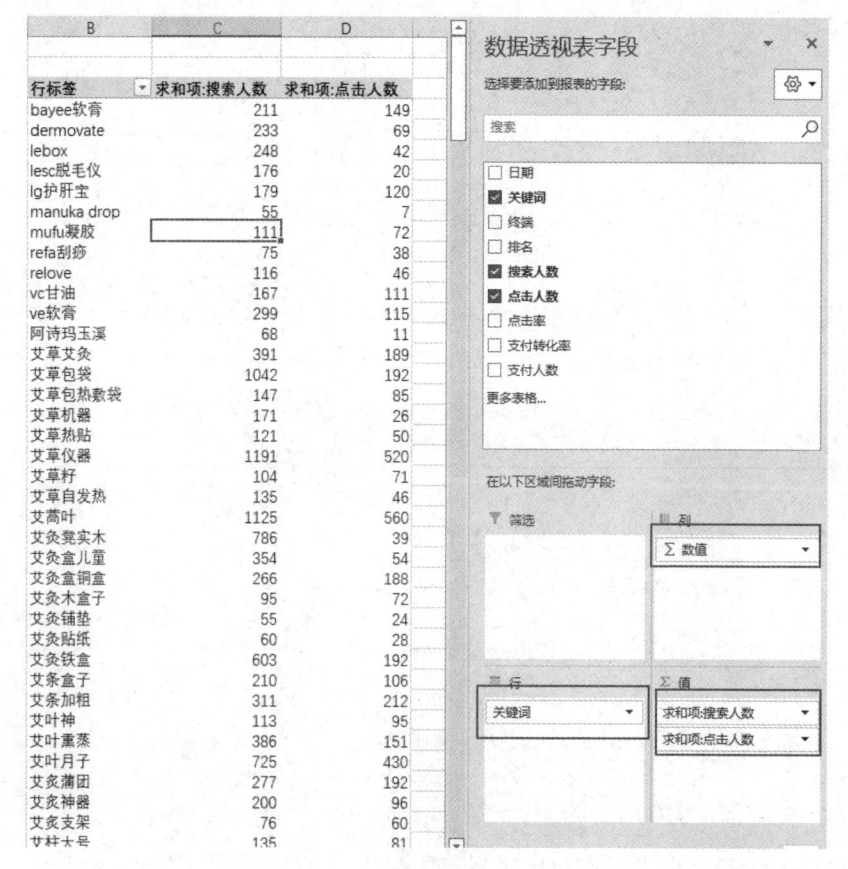

图 2-5

将"求和项：支付人数"字段进行升序排序，右击"求和项：支付人数"列下的任意单元格，在快捷菜单中选择"排序"选项中的"升序"命令，如图 2-6 所示。

在"插入"选项卡的"推荐的图表"功能组中选择"组合图"选项，勾选"求和项：搜索人数"选项右侧的"次坐标轴"复选框，如图 2-7 所示。

优化图表：单击图表右上角的"+"按钮，勾选"图表标题""数据标签"复选框，并将"图表标题"设置为"关键词搜索人数&支付人数"，结果如图 2-8 所示。

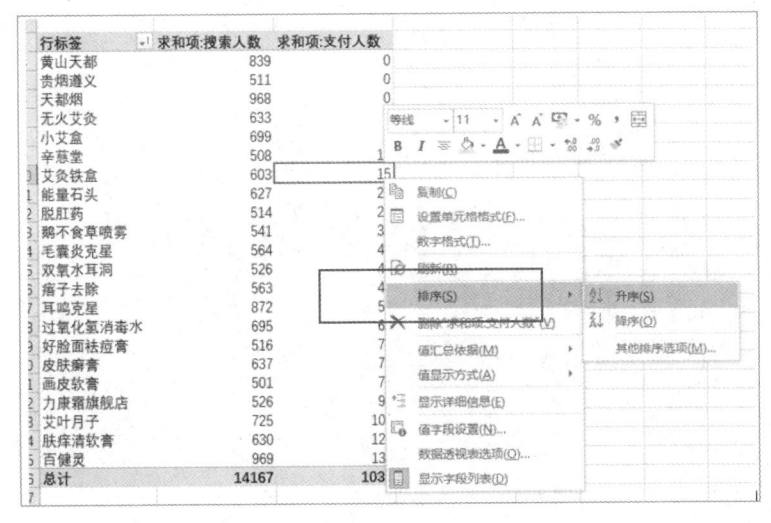

图 2-6

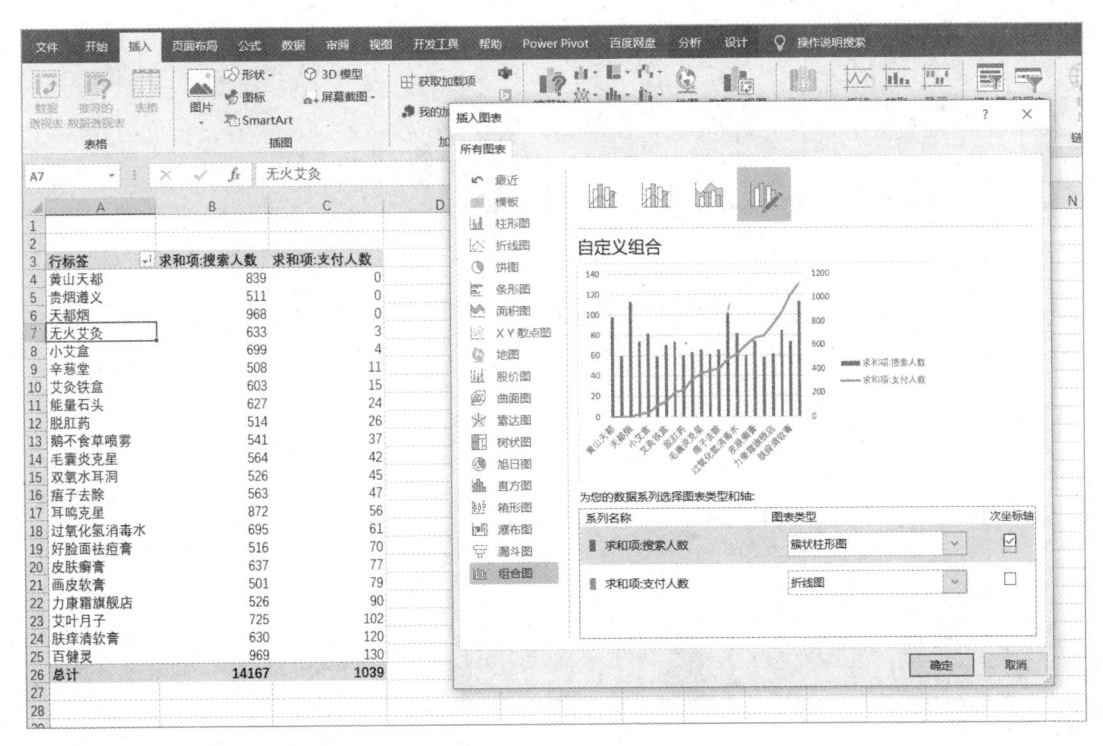

图 2-7

【图表解析】通过对行业搜索词飙升排行数据的分析，可知"黄山天都""天都烟""无火艾灸""小艾盒"近一月的搜索人数均在 600 以上，但近一月的支付人数均为个位数，由此推测"黄山天都""天都烟""无火艾灸""小艾盒"在近期受到消费者的关注，可以作为机会类目并重点关注其后续走势。

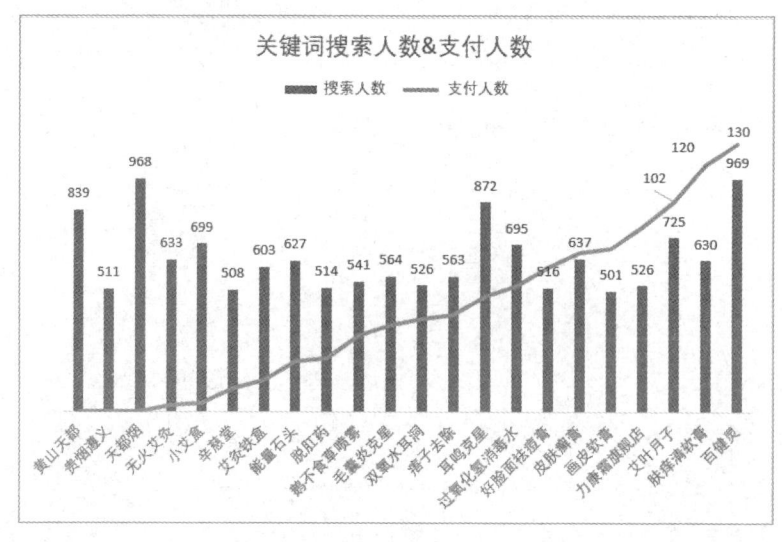

图 2-8

任务 2 红海选品分析

首先确定 TOP1 店铺，整理 TOP1 店铺中 TOP10 商品的销售量、销售额与销售价格等信息，同时通过分析 TOP1 商品的 SKU 结构，从而分析出热卖商品的价格定位与 SKU 结构等特征。

注：该任务所用到的文件为"2-2 TOP1 店铺全店宝贝数据"和"2-2 TOP1 店铺 SKU"。

【操作手册】

红海选品分析，首先要寻找市场的热卖商品，即销售额在 TOP10 榜单上的商品，然后通过分析这些热卖商品的特征来进行选品。

步骤 1　TOP1 店铺中的 TOP10 商品信息整理

打开"2-2 TOP1 店铺全店宝贝数据"文件，如图 2-9 所示。

图 2-9

将全店宝贝的 30 天销售额按降序排序，右击“30 天销售额”列名，在快捷菜单中选择“排序”选项中的“降序”命令，如图 2-10 所示。

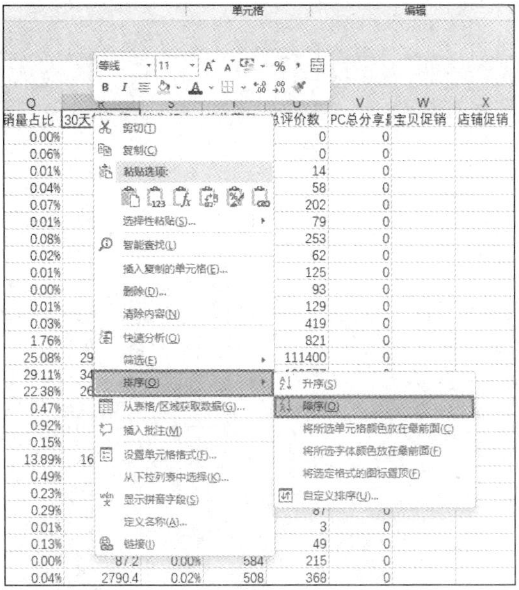

图 2-10

选取店铺 TOP10 商品相关数据，结果如图 2-11 所示。

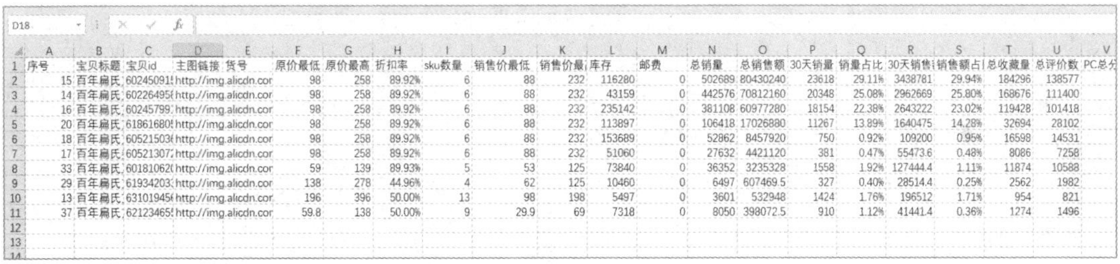

	序号	宝贝标题	宝贝id	主图链接	货号	原价最低	原价最高	折扣率	sku数量	销售价最低	销售价最	库存	邮费	总销量	总销售额	30天销量	销量占比	30天销售	销售额占	总收藏量	总评价数	PC总分
2	15	百年扁氏	60245091	http://img.alicdn.cor		98	258	89.92%	6	88	232	116280	0	502689	80430240	23618	29.11%	3438781	29.94%	184296	138577	
3	14	百年扁氏	60226495	http://img.alicdn.cor		98	258	89.92%	6	88	232	43159	0	442576	70812160	20348	25.08%	2962669	25.80%	168676	111400	
4	16	百年扁氏	60245799	http://img.alicdn.cor		98	258	89.92%	6	88	232	235142	0	381108	60977280	18154	22.38%	2643222	23.02%	119428	101418	
5	20	百年扁氏	61861680	http://img.alicdn.cor		98	258	89.92%	6	88	232	113897	0	106418	17026880	11267	13.89%	1640475	14.28%	32694	28102	
6	18	百年扁氏	60521503	http://img.alicdn.cor		98	258	89.92%	6	88	232	153689	0	52862	8457920	750	0.92%	109200	0.95%	16598	14531	
7	17	百年扁氏	60521307	http://img.alicdn.cor		98	258	89.92%	6	88	232	51060	0	27632	4421120	381	0.47%	55473.6	0.48%	8086	7258	
8	33	百年扁氏	60181062	http://img.alicdn.cor		59	139	89.93%	5	53	125	73840	0	36352	3235328	1558	1.92%	127444.4	1.11%	11874	10588	
9	29	百年扁氏	61934203	http://img.alicdn.cor		138	278	44.96%	4	62	125	10460	0	6497	607469.5	327	0.40%	28514.4	0.25%	2562	1982	
10	13	百年扁氏	63101945	http://img.alicdn.cor		196	396	50.00%	13	98	198	5497	0	3601	532948	1424	1.76%	196512	1.71%	954	821	
11	37	百年扁氏	62123465	http://img.alicdn.cor		59.8	138	50.00%	9	29.9	69	7318	0	8050	398072.5	910	1.12%	41441.4	0.36%	1274	1496	

图 2-11

选取 TOP10 商品的“宝贝标题”“主图链接”“销售价最低”“30 天销量”“30 天销售额”列，将其他列删除，结果如图 2-12 所示。

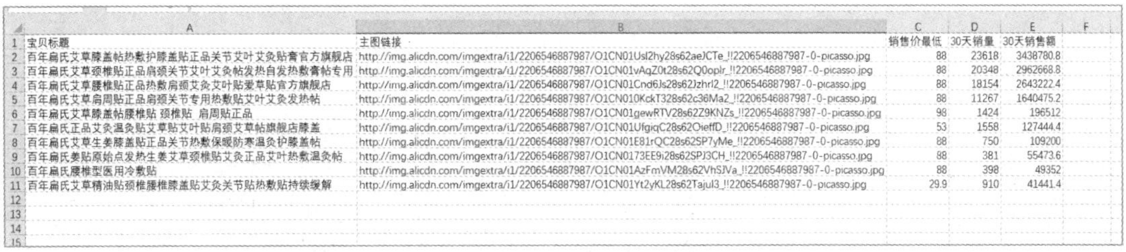

	宝贝标题	主图链接	销售价最低	30天销量	30天销售额
2	百年扁氏艾草膝盖帖热敷护膝盖贴正品关节艾叶艾灸贴膏官方旗舰店	http://img.alicdn.com/imgextra/i1/2206546887987/O1CN01Usl2hy28s62aeJCTe_!!2206546887987-0-picasso.jpg	88	23618	3438780.8
3	百年扁氏艾草颈椎贴正品肩颈关节艾叶艾灸帖发热自发热敷膏帖专用	http://img.alicdn.com/imgextra/i1/2206546887987/O1CN01vAqZ0t28s62Q0oplr_!!2206546887987-0-picasso.jpg	88	20348	2962668.8
4	百年扁氏艾草腰椎贴正品热敷肩颈艾灸艾叶贴蒙草贴官方旗舰店	http://img.alicdn.com/imgextra/i1/2206546887987/O1CN01Cnd6Js28s62Jzhrl2_!!2206546887987-0-picasso.jpg	88	18154	2643222.4
5	百年扁氏艾草肩周贴正品肩颈关节专用热敷贴艾叶艾灸发热帖	http://img.alicdn.com/imgextra/i1/2206546887987/O1CN010KckT328s62c36Ma2_!!2206546887987-0-picasso.jpg	88	11267	1640475.2
6	百年扁氏艾草膝盖帖腰椎贴 颈椎贴 肩周贴正品	http://img.alicdn.com/imgextra/i1/2206546887987/O1CN01gewRTV28s62Z9KNZs_!!2206546887987-0-picasso.jpg	98	1424	196512
7	百年扁氏正品艾灸温灸贴艾草贴艾叶贴肩颈艾草帖旗舰店膝盖	http://img.alicdn.com/imgextra/i1/2206546887987/O1CN01UfgiqC28s62OieffD_!!2206546887987-0-picasso.jpg	53	1558	127444.4
8	百年扁氏艾草生姜膝盖贴正品关节热敷保暖防寒温灸护膝盖帖	http://img.alicdn.com/imgextra/i1/2206546887987/O1CN01E81rQC28s62SP7yMe_!!2206546887987-0-picasso.jpg	88	750	109200
9	百年扁氏姜贴原始点发热生姜艾草颈椎贴艾灸正品艾叶热敷温灸帖	http://img.alicdn.com/imgextra/i1/2206546887987/O1CN0173EE9i28s62SPJ3CH_!!2206546887987-0-picasso.jpg	88	381	55473.6
10	百年扁氏腰椎型医用冷敷贴	http://img.alicdn.com/imgextra/i1/2206546887987/O1CN01AzFmVM28s62VhSJVa_!!2206546887987-0-picasso.jpg	88	398	49352
11	百年扁氏艾草精油贴颈椎腰椎膝盖贴艾灸关节贴热敷贴持续缓解	http://img.alicdn.com/imgextra/i1/2206546887987/O1CN01Yt2yKL28s62Tajul3_!!2206546887987-0-picasso.jpg	29.9	910	41441.4

图 2-12

通过该数据表格可以看出，在 TOP10 商品中，80%商品的销售价格在 88～98 元区间，TOP1 商品 30 天销售额高达 3438780.8 元，30 天销量达到 23618 件。

步骤 2　TOP1 商品 SKU 分析

打开"2-2 TOP1 店铺 SKU"文件，在"插入"选项卡中选择"数据透视表"选项，如图 2-13 所示。

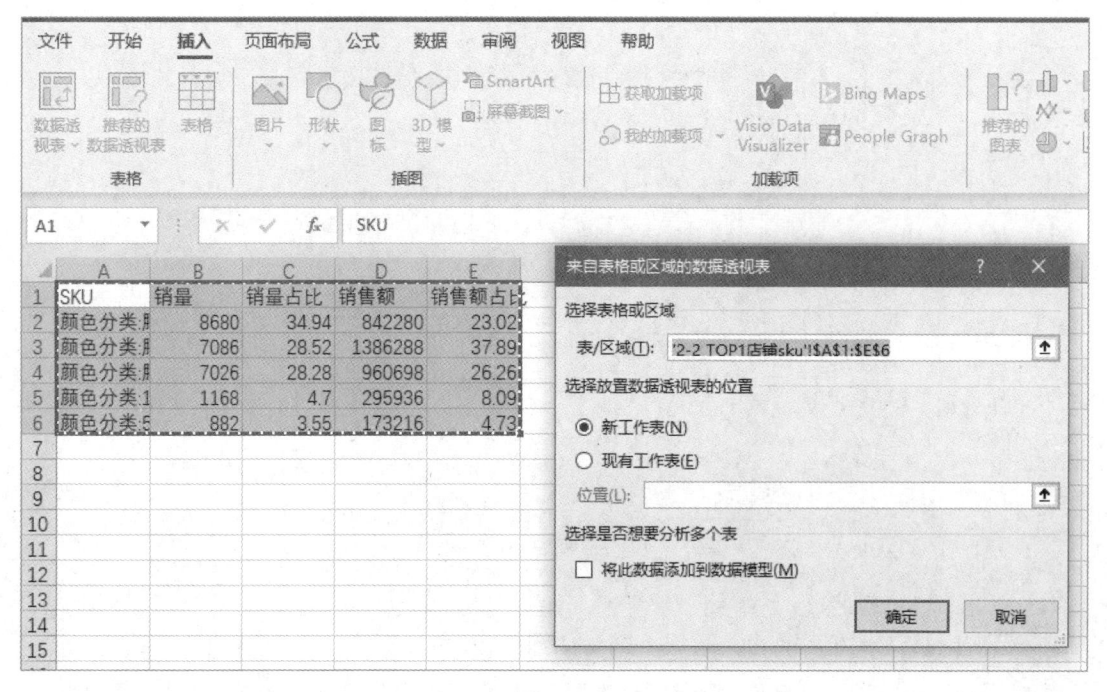

图 2-13

在"数据透视表字段"窗格中，将"SKU"字段放入"行"标签框，将"销量"字段放入"值"标签框，如图 2-14 所示。

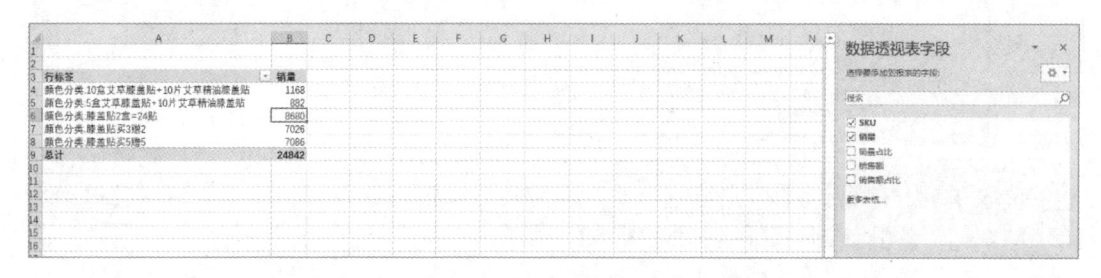

图 2-14

在"插入"选项卡的"推荐的图表"功能组中选择"饼图"选项，如图 2-15 所示。

优化图表：单击图表右上角的"+"按钮，在"图表元素"窗格中勾选"图表标题""数据标签"复选框，将"图表标题"设置为"TOP1 商品 SKU 销量占比"，如图 2-16 所示。

【图表解析】通过图 2-16 可以看出，"膝盖贴 2 盒=24 贴"销量占比最高，达到 35%；其次是"膝盖贴买 3 赠 2"，占比达到 28%；消费者更加偏爱于商品件数较少的 SKU。

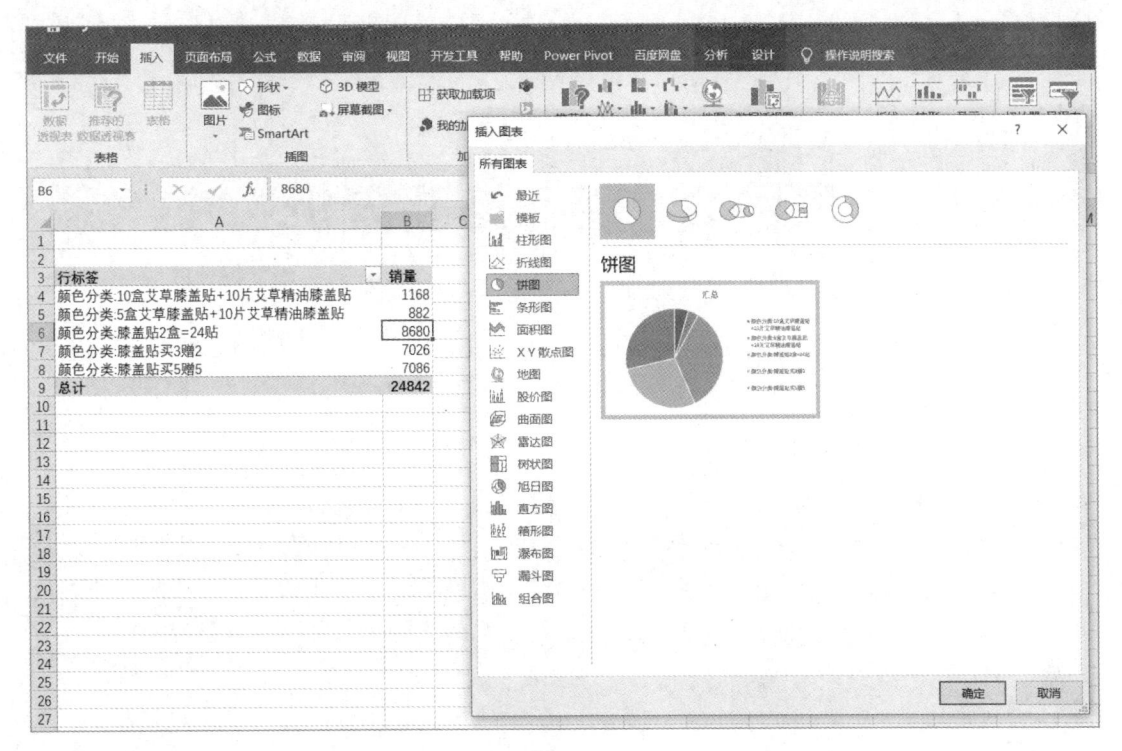

图 2-15

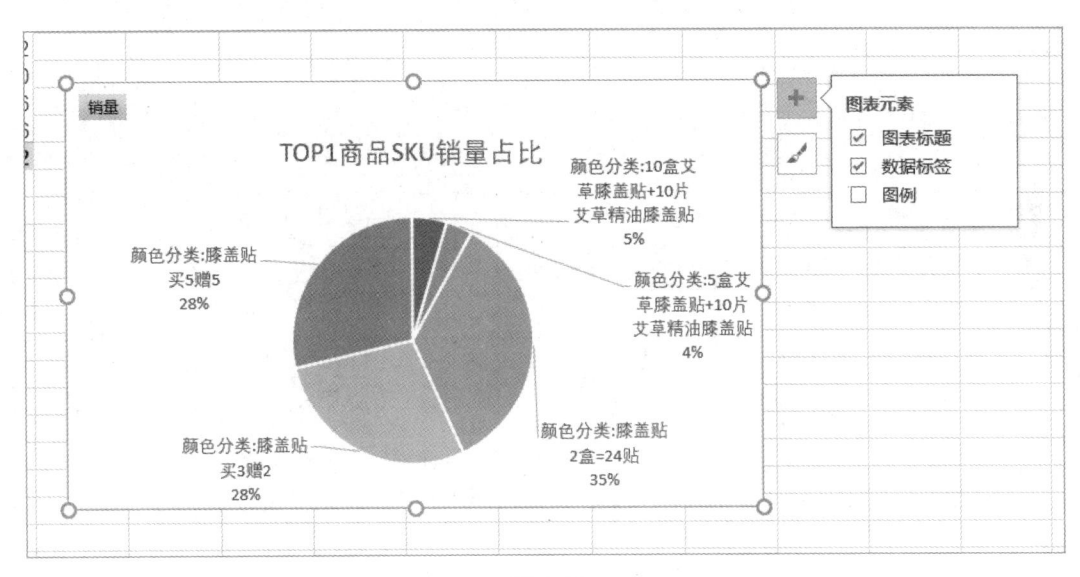

图 2-16

项目 3　店铺诊断分析

【场景描述】

　　店铺 A 是一家小众的女装店铺，已经在淘宝上经营了 4 年多，平时也会推出自己设计的一些服装。最近几个月，店铺的销售额出现了连续下降的趋势，店主小山查看了所属行业的整体成交金额变化趋势，发现行业的整体成交金额是缓慢上升的，由此推测自身店铺出现了问题。为了寻找店铺存在的问题，小山对自己的店铺开始进行诊断分析。

【项目目标】

　　通过对店铺页面、商品等相关模块的相应指标进行分析，找出店铺销售额下降的根本原因，有针对性地提出优化建议。

【分析思路】

项目	任务	分析维度
店铺诊断分析	任务1：店铺页面诊断分析	■ 支付转化率 ■ 平均停留时长 ■ 跳失率
	任务2：店铺商品结构分析	■ 商品的生命周期 ■ 商品的所属结构
	任务3：店铺问题溯源分析	■ 店铺访客数 ■ 店铺客单价 ■ 店铺转化率

任务 1　店铺页面诊断分析

了解店铺页面诊断分析的方法，熟悉店铺页面诊断分析过程中各个指标的含义及作用，通过支付转化率、平均停留时长及跳失率等指标诊断分析店铺页面。

注：该任务所用到的文件为"3-1 店铺页面诊断分析"。

【操作手册】

步骤 1　支付转化率趋势分析

打开"3-1 店铺页面诊断分析"文件，在"插入"选项卡中选择"数据透视表"选项，如图 3-1 所示。

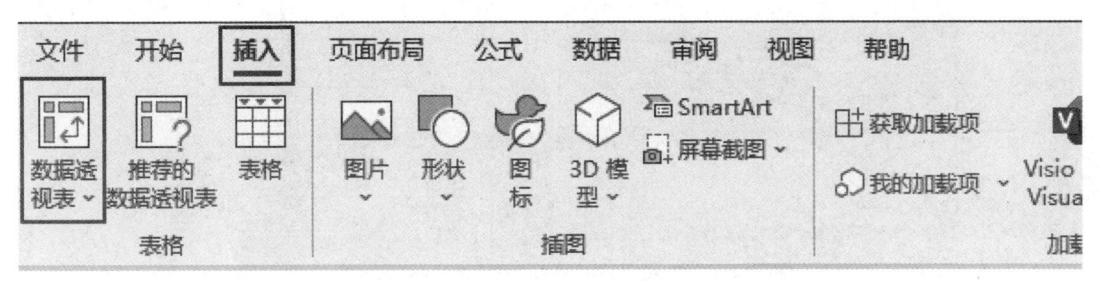

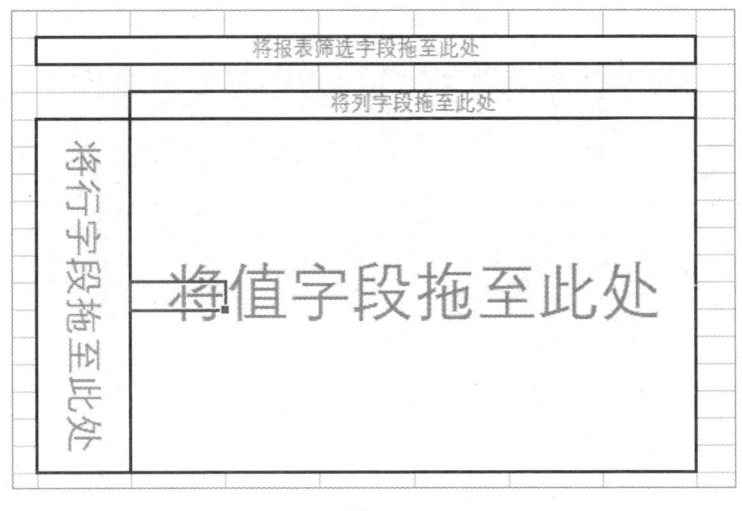

图 3-1

在"数据透视表"中，将"统计日期"字段放入"行"标签框，将"支付转化率"字段放入"值"标签框，生成支付转化率数据透视表，如图 3-2 所示。

在"插入"选项卡的"推荐的图表"功能组中选择"二维折线图"选项，如图 3-3 所示。

优化图表：将"图表标题"改为"支付转化率变化趋势图"，在"图表元素"窗格中，取消勾选"网格线"和"图例"复选框，如图 3-4 所示。

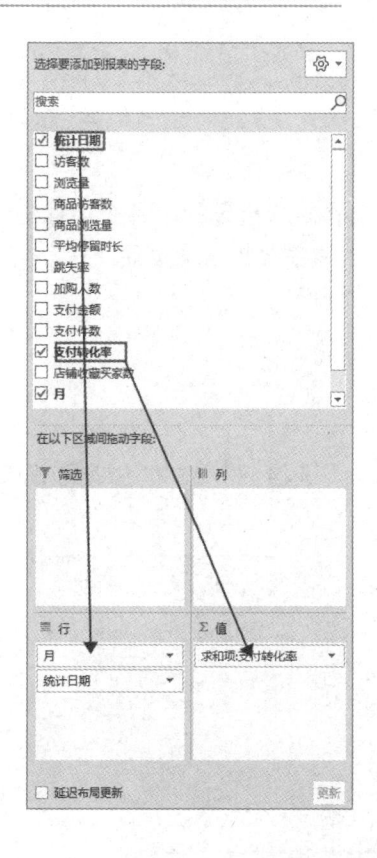

图 3-2

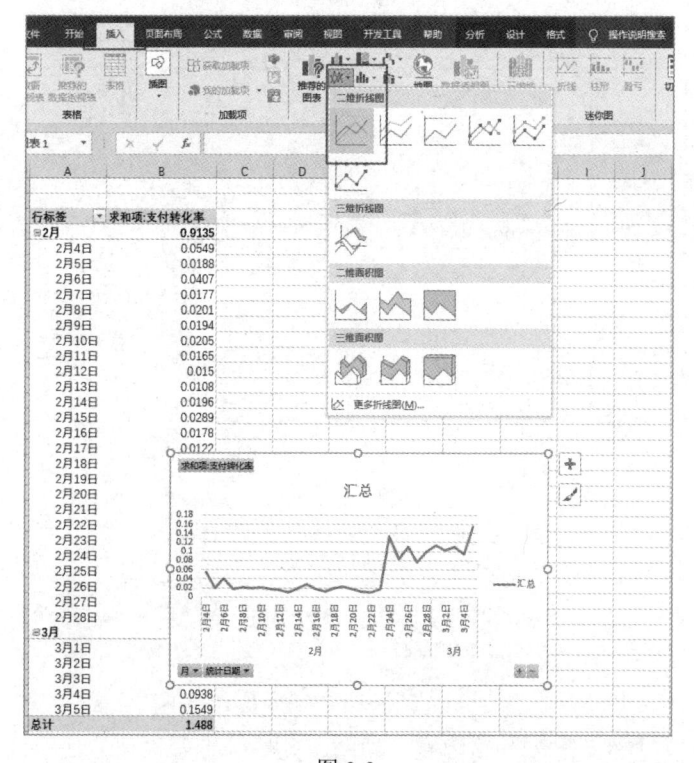

图 3-3

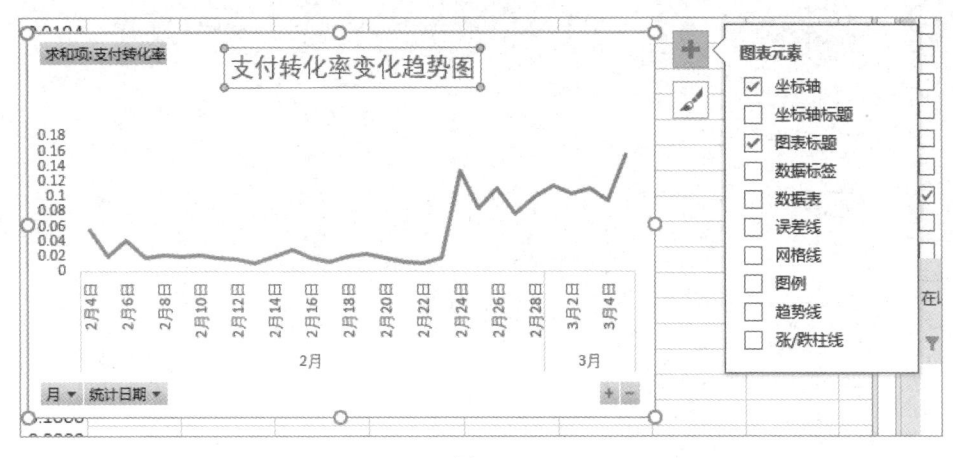

图 3-4

【图表解析】从图 3-4 中可以看出,该店铺的支付转化率大约在 2 月 23 日骤然上升,由此可以认为该店铺在这段时间内有效地组织了促销活动。

步骤 2　平均停留时长与跳失率分析

在图 3-1 所示的数据透视表中,将"统计日期"字段放入"行"标签框,将"求和项:平均停留时长"字段和"求和项:跳失率"字段放入"值"标签框(如图 3-5 所示),生成"平均停留时长"数据透视表。

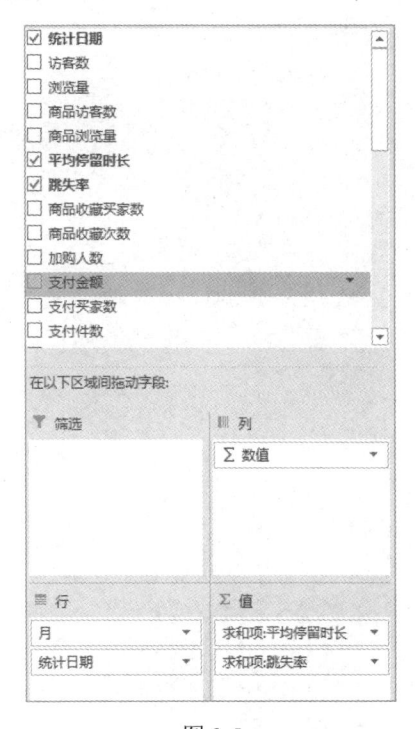

图 3-5

在"插入"选项卡的"推荐的图表"功能组中选择"组合图"选项(如图 3-6 所示),生成"平均停留时长&跳失率"数据透视表。

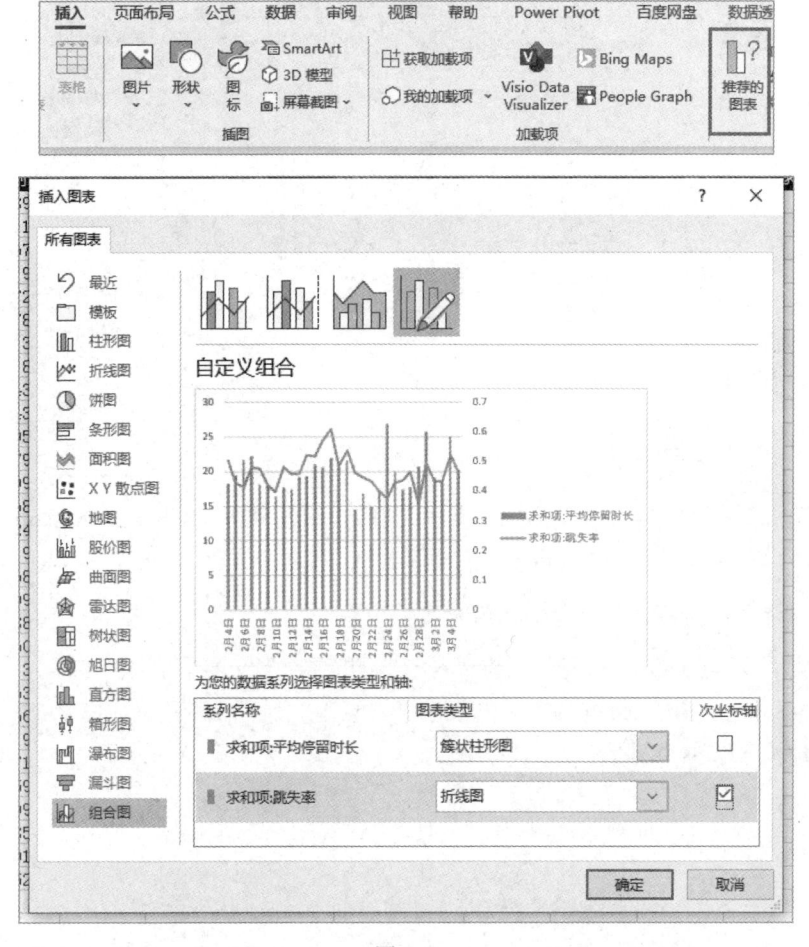

图 3-6

优化图表：在"图表元素"窗格中勾选"坐标轴""坐标轴标题""图表标题""图例"复选框，在"图例"复选框中选择"顶部"选项；取消勾选"网格线"复选框，将"图表标题"设置为"平均停留时长&跳失率"，将"坐标轴标题"设置为"平均停留时长（秒）"和"跳失率"，如图 3-7 所示。

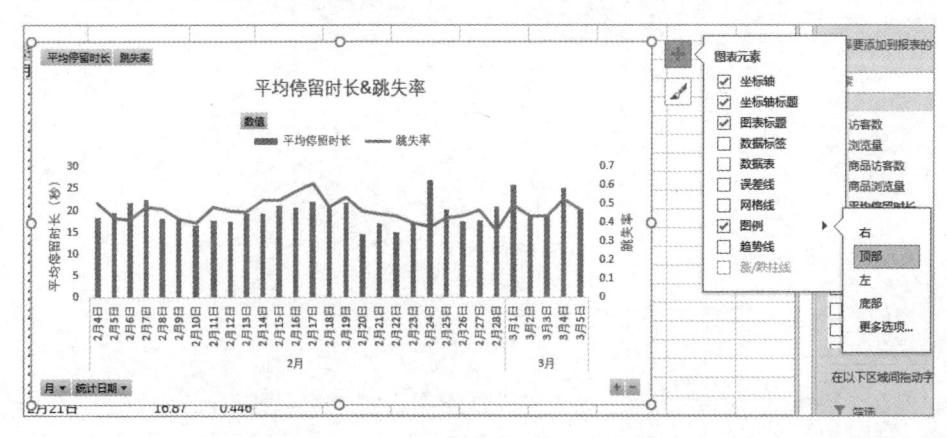

图 3-7

右击"平均停留时长(秒)"坐标轴,在弹出的"设置坐标轴标题格式"窗格"对齐方式"选区的"文字方向"下拉列表中选择"竖排"选项(如图3-8所示),"跳失率"坐标轴也执行上述操作。

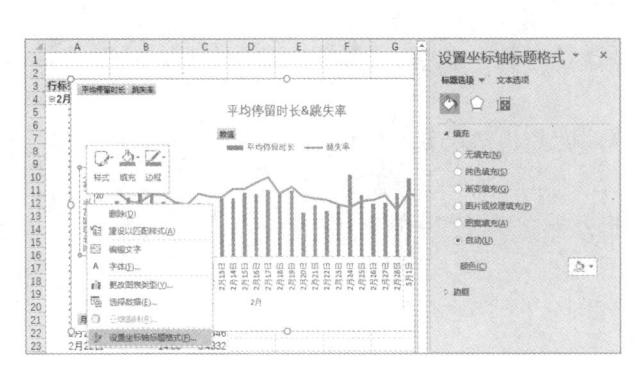

图 3-8

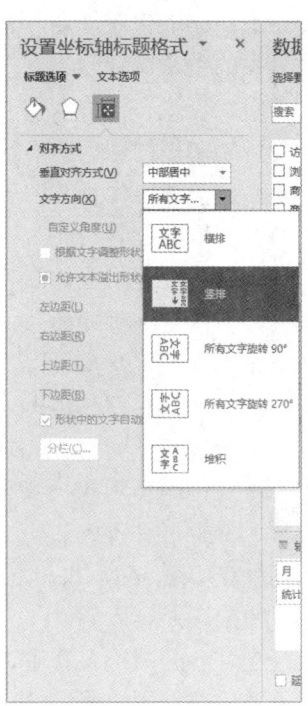

结果如图 3-9 所示。

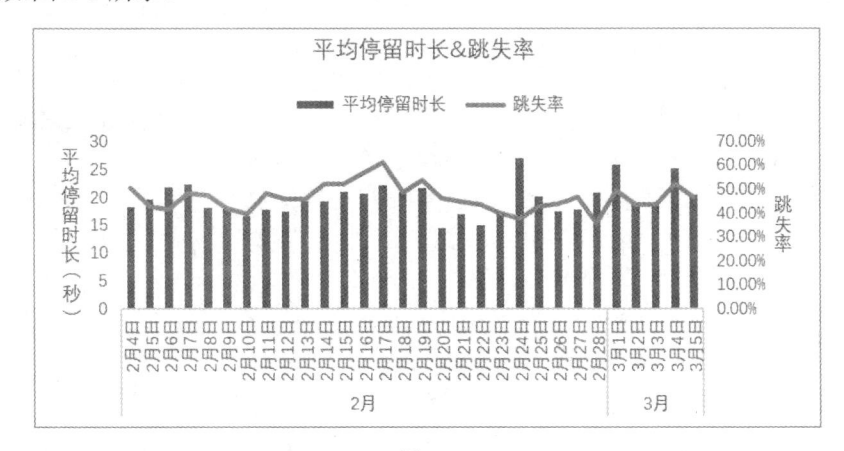

图 3-9

【图表解析】从图3-9中可以看出,该店铺的"平均停留时长"和"跳失率"并无太大波动,也就是说前面的"高转化率"并不是由页面的优化产生的。从图3-9中也可以看出,该店铺的跳失率在50%上下浮动,平均停留时长也较长,说明该店铺的页面优化得不错。

任务2　店铺商品结构分析

了解商品的生命周期，掌握划分商品结构的方法，学习诊断商品的基本思路。

商品的生命周期分为导入期、成长期、成熟期、饱和期、衰退期5个阶段，主要由消费者的消费方式、消费水平、消费结构和消费心理的变化决定，这是一个由消费者的需求变化及影响市场的其他因素造成的商品由盛转衰的周期。

单个商品可以由折线图表示，但就整个店铺来说，需要从整体上对店铺商品进行分类，对此最好的方法就是用波士顿矩阵。

波士顿矩阵是将坐标图划分为4个象限，依次为"明星类商品""问题类商品""金牛类商品""瘦狗类商品"。

各个象限的定义如下：

明星（Stars）类商品是指处于高增长率、高市场占有率象限内的商品群，对应商品生命周期：成长期。

金牛（Cash Cow）类商品又称为厚利商品，是指处于低增长率、高市场占有率象限内的商品群，并且已进入成熟期，对应商品生命周期：成熟期。

问题（Question Marks）类商品是指处于高增长率、低市场占有率象限内的商品群，对应商品生命周期：导入期。

瘦狗（Dogs）类商品也称为衰退类商品，是指处在低增长率、低市场占有率象限内的商品群，对应商品生命周期：衰退期。

注：该任务所用到的文件为"3-2 矩阵操作案例表"。

【操作手册】

步骤1　波士顿矩阵的制作

打开"3-2矩阵操作案例表"文件。

如图3-10所示，选取2020年Q4的商品相对份额及2020年Q4较2020年Q3的增幅两个字段，使用"增长-份额矩阵散点图"分析店铺的商品。数据采集自商家后台的订单报表，并汇总而成。

	A	B	C
1	商家编码	2020年Q4	增幅
2	001	0.1213	-0.8401
3	002	0.0041	0.3197
4	003	0.4155	-0.8367
5	004	0.0065	0.108
6	005	0.0007	-0.4653
7	006	0.0139	0.2967
8	007	0.001	-0.001194

图3-10

选中除"汇总"行外的数据，在Excel的"插入"选项卡的"推荐的图表"功能组中选择"散点图"选项，在选区的列表中选择第一个"基本散点图"选项，如图3-11所示。

散点图创建成功后，分别右击横、纵"坐标轴"，选择"设置坐标轴格式"选项，如图3-12所示。

此时横坐标轴是"相对份额"，纵坐标轴是"增幅"。在"设置坐标轴格式"窗口中设置"纵坐标轴交叉"的"坐标轴值"为增幅的均值。同理设置"横坐标轴交叉"的"坐标轴值"为相对份额的均值，如图3-13所示。

修改"图表标题"和"坐标轴"标题后（如图3-14所示），划分的4个区间的面积差距太大，密集地聚集了许多商品。这种情况在电商企业中十分常见，在这种情况下可以通过筛选把份额太小的商品去掉，只留下重点分析的商品。

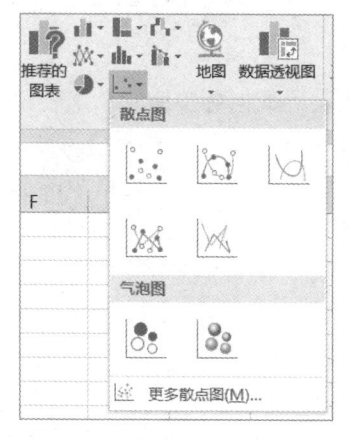

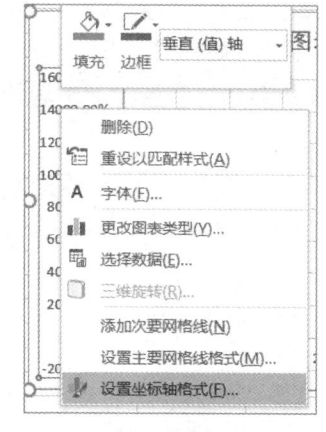

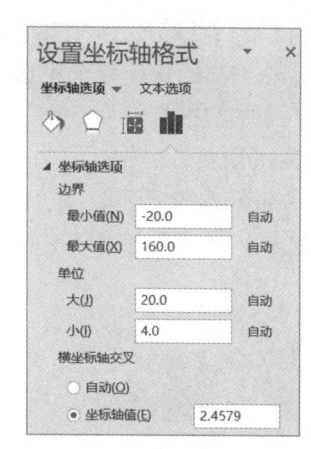

图 3-11

图 3-12

图 3-13

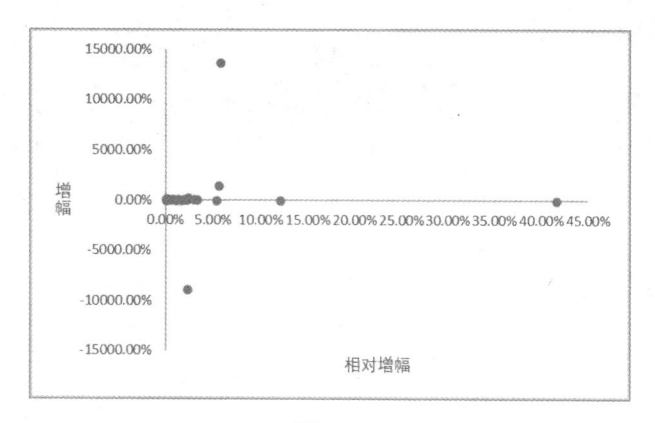

图 3-14

如图 3-15 所示，筛选 6 个重点分析的商品，重新计算均值。

图 3-15

如图 3-16 所示，将坐标轴的"标签"选区的"标签位置"下拉列表设置为"无"字段，隐藏坐标轴标签。

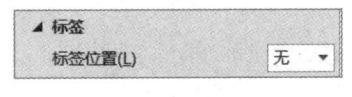

如图 3-17 所示，右击"增长-份额矩阵散点图"上的点，在弹出的快捷菜单中选择"添加数据标签"选项。

添加数据标签后，在"添加数据标签"选项卡中选择"设置数据标签格式"选项，如图 3-18 所示。

如图 3-19 所示，在"标签选项"选区中的"标签包括"选区中勾选"单元格中的值"复选框，然后选择 Excel 中对应的区域。

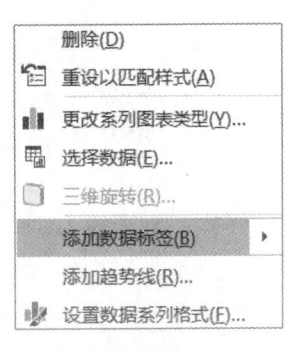

图 3-16

图 3-17 　　　　图 3-18 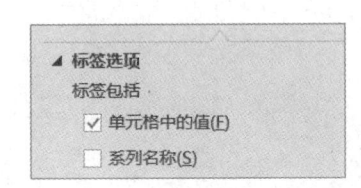　　　　图 3-19

【图表解析】由图 3-20 可知，这家企业有 1 个"金牛类商品"，缺少"明星类商品"和"瘦狗类商品"。

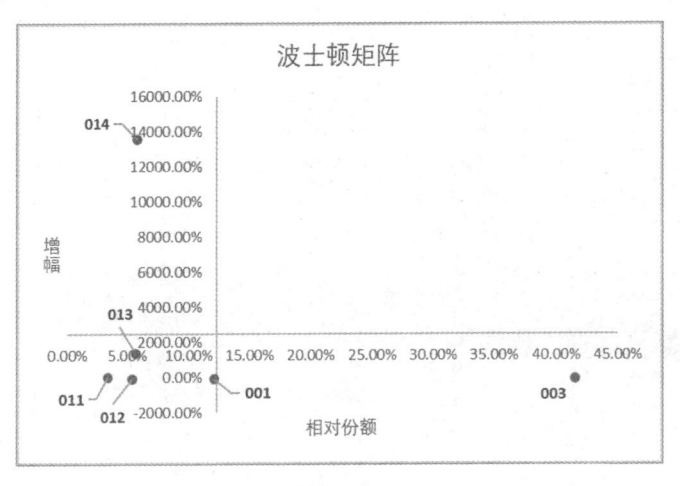

图 3-20

任务 3　店铺问题溯源分析

利用杜邦分析法从店铺营业额切入，分析访客数、客单价和支付转化率等指标的变化趋势，进一步溯源店铺问题，提出解决方案。

注：该任务所用到的文件为"3-3 杜邦分析法建模诊断表"。

【操作手册】

步骤 1　杜邦分析表的制作

打开"3-3 杜邦分析法建模诊断表"文件。

原始数据如图 3-21 所示，分别是店铺 5、6 月的数据，在生意参谋的取数板块按月份作为粒度下载文件。

数据	5月	6月
成交金额/元	171697	29403
访客数/人	53596	10461
客单价/元	44.16	34.15
转化率	7.25%	8.23%
新访客数/人	48472	9407
老访客数/人	5124	1054

图 3-21

计算 6 月的环比，结果如图 3-22 所示。

数据	5月	6月	环比增幅
成交金额/元	171697	29403	-82.88%
访客数/人	53596	10461	-80.48%
客单价/元	44.16	34.15	-22.67%
转化率	7.25%	8.23%	13.52%
新访客数/人	48472	9407	-80.59%
老访客数/人	5124	1054	-79.43%

图 3-22

将数据按树状结构呈现出来，形成杜邦分析模型(如图 3-23 所示)，可知导致"成交金额"下降的主要原因是拉新("新访客数")环节出现了问题。

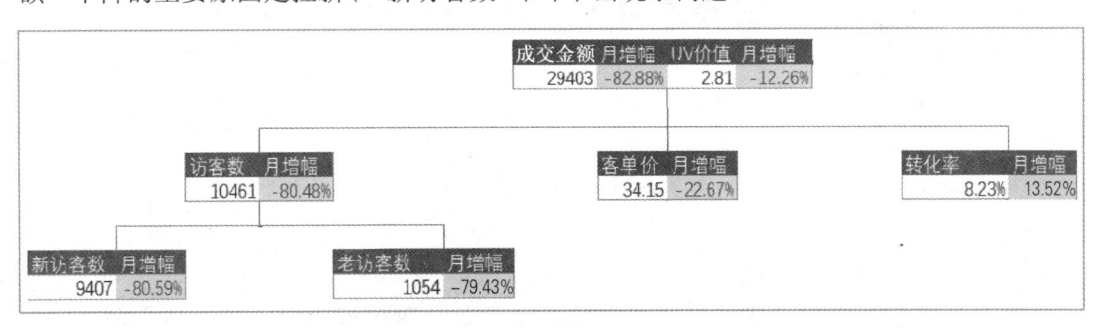

图 3-23

【图表解析】当知道"访客数"数据存在问题后,需要从不同的视角观察"访客数"从而找出问题缘由,将图 3-22 中的数据设计成图 3-24 所示的杜邦分析模型,可知"付费流量"下滑了 54.57%。因"淘内免费"是运营结果的反馈可忽略,再排除"淘外流量",故"付费流量"是最重要的流量来源渠道,从商品视角观察,大部分商品的访客数都明显下滑。由此可推断,这是由于付费广告投放调整引起的连锁反应。

	访客数	月增幅
	10461	-80.48%

新访客数	月增幅
9407	-80.59%

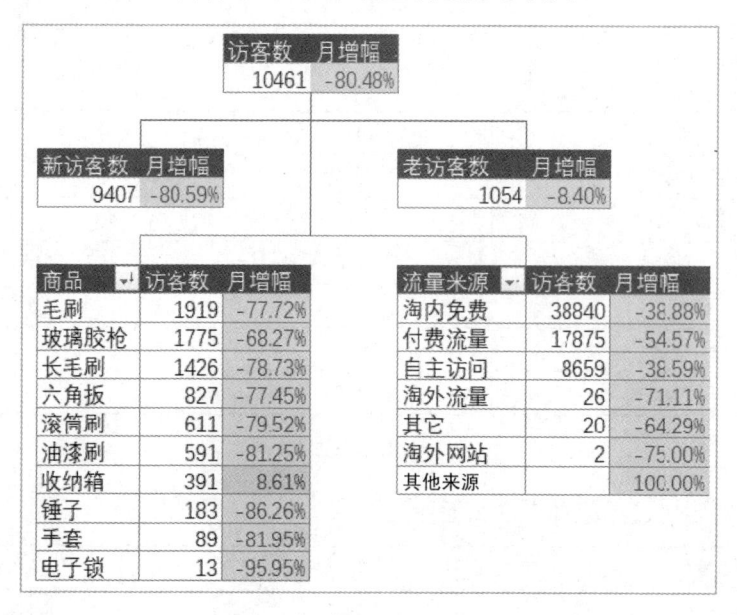

老访客数	月增幅
1054	-8.40%

商品	访客数	月增幅
毛刷	1919	-77.72%
玻璃胶枪	1775	-68.27%
长毛刷	1426	-78.73%
六角扳	827	-77.45%
滚筒刷	611	-79.52%
油漆刷	591	-81.25%
收纳箱	391	8.61%
锤子	183	-86.26%
手套	89	-81.95%
电子锁	13	-95.95%

流量来源	访客数	月增幅
淘内免费	38840	-38.88%
付费流量	17875	-54.57%
自主访问	8659	-38.59%
淘外流量	26	-71.11%
其它	20	-64.29%
海外网站	2	-75.00%
其他来源		100.00%

图 3-24

用杜邦分析法诊断店铺,可以让运营事半功倍,能够更加清晰地观察到核心数据对问题的影响。

步骤 2　杜邦分析模型的搭建

注:由于此例的日期数据存在重复值,因此不能直接用事实表的日期字段作为日期表,在建模时需额外建立一张日期表,以避免因数据的重复导致模型出错。

打开"3-3 杜邦分析法建模诊断表"文件里的"杜邦分析表源数据",如图 3-25 所示。

	A	B	C	D	E	F	G	H	I
1	统计日期	访客数	支付买家数	客单价	跳失率	加购人数	老访客数	新访客数	付老买家数
2	2020/3/10	1812	123	35.83	66.34%	173	153	1659	12
3	2020/3/11	1953	147	27.42	64.36%	204	143	1810	9
4	2020/3/12	2237	174	41.48	65.49%	204	188	2049	20
5	2020/3/13	2187	163	44.34	65.89%	208	186	2001	18
6	2020/3/14	2275	180	41.95	68.09%	200	200	2075	29
7	2020/3/15	2192	154	45.2	65.28%	198	163	2029	26
8	2020/3/16	2072	139	45.14	65.06%	173	195	1877	20
9	2020/3/17	2176	136	34.98	67.23%	187	181	1995	23
10	2020/3/18	2406	143	30.79	68.08%	215	210	2196	16

图 3-25

选中"杜邦分析表源数据"中的所有数据后,选择"Power Pivot"选项卡中的"添加到数据模型表格"选项,如图 3-26 所示。

图 3-26

如图 3-27 所示，在弹出的"创建表"对话框中，勾选"我的表具有标题"复选框，单击"确定"按钮进入"Power Pivot"编辑器。

执行导入"日期表"（"日期表"是日期连续且唯一的特殊维度表）。将"日期表"导入"Power Pivot"后，在"Power Pivot"编辑器的"设计"选项卡中选择"标记为日期表"功能组，如图 3-28 所示。

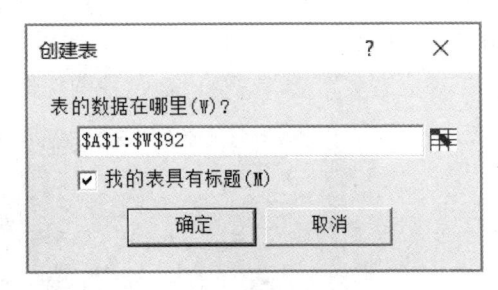

图 3-27

如图 3-29 所示，在"标记为日期表"功能组中选择"标记为日期表"选项。

如图 3-30 所示，在弹出的"标记为日期表"对话框中设置"日期"下拉列表为"统计日期"字段。

图 3-28

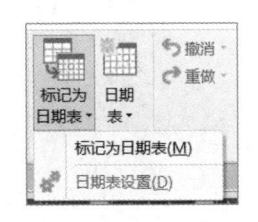

图 3-29

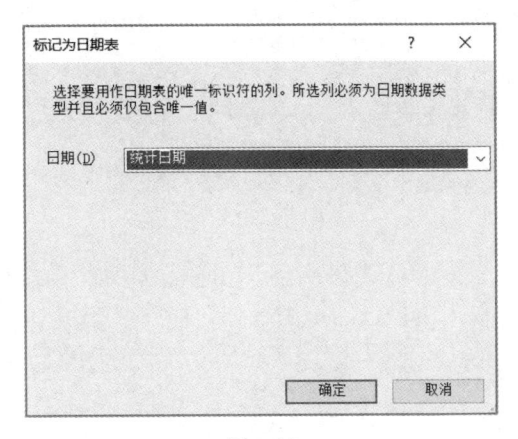

图 3-30

设置好"日期表"后，在"主页"选项卡中选择"关系图视图"选项（如图 3-31 所示），进入关系图视图。

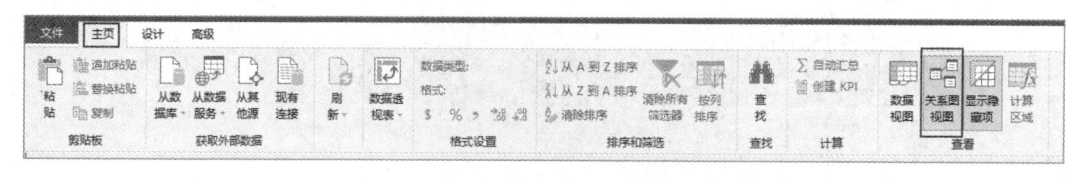

图 3-31

如图 3-32 所示,在关系图视图中将"事实表"和"日期表"的"统计日期"连接起来(选中"事实表"的"统计日期",将其拖曳到"日期表"的"统计日期"上方,松开鼠标即可)。

建立表关系后,选择"数据视图"选项回到数据视图,如图 3-33 所示。

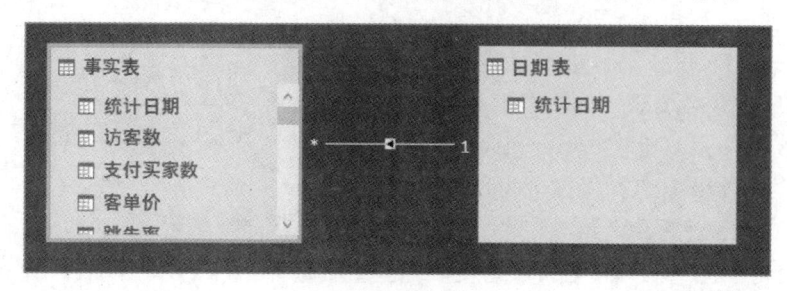

图 3-32

在度量值区域键入以下 3 个公式,创建度量值。

公式 1:成交金额"=SUM([成交金额])"。

公式 2:上个月的成交金额"=CALCULATE([成交金额],DATEADD("日期表"[统计日期],–1,MONTH))"。

公式 3:月增幅"=DIVIDE([成交金额]–[上个月的成交金额],[上个月的成交金额])"。

结果如图 3-34 所示。

图 3-33

图 3-34

计算度量值后,创建"数据透视表",在"开始"选项卡中选择"数据透视表"选项,将创建的"数据透视表"作为度量值的展现载体,如图 3-35 所示。

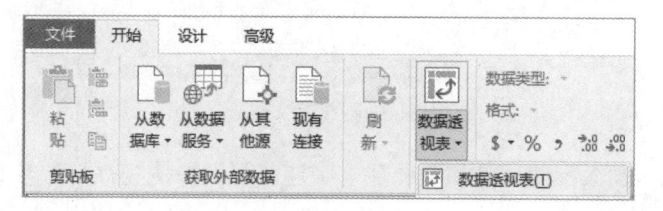

图 3-35

对"数据透视表"进行"数据透视表字段"设置,将计算的度量值的字段"成交金额""上个月的成交金额""月增幅"放入"值"标签框,如图3-36所示。

图 3-36

选中"数据透视表",在"数据透视表工具"选项卡的"分析"功能组中选择"插入日程表"选项,如图3-37所示。

图 3-37

在"插入切片器"对话框的"全部"选项卡中的"日期表"选区下勾选"统计日期"复选框,单击"确定"按钮,如图3-38所示。

如图3-39所示,设置"日程表"后,就可以通过"日程表"筛选"统计日期"的月份,分析时间数据的变化。

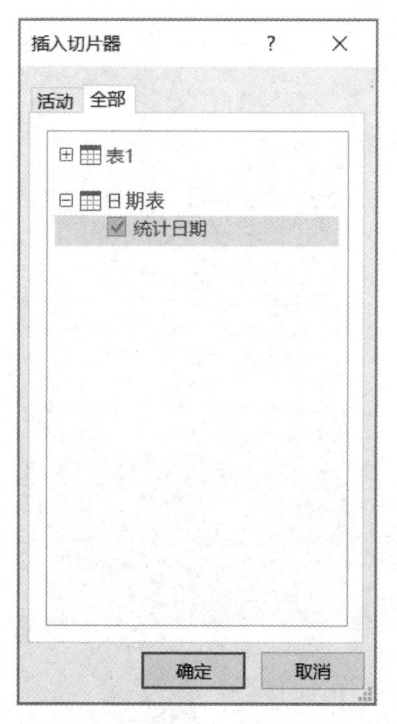

图 3-38

图 3-39

执行上述操作，计算相关度量值并创建、设置"数据透视表"，即可完成杜邦分析模型的搭建。

项目4 商品分析

【场景描述】

企业A是一家集设计、生产、销售于一体的企业，在线上开通了天猫旗舰店进行日常销售。随着业务的发展，为了更好地满足客户需求及了解客户的定位，企业A想对其店铺中的商品进一步细分，对不同的商品做出更准确的定位。于是，企业A开始对淘宝/天猫平台保健用品市场的客户需求及商品的生命周期等进行分析。

【项目目标】

掌握商品分析的方法，把控商品的生命周期，使店铺的商品不断优化，最终提升店铺整体的销售额。

【分析思路】

项目	任务	分析维度
商品分析	任务1：商品评价分析	■ 商品评价
	任务2：爆款诊断分析	■ 爆款各指标表现
	任务3：商品生命周期分析	■ 商品的销售周期
	任务4：商品关键词分析	■ 商品各关键词表现
	任务5：商品补货计划分析	■ 商品库存变化及补货

任务1　商品评价分析

通过抓取用户对客品的评价用语，对客户评价进行词根拆分与词频统计，分析出客户对商品的评价信息，同时掌握词根拆分与词频统计的方法与技巧。

注：该任务所用到的文件为"4-1 商品评价分析"。

【操作手册】

步骤1　进行评价分词

打开"4-1 商品评价分析"文件，文件因包含其他数据，所以无法直接进行操作，需将所需数据（"评价内容"整列）复制到新的 Excel 表格中。具体操作：选择"D"列，右击任意单元格，在弹出的快捷菜单中选择"复制"选项或按"Ctrl+C"快捷键，然后打开新的 Excel 表格，右击单元格，在"粘贴选项"选区选择任一粘贴方式或按"Ctrl+V"快捷键，如图 4-1 与图 4-2 所示。

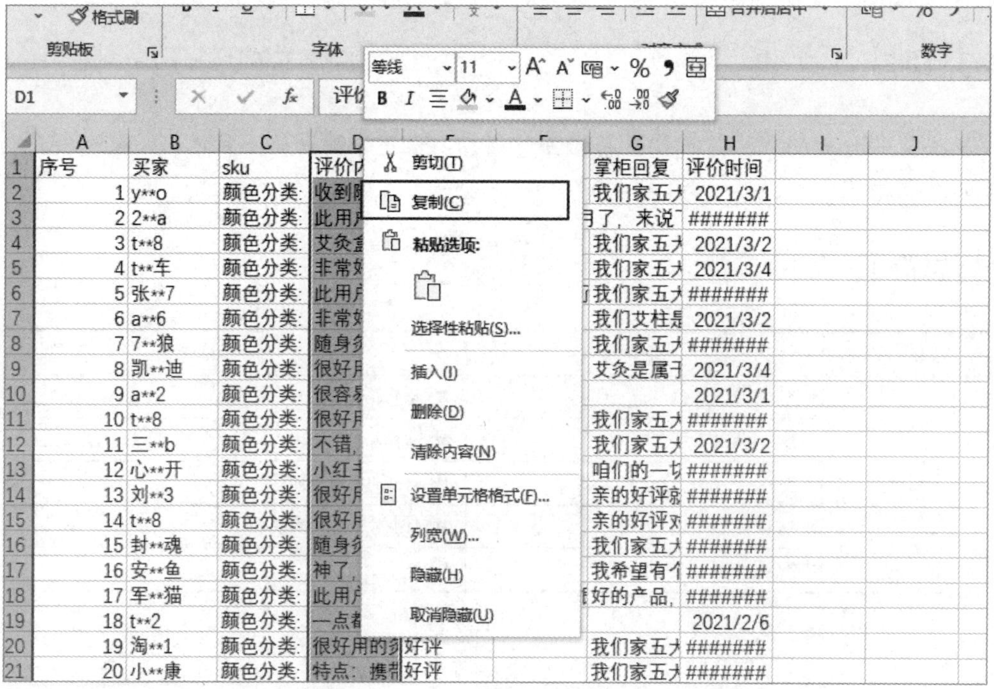

图 4-1

数据需要进行处理，在"数据"选项卡的"获取和转换数据"功能组中选择"来自表格/区域"选项，在弹出的"创建表"对话框中勾选"表包含标题"复选框，单击"确定"按钮，将数据导入"Power Query"编辑器中，如图 4-3 所示。

在"Power Query"编辑器中筛选数据，搜索"此用户"，取消勾选"此用户没有填写评价"复选框，如图 4-4 所示。

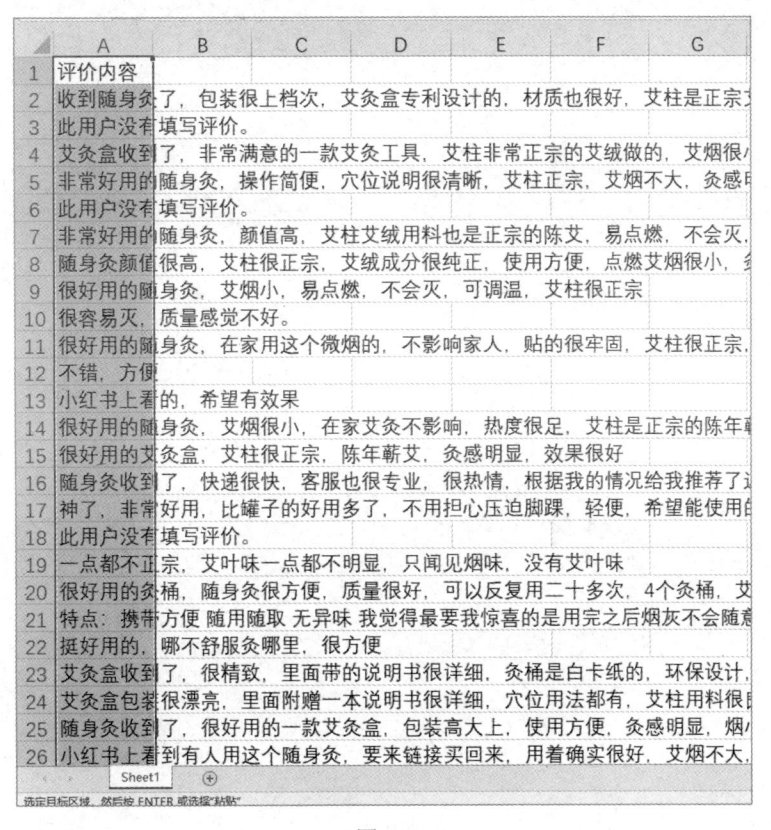

图 4-2

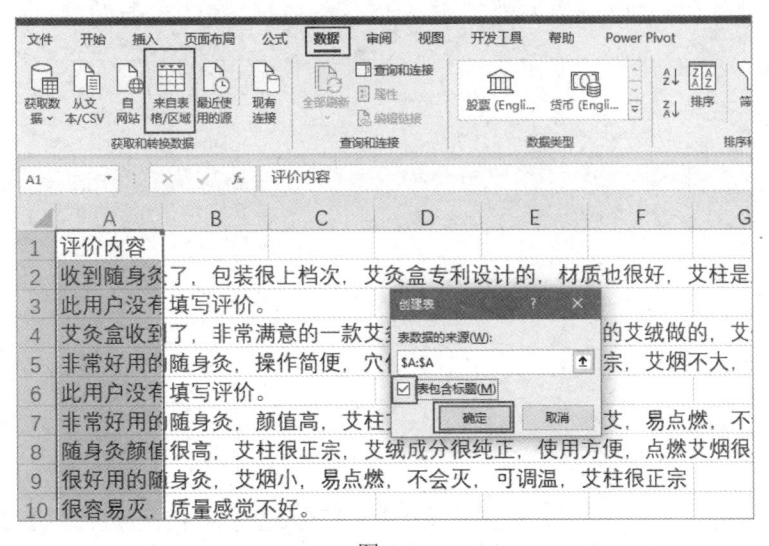

图 4-3

选择"添加列"选项卡中的"自定义列"选项,在弹出的"自定义列"对话框中的"新列名"输入框自定义一个列名,如"分词",然后在"自定义列公式"输入框键入函数:"=Json.Document（Web.Contents("http://106.13.102.102/cut?key= "&[评价内容]))",公式写好后单击"确定"按钮,如图 4-5 所示。

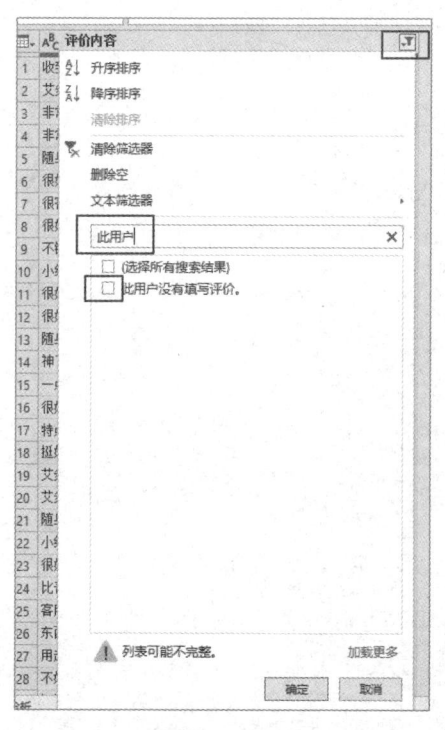

图 4-4

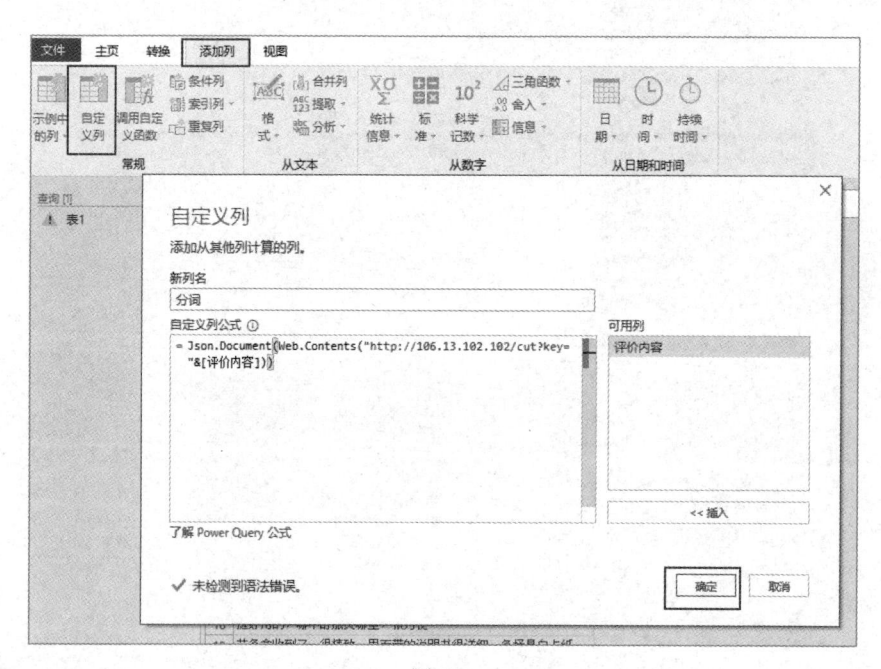

图 4-5

获取"分词"数据后,单击"分词"单元格,再单击"⇄"按钮,选择"扩展到新行"选项,如图 4-6 所示。

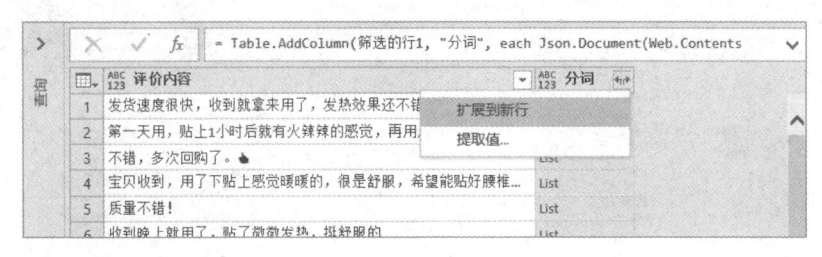

图 4-6

第一次展开会出现"word"与"tag"选项，前者为分词结果，后者对应每个词的词性，词性可以不要，选择需要的类型后继续展开，如图 4-7 所示。

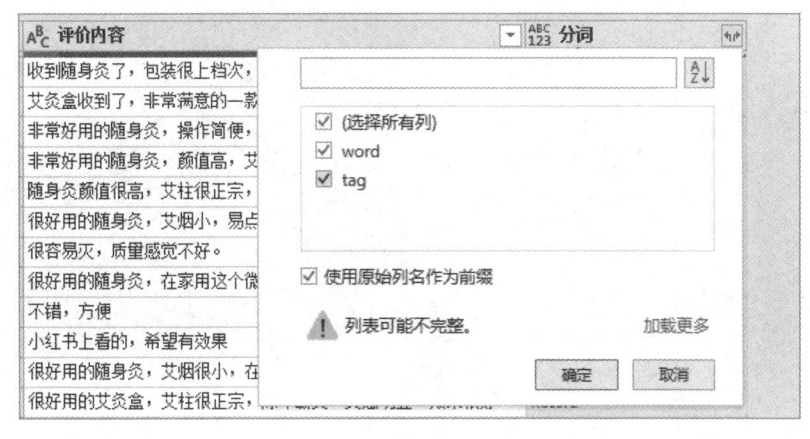

图 4-7

步骤 2 进行词频统计

将"分词"结果全部展开后，需将相同的词统计计数，选择"主页"选项卡中的"分组依据"选项，在弹出的"分组依据"对话框中单击"确定"按钮，如图 4-8 所示。

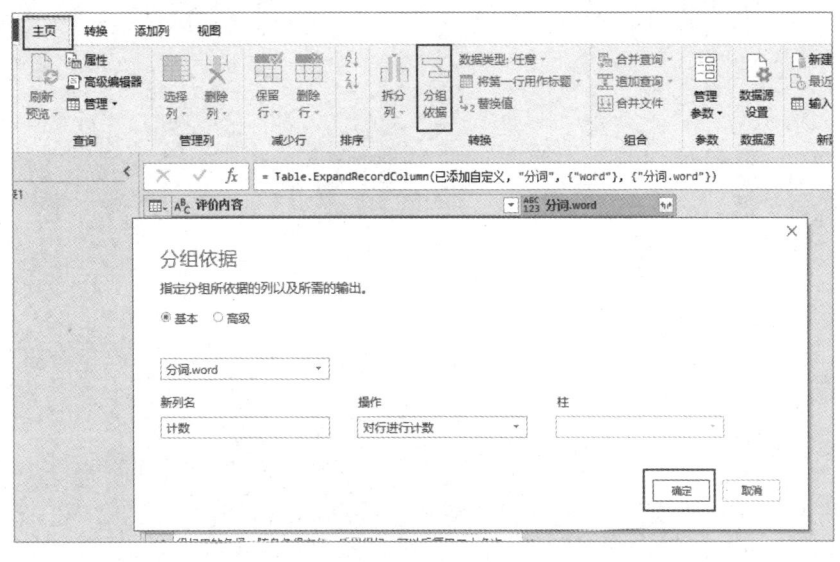

图 4-8

分组后，可以先将数据进行排序，在"主页"选项卡中选择"关闭并上载"选项，将编辑器关闭并将数据上载到 Excel 工作表中，如图 4-9 所示。

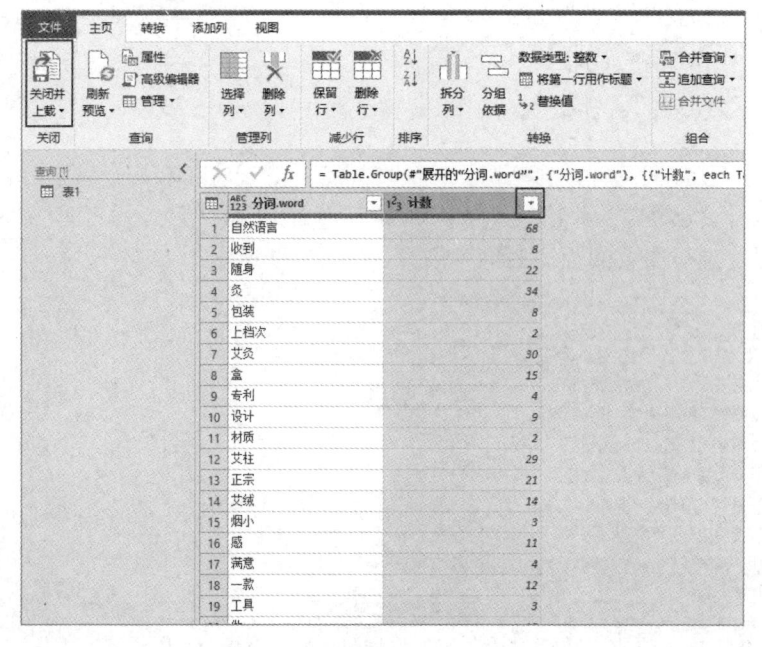

图 4-9

数据导出"Power Query"编辑器，结果如图 4-10 所示。

图 4-10

将词频进行筛选，删除"了""的"等词，制作二维柱形图，并将"图表标题"改为"分词结果"，删除"网格线"，结果如图 4-11 所示。

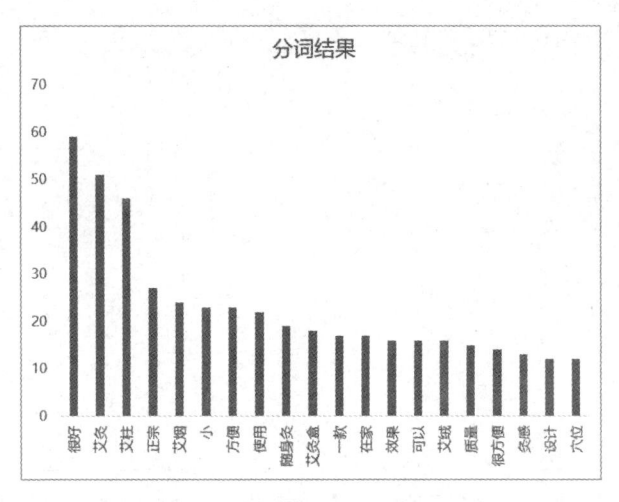

图 4-11

【图表解析】 由图 4-11 并结合原评价内容可以发现，该商品效果较好，使用起来也很方便，基本在家就可以使用，该商品满足了这部分客户的需求，反响较好。

任务 2　爆款诊断分析

通过对爆款的访客数、浏览量、支付转化率与成交金额的统计分析，并将这些指标跟行业进行对比，分析得出爆款的特征与属性，同时掌握爆款诊断的思路与方法。

注：该任务所用到的文件为"4-2 爆款诊断分析"。

【操作手册】

步骤 1　访客数据分析

打开"4-2 爆款诊断分析"文件，观察"商品数据"工作表的数据，如图 4-12 所示。

图 4-12

然后观察"行业数据"工作表数据，如图4-13所示。

图4-13

挑选指标——从"行业数据"工作表中复制"日期""访客数""浏览量""行业成交金额""支付转化率"数据并粘贴到新建工作表"Sheet1"中，从"商品数据"工作表中复制"商品访客数""商品浏览量""商品成交金额""商品支付转化率"数据并粘贴到新建工作表"Sheet1"中，如图4-14所示(注意："行业数据"工作表和"商品数据"工作表中日期排序不一致)。

图4-14

选中"日期""访客数""商品访客数"3列，如图4-15所示。

	A	B	C	D	E	F	G	H	I
1	日期	访客数	浏览量	行业成交金额	行业支付转化率	商品访客数	商品浏览量	商品成交金额	商品支付转化率
2	2021/3/7	491738	2248275	7014179	17.45%	103	262	779.4	6.80%
3	2021/3/6	544369	2512704	7297198	18.79%	115	422	708.96	6.09%
4	2021/3/5	522411	2458781	10550596	24.39%	87	247	933.39	8.05%
5	2021/3/4	463226	2075012	4270483	16.91%	65	204	457.42	7.69%
6	2021/3/3	420910	1898582	4434847	15.52%	90	313	629.39	6.67%
7	2021/3/2	414200	1845143	4578612	16.99%	88	253	437.83	3.41%
8	2021/3/1	485225	2092545	5311435	23.92%	76	220	1059.61	10.53%
9	2021/2/28	505224	2175096	5305129	26.46%	88	250	442.33	5.68%
10	2021/2/27	493526	2148581	5315865	29.01%	67	223	266.88	2.99%
11	2021/2/26	432722	1867387	5085366	26.87%	64	207	442.33	6.25%
12	2021/2/25	462240	2012788	5385088	21.36%	85	293	1070.51	8.24%
13	2021/2/24	453697	1973546	5385908	20.07%	85	286	557.49	5.88%
14	2021/2/23	427377	1904135	5378420	22.56%	855	1092	1516.02	1.29%
15	2021/2/22	421052	1831022	5222757	23.29%	816	996	789.3	0.86%
16	2021/2/21	377554	1649175	4803209	19.21%	604	767	263.86	0.50%
17	2021/2/20	403694	1720765	5104694	23.00%	536	673	706.96	1.31%
18	2021/2/19	384130	1654030	4895963	20.35%	272	481	533.43	1.84%
19	2021/2/18	412083	1725720	4778466	24.11%	350	570	526.78	1.43%
20	2021/2/17	332446	1399777	3874812	19.00%	334	486	887.66	1.50%
21	2021/2/16	278580	1102429	3054509	13.97%	258	383	617.79	1.55%
22	2021/2/15	253921	1057305	2541971	13.57%	232	445	710.12	3.02%
23	2021/2/14	211567	872282	2038022	12.05%	208	405	527.82	1.92%
24	2021/2/13	213374	855341	1812656	11.56%	169	333	622.72	1.18%
25	2021/2/12	286176	1022345	1499520	17.05%	276	276	440.06	2.10%
26	2021/2/11	178561	536766	975515	8.93%	98	184	263.22	2.04%
27	2021/2/10	162456	593515	1267932	8.64%	182	294	88.04	0.55%
28	2021/2/9	200488	706717	1615569	8.66%	154	237	439.66	2.60%
29	2021/2/8	204816	817620	1895686	10.12%	147	288	89	0.68%
30	2021/2/7	229925	924645	2294530	11.10%	170	396	350.46	1.76%
31	2021/2/6	250758	1030254	2493627	13.78%	163	346	452.56	2.45%

图 4-15

在"插入"选项卡中选择"推荐的图表"选项，如图4-16所示。

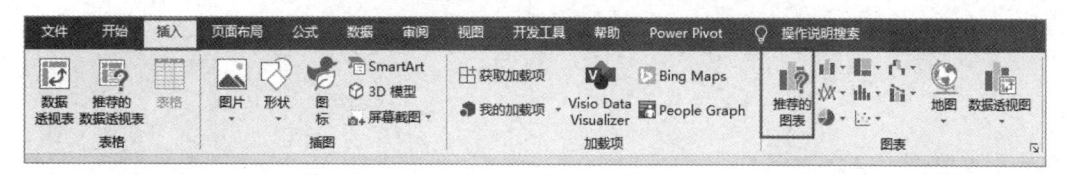

图 4-16

在弹出的"插入图表"对话框的"所有图表"选项卡中选择"组合图"选项，"访客数"的图表类型选择"折线图"选项并勾选"次坐标轴"复选框，单击"确定"按钮得到"组合折线图"，如图4-17所示。

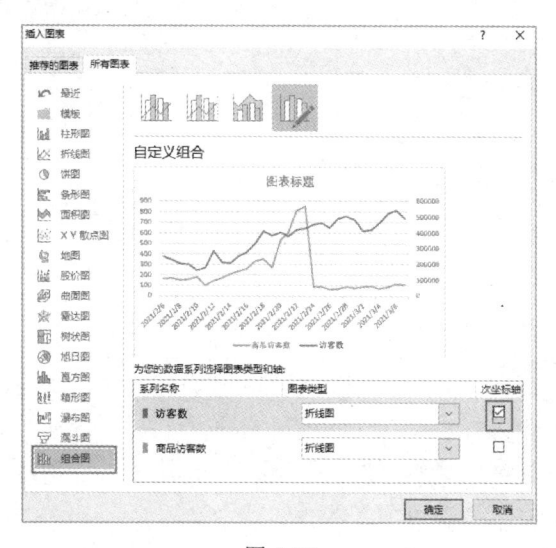

图 4-17

对"组合折线图"进行图表优化处理，设置"组合折线图"的"图表标题"为"访客数分析"，如图4-18所示。

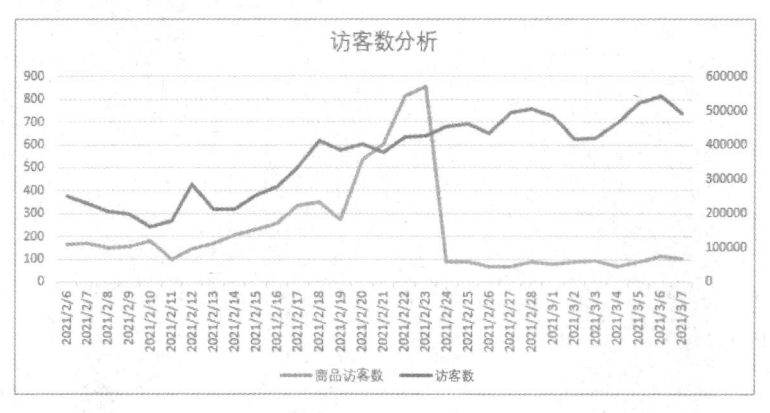

图 4-18

对"图例"进行设置，单击"图例"按钮，在弹出的快捷菜单中选择"设置图例格式"选项，如图4-19所示。

在"设置图例格式"对话框的"图例选项"选区中单击"靠上"单选按钮，如图4-20所示。

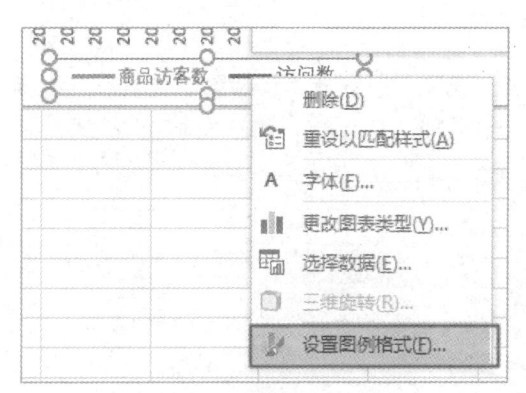

图 4-19 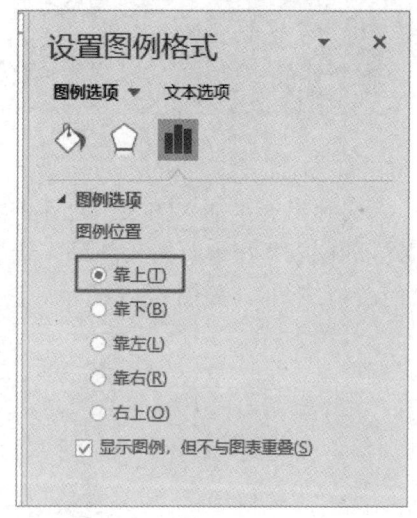　　　　　　　　　　图 4-20

优化图表，结果如图4-21所示。

步骤2　浏览量分析

选择"日期""浏览量""商品浏览量"3列，如图4-22所示。

在"插入"选项卡中选择"推荐的图表"选项，如图4-23所示。

在"插入图表"对话框的"所有图表"选项卡中选择"组合图"选项，"浏览量"的图表类型选择"折线图"选项并勾选"次坐标轴"复选框，单击"确定"按钮得到"组合折线图"，如图4-24所示。

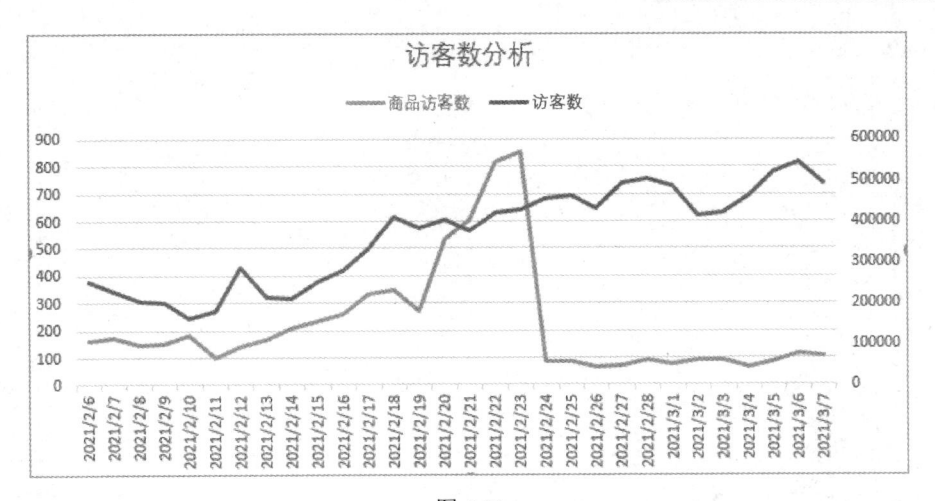

图 4-21

	A	B	C	D	E	F	G	H	I	J
1	日期	访客数	浏览量	行业成交金额	行业支付转化率	商品访客数	商品浏览量	商品成交金额	商品支付转化率	
2	2021/3/7	491738	2248275	7014179	17.45%	103	262	779.4	6.80%	
3	2021/3/6	544369	2512704	7297198	18.79%	115	422	708.96	6.09%	
4	2021/3/5	522411	2458781	10550596	24.39%	87	247	933.39	8.05%	
5	2021/3/4	463226	2075012	4270483	16.91%	65	204	457.42	7.69%	
6	2021/3/3	420910	1898582	4434847	15.52%	90	313	629.39	6.67%	
7	2021/3/2	414200	1845143	4578612	16.99%	88	253	437.83	3.41%	
8	2021/3/1	485225	2092545	5311435	23.92%	76	220	1059.61	10.53%	
9	2021/2/28	505224	2175096	5305129	26.46%	88	250	442.33	5.68%	
10	2021/2/27	493526	2148581	5315865	29.01%	67	223	266.88	2.99%	
11	2021/2/26	432722	1867387	5085366	26.87%	64	207	442.33	6.25%	
12	2021/2/25	462240	2012788	5385088	21.36%	85	293	1070.51	8.24%	
13	2021/2/24	453697	1973546	5385908	20.07%	85	286	557.49	5.88%	
14	2021/2/23	427377	1904135	5378420	22.56%	855	1092	1516.02	1.29%	
15	2021/2/22	421052	1831022	5222757	23.29%	816	996	789.3	0.86%	
16	2021/2/21	377554	1649175	4803209	19.21%	604	767	263.86	0.50%	
17	2021/2/20	403694	1720765	5104694	23.00%	536	673	706.96	1.31%	
18	2021/2/19	384130	1654030	4895963	20.35%	272	481	533.43	1.84%	
19	2021/2/18	412083	1725720	4778466	24.11%	350	570	526.78	1.43%	
20	2021/2/17	332446	1399777	3874812	19.00%	334	486	887.66	1.50%	
21	2021/2/16	278580	1102429	3054509	13.97%	258	383	617.79	1.55%	
22	2021/2/15	253921	1057305	2541971	13.57%	232	445	710.12	3.02%	
23	2021/2/14	211567	872282	2038022	12.05%	208	405	527.82	1.92%	
24	2021/2/13	213374	855341	1812656	11.56%	169	333	622.72	1.18%	
25	2021/2/12	286176	1022345	1499520	17.05%	143	276	440.06	2.10%	
26	2021/2/11	178561	536766	975515	8.93%	98	184	263.22	2.04%	
27	2021/2/10	162456	593515	1267932	8.64%	182	294	88.04	0.55%	
28	2021/2/9	200488	706717	1615569	8.66%	154	237	439.66	2.60%	
29	2021/2/8	204816	817620	1895686	10.12%	147	288	89	0.68%	
30	2021/2/7	229925	924645	2294530	11.10%	170	396	350.46	1.76%	
31	2021/2/6	250758	1030254	2493627	13.78%	163	346	452.56	2.45%	

图 4-22

图 4-23

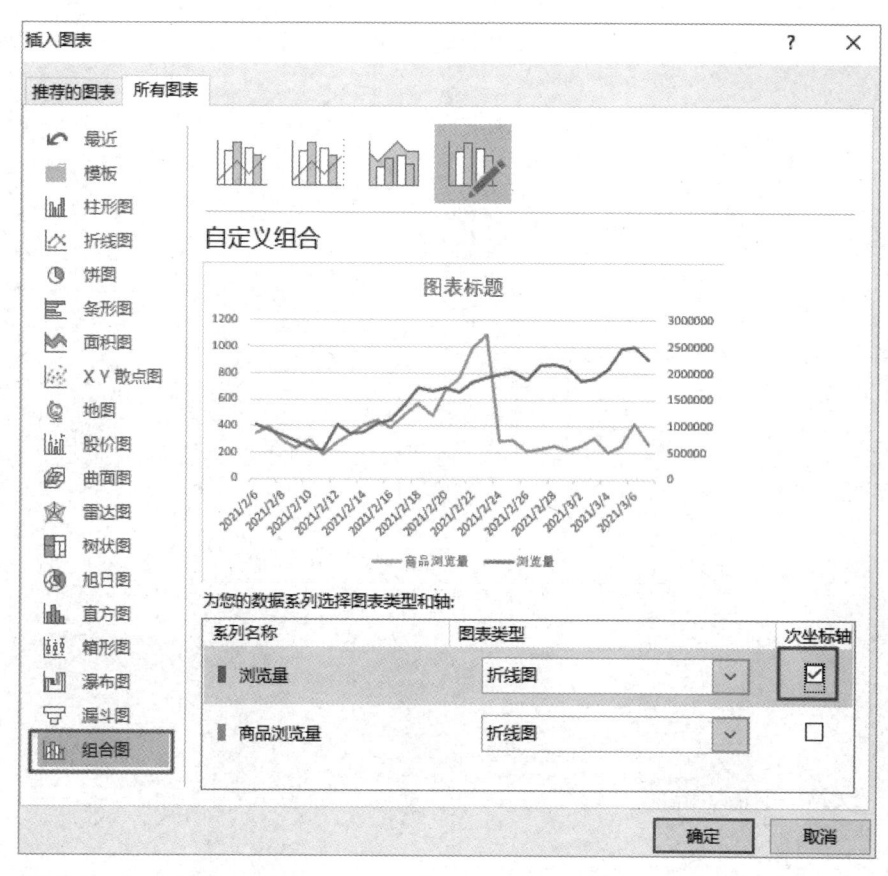

图 4-24

对"组合折线图"进行图表优化处理,将"组合折线图"的"图表标题"更改为"浏览量分析",如图 4-25 所示。

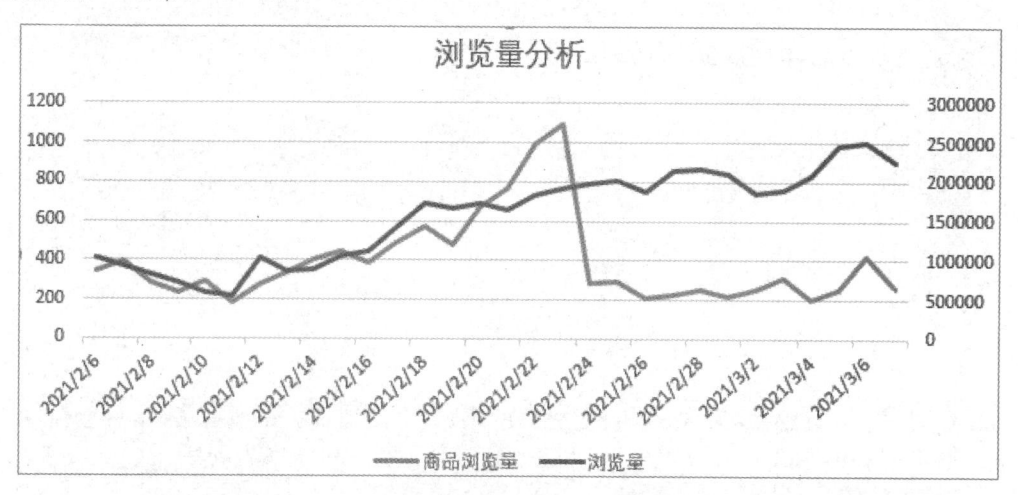

图 4-25

对"图例"进行设置,单击"图例"按钮,在弹出的快捷菜单中选择"设置图例格式"选项,如图 4-26 所示。

在"设置图例格式"窗格的"图例选项"选区中单击"靠上"单选按钮，如图4-27所示。

图 4-26 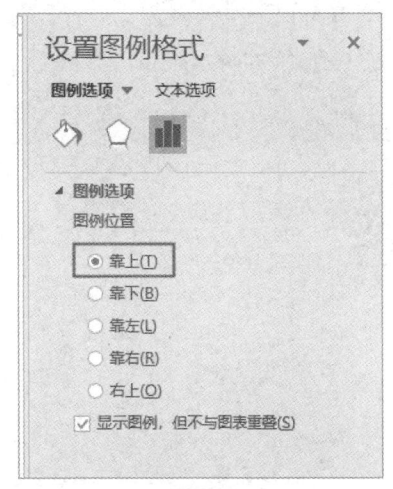　　　　　　　　　　　　图 4-27

对"次坐标轴"进行设置，单击"次坐标轴"，在弹出的快捷菜单中选择"设置坐标轴格式"选项，如图4-28所示。

在"设置坐标轴格式"窗格的"坐标轴选项"选项卡中，将"边界"选区的"最小值"设置为"−1.0E6"，设置"显示单位"下拉列表为"百万"选项，如图4-29所示。

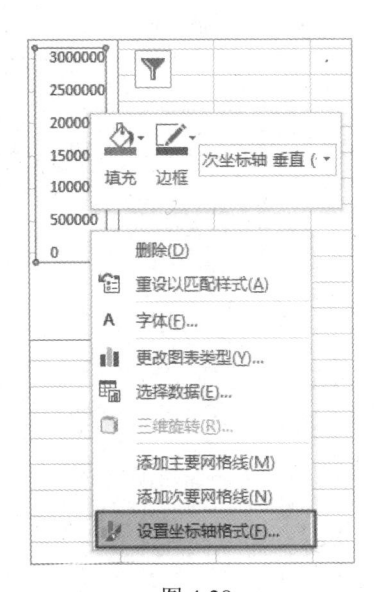

图 4-28 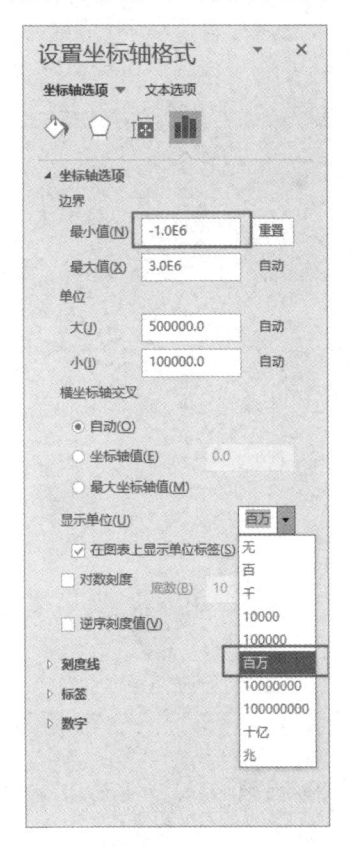　　　　　　　　　　　　图 4-29

选中次坐标轴单位，在"设置显示刻度单位格式"窗格的"对齐方式"选区中，设置"文字方向"下拉列表为"竖排"选项，如图4-30所示。

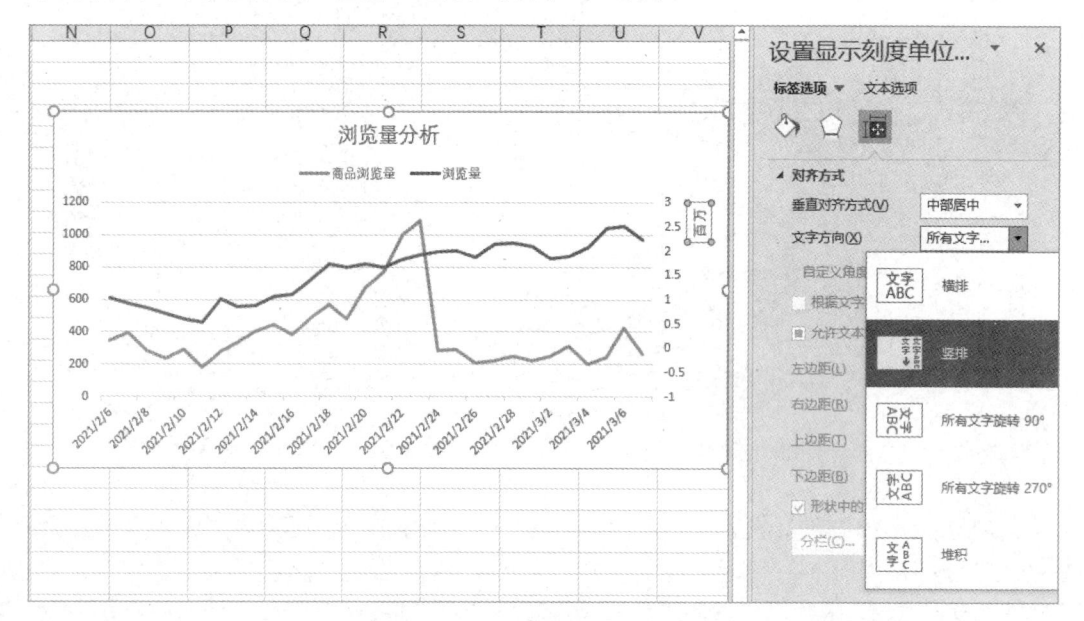

图 4-30

选中坐标轴标签，在"设置坐标轴格式"窗格的"对齐方式"选区中，设置"文字方向"下拉列表为"竖排"选项，如图4-31所示。

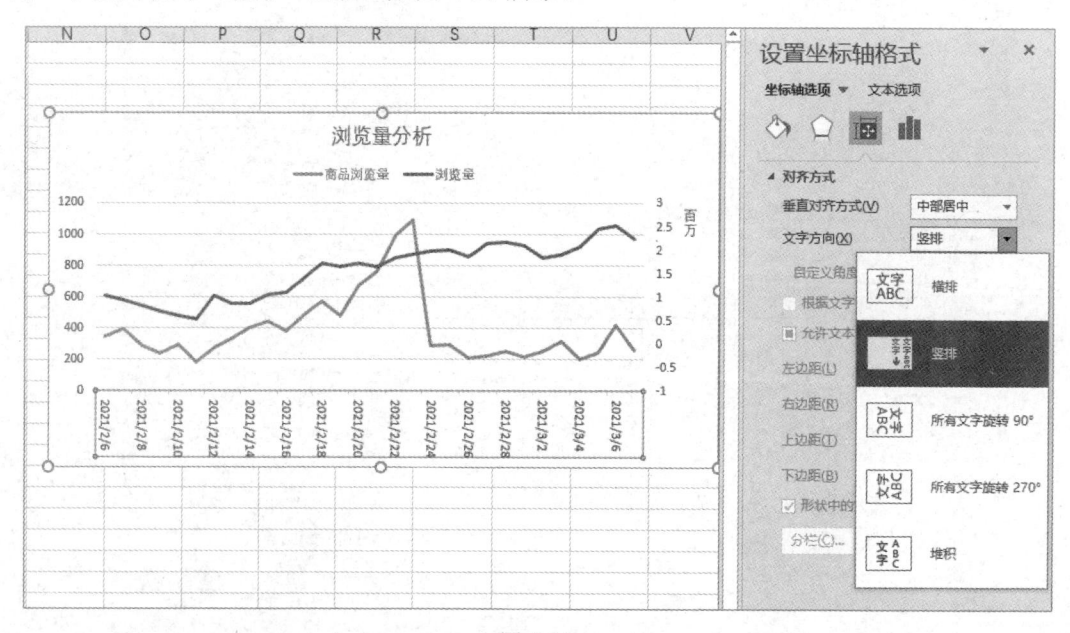

图 4-31

优化结果如图4-32所示。

图 4-32

步骤 3　行业成交金额与支付转化率分析

选中"日期""行业成交金额""行业支付转化率"3 列，如图 4-33 所示。

	A	B	C	D	E	F	G	H	I
1	日期	行业访问人	行业浏览量	行业成交	行业支付率	商品访客数	商品浏览量	商品成交金	商品支付转化率
2	2021/3/7	491738	2248275	7014179	17.45%	103	262	779.4	6.80%
3	2021/3/6	544369	2512704	7297198	18.79%	115	422	708.96	6.09%
4	2021/3/5	522411	2458781	10550596	24.39%	87	247	933.39	8.05%
5	2021/3/4	463226	2075012	4270483	16.91%	65	204	457.42	7.69%
6	2021/3/3	420910	1898582	4434847	15.52%	90	313	629.39	6.69%
7	2021/3/2	414200	1845143	4578612	16.99%	88	253	437.83	3.41%
8	2021/3/1	485225	2092545	5311435	23.92%	76	220	1059.61	10.53%
9	2021/2/28	505224	2175096	5305129	26.46%	88	250	442.33	5.68%
10	2021/2/27	493526	2148581	5315865	29.01%	67	223	266.88	2.99%
11	2021/2/26	432722	1867387	5085366	26.87%	64	207	442.33	6.25%
12	2021/2/25	462240	2012788	5385088	21.36%	85	293	1070.51	8.24%
13	2021/2/24	453697	1973546	5385908	20.07%	85	286	557.49	5.88%
14	2021/2/23	427377	1904135	5378420	22.56%	855	1092	1516.02	1.29%
15	2021/2/22	421052	1831022	5222757	23.29%	816	996	789.3	0.86%
16	2021/2/21	377554	1649175	4803209	19.21%	604	767	263.86	0.50%
17	2021/2/20	403694	1720765	5104694	23.00%	536	673	706.96	1.31%
18	2021/2/19	384130	1654030	4895963	20.35%	272	481	533.43	1.84%
19	2021/2/18	412083	1725720	4778466	24.11%	350	570	526.78	1.43%
20	2021/2/17	332446	1399777	3874812	19.00%	334	486	887.66	1.50%
21	2021/2/16	278580	1102429	3054509	13.97%	258	383	617.79	1.55%
22	2021/2/15	253921	1057305	2541971	13.57%	232	445	710.12	3.02%
23	2021/2/14	211567	872282	2038022	12.05%	208	405	527.82	1.92%
24	2021/2/13	213374	855341	1812656	11.56%	169	333	622.72	1.18%
25	2021/2/12	286176	1022345	1499520	17.05%	143	276	440.06	2.10%
26	2021/2/11	178561	536766	975515	8.93%	98	184	263.22	2.04%
27	2021/2/10	162456	593515	1267932	8.64%	182	294	88.04	0.55%
28	2021/2/9	200488	706717	1615569	8.66%	154	237	439.66	2.60%
29	2021/2/8	204816	817620	1895686	10.12%	147	288	89	0.68%
30	2021/2/7	229925	924645	2294530	11.10%	170	396	350.46	1.76%
31	2021/2/6	250758	1030254	2493627	13.78%	163	346	452.56	2.45%

图 4-33

在"插入"选项卡中选择"推荐的图表"选项，如图 4-34 所示。

图 4-34

在"插入图表"对话框中，选择"所有图表"选项卡中的"组合图"选项，"支付转化率"的图表类型选择"折线图"选项并勾选"次坐标轴"复选框，单击"确定"按钮得到"组合图"，如图 4-35 所示。

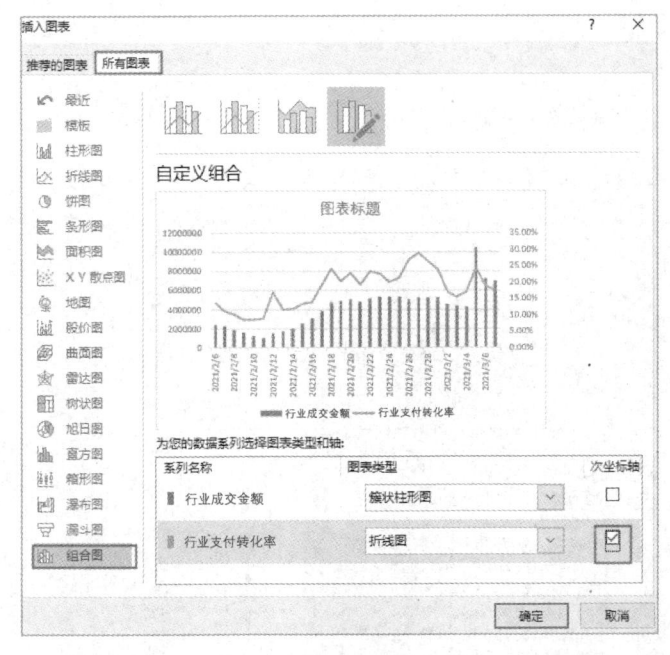

图 4-35

对"组合图"进行图表优化处理，更改"组合图"的"图表标题"为"行业成交金额与支付转化率"，如图 4-36 所示。

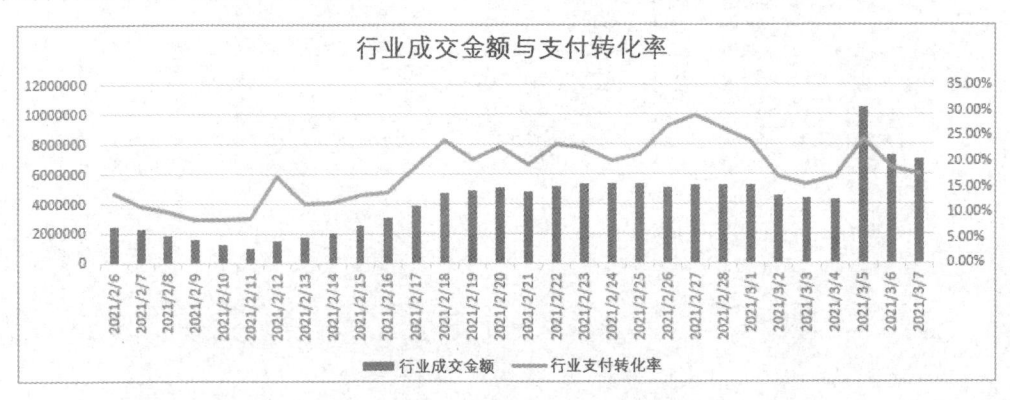

图 4-36

对"图例"进行设置，单击"图例"按钮，在弹出的快捷菜单中选择"设置图例格式"选项，如图 4-37 所示。

在"设置图例格式"窗格的"图例选项"选区中单击"靠上"单选按钮，如图 4-38 所示。

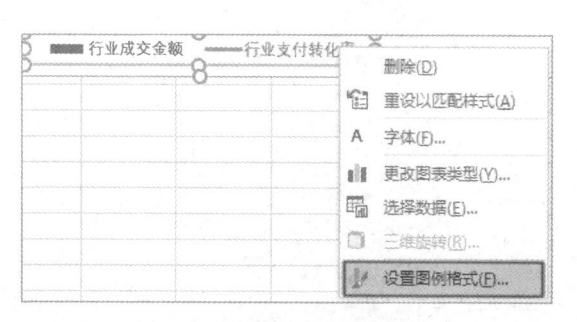

图 4-37 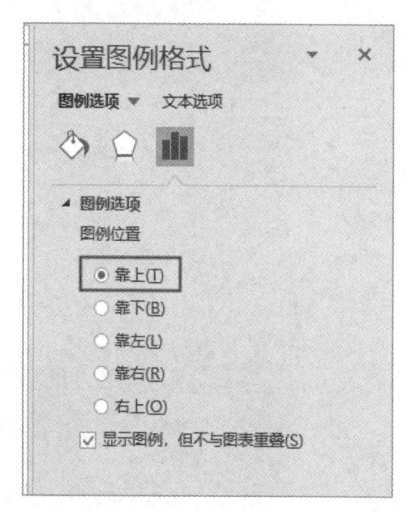　　　　　　　　　　　图 4-38

对"次坐标轴"进行设置，单击"次坐标轴 垂直(值)轴"(右垂直轴)按钮，在弹出的快捷菜单中选择"设置坐标轴格式"选项，如图 4-39 所示。

在"设置坐标轴格式"窗格的"数字"选区中，在"小数位数"数值框中输入"0"，如图 4-40 所示。

图 4-39 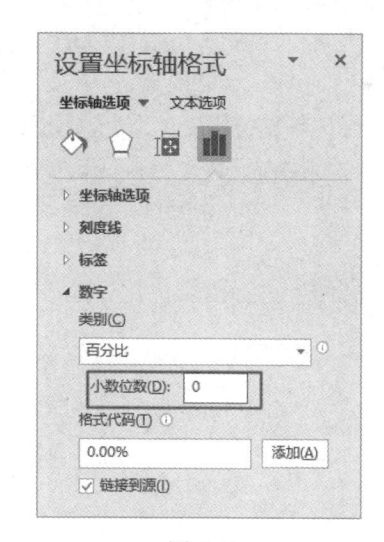　　　　　　　　　　　图 4-40

对"主坐标轴"进行设置，单击"垂直(值)轴"(左垂直轴)按钮，右击选择"设置坐标轴格式"选项，如图 4-41 所示。

把"设置坐标轴格式"窗格的"坐标轴选项"选区中的"显示单位"下拉列表设置为"百万"选项，如图 4-42 所示。

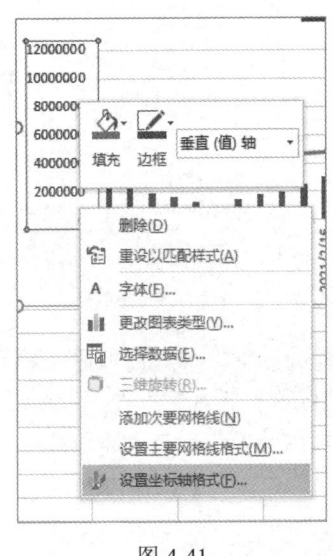

图 4-41

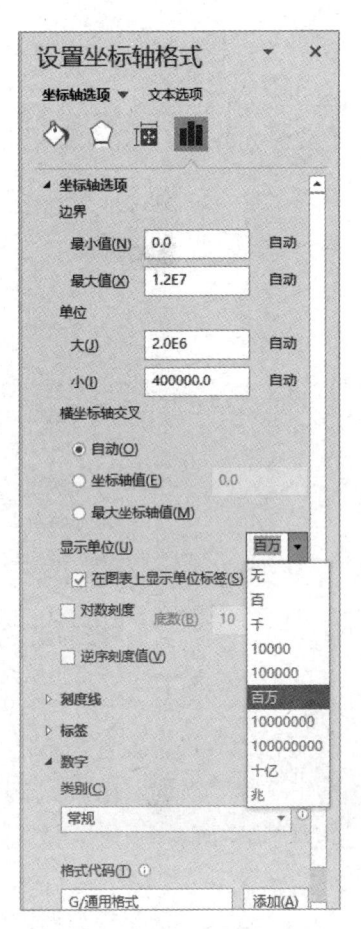

图 4-42

选中主坐标轴单位，在"设置显示刻度单位格式"窗格的"对齐方式"选区中，设置"文字方向"下拉列表为"竖排"选项，如图 4-43 所示。

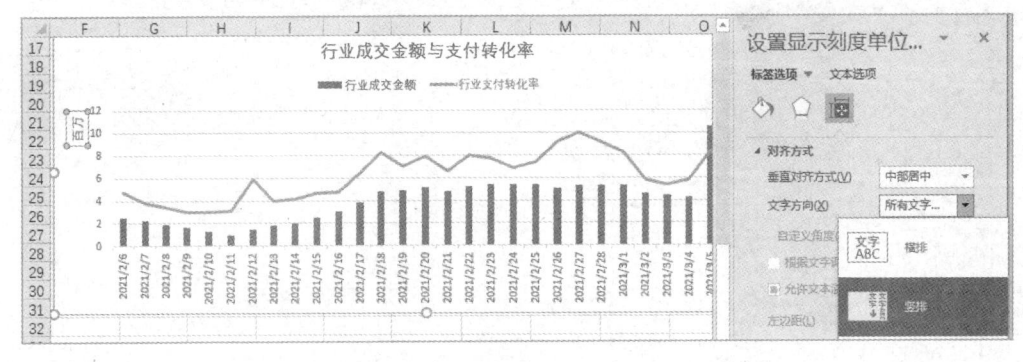

图 4-43

选中坐标轴标签，在"设置坐标轴格式"窗格的"对齐方式"选区中，设置"文字方向"下拉列表为"竖排"选项，如图 4-44 所示。

优化结果如图 4-45 所示。

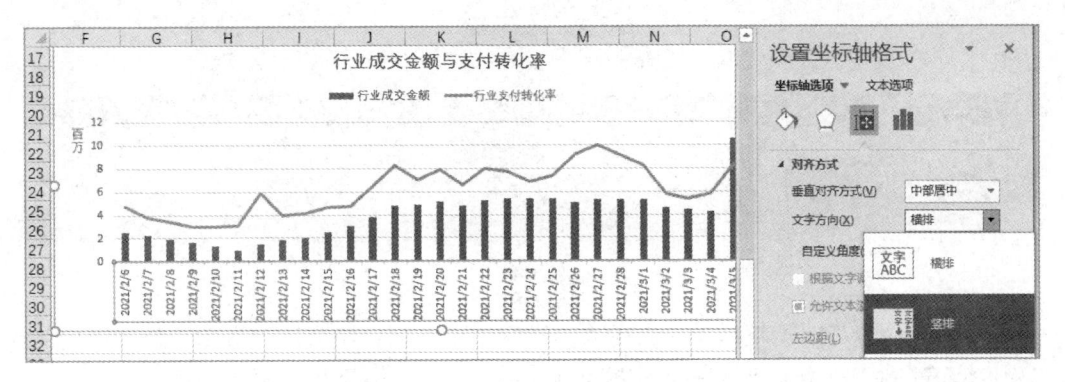

图 4-44

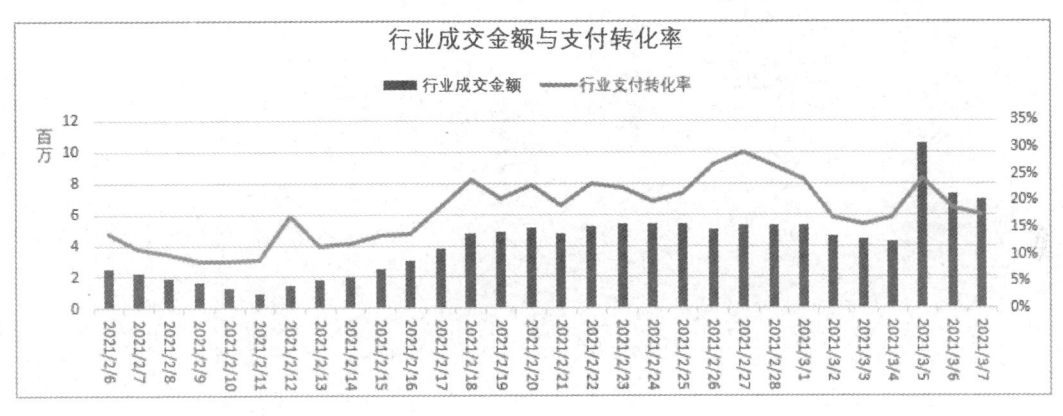

图 4-45

步骤 4　商品成交金额与支付转化率分析

选中"日期""商品成交金额""商品支付转化率"3 列，如图 4-46 所示。

日期	访客数	浏览量	行业成交金额	行业支付转化率	商品访客数	商品浏览量	商品成交金额	商品支付转化率
2021/3/7	491738	2248275	7014179	17.45%	103	262	779.4	6.80%
2021/3/6	544369	2512704	7297198	18.79%	115	422	708.96	6.09%
2021/3/5	522411	2458781	10550596	24.39%	87	247	933.39	8.05%
2021/3/4	463226	2075012	4270483	16.91%	65	204	457.42	7.69%
2021/3/3	420910	1898582	4434847	15.52%	90	313	629.39	6.67%
2021/3/2	414200	1845143	4578612	16.99%	88	253	437.83	3.41%
2021/3/1	485225	2092545	5311435	23.92%	76	220	1059.61	10.53%
2021/2/28	505224	2175096	5305129	26.46%	88	250	442.33	5.68%
2021/2/27	493526	2148581	5315865	29.01%	67	223	266.82	2.99%
2021/2/26	432722	1867387	5085366	26.87%	64	207	442.33	6.25%
2021/2/25	462240	2012788	5385088	21.36%	85	293	1070.51	8.24%
2021/2/24	453697	1973546	5385908	20.07%	85	286	557.49	5.88%
2021/2/23	427377	1904135	5378420	22.56%	855	1092	1516.02	1.29%
2021/2/22	421052	1831022	5222757	23.29%	816	996	789.3	0.86%
2021/2/21	377554	1649175	4803209	19.21%	604	767	263.26	0.50%
2021/2/20	403694	1720765	5104694	23.00%	536	673	706.96	1.31%
2021/2/19	384130	1654030	4895963	20.35%	272	481	533.43	1.84%
2021/2/18	412083	1725720	4778466	24.11%	350	570	526.78	1.43%
2021/2/17	332446	1399777	3874817	19.00%	334	486	887.66	1.50%
2021/2/16	278580	1102429	3054509	13.97%	258	383	617.79	1.55%
2021/2/15	253921	1057305	2541971	13.57%	232	445	710.12	3.02%
2021/2/14	211567	872282	2038022	12.05%	208	405	527.82	1.92%
2021/2/13	213374	855341	1812656	11.56%	169	333	622.72	1.18%
2021/2/12	286176	1022345	1499520	17.05%	143	276	440.06	2.10%
2021/2/11	178561	536766	975515	8.93%	98	184	263.22	2.04%
2021/2/10	162456	593515	1267932	8.64%	182	294	88.04	0.55%
2021/2/9	200488	706717	1615569	8.66%	154	237	439.66	2.60%
2021/2/8	204816	817620	1895686	10.12%	147	288	89	0.68%
2021/2/7	229925	924645	2294530	11.10%	170	396	350.46	1.76%
2021/2/6	250758	1030254	2493627	13.78%	163	346	452.56	2.45%

图 4-46

在"插入"选项卡中选择"推荐的图表"选项,如图 4-47 所示。

图 4-47

在"插入图表"对话框的"所有图表"选项卡中选择"组合图"选项,设置"商品支付转化率"的图表类型为"折线图"并勾选"次坐标轴"复选框,单击"确定"按钮得到"组合图",如图 4-48 所示。

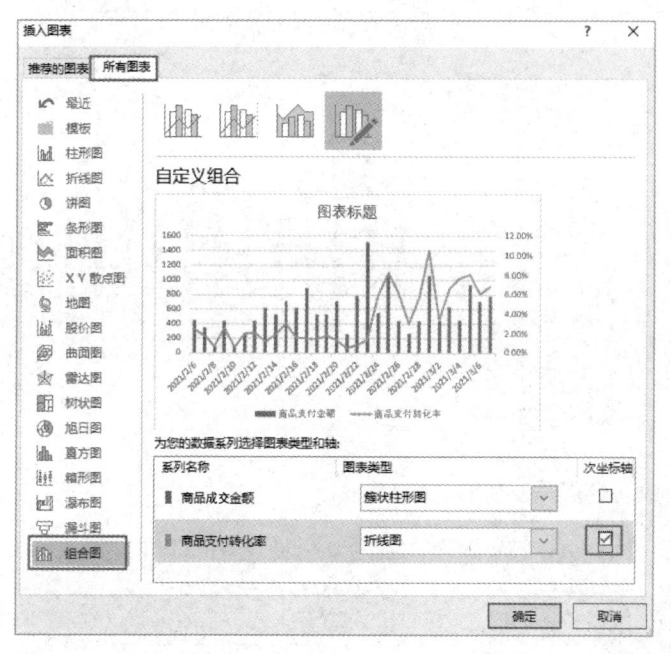

图 4-48

对"组合图"进行图表优化处理,更改"组合图"的"图表标题"为"商品成交金额与支付转化率",如图 4-49 所示。

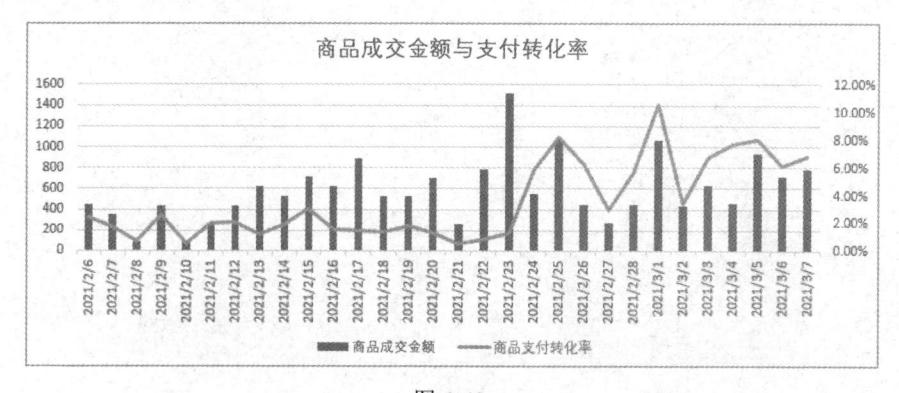

图 4-49

对"图例"进行设置,单击"图例"按钮,在弹出的快捷菜单中选择"设置图例格式"选项,如图4-50所示。

在"设置图例格式"窗格的"图例选项"选区中单击"靠上"单选按钮,如图4-51所示。

图 4-50 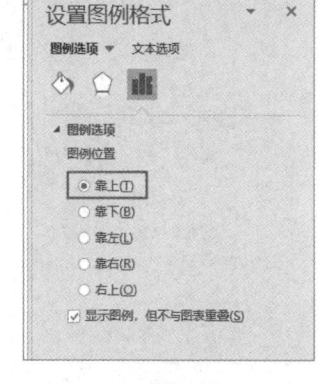　　　　　　　　　　　图 4-51

对"次坐标轴"进行设置,单击"次坐标轴 垂直(值)轴"(右垂直轴)按钮,在弹出的快捷菜单中选择"设置坐标轴格式"选项,如图4-52所示。

在"设置坐标轴格式"窗格的"坐标轴选项"选项卡中设置"边界"的"最小值"为"–0.06","数字"选区中的"小数位数"数值框中输入"0",如图4-53所示。

图 4-52 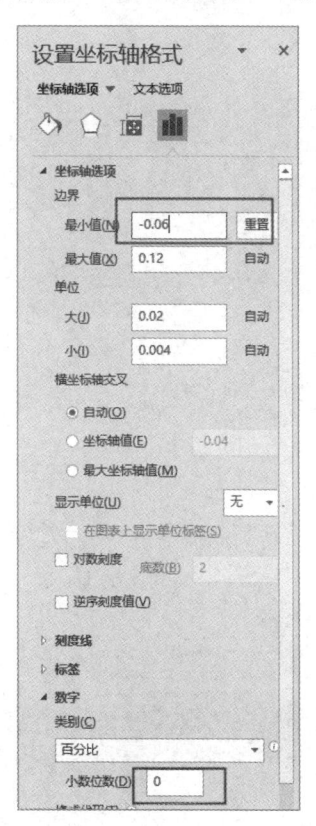　　　　　　　　　　　图 4-53

对"主坐标轴"进行设置，单击"垂直(值)轴"（左垂直轴），在弹出的快捷菜单中选择"设置坐标轴格式"选项，如图4-54所示。

在"设置坐标轴格式"窗格的"坐标轴选项"选项卡中设置"边界"的"最大值"为"2400.0"，如图4-55所示。

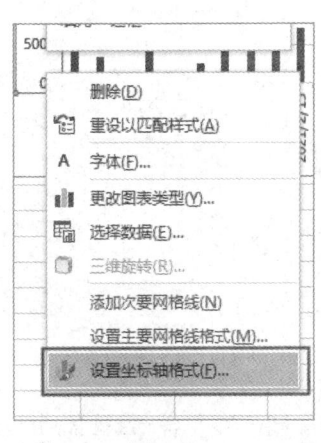

图4-54

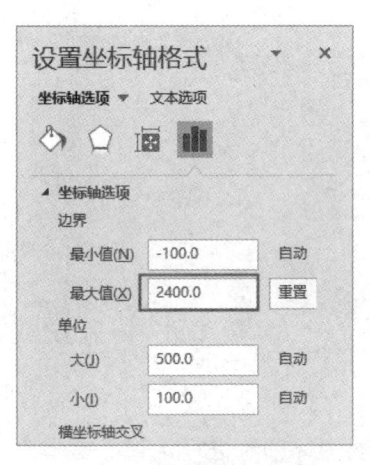

图4-55

选中坐标轴标签，在"设置坐标轴格式"窗格的"对齐方式"选区中设置"文字方向"下拉列表为"竖排"选项，如图4-56所示。

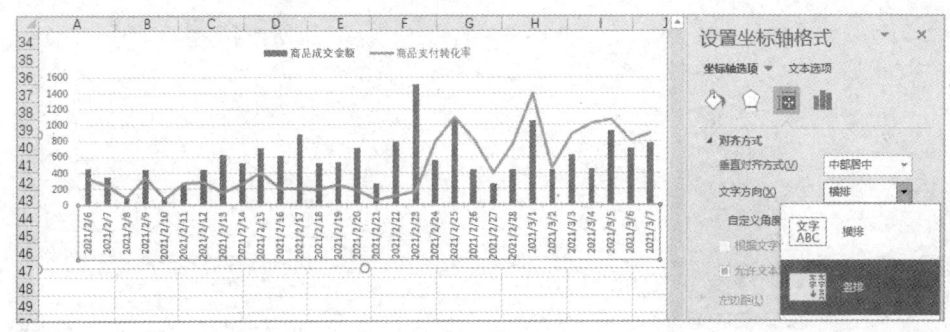

图4-56

优化结果如图4-57所示。

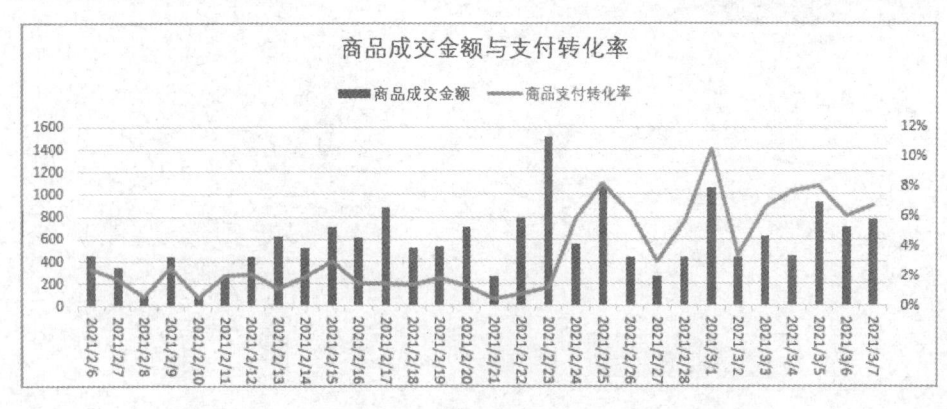

图4-57

【图表解析】由图 4-21、图 4-32、图 4-45 和图 4-57 可以发现，商品的访客数与浏览量在 2021 年 2 月 19 日至 2021 年 2 月 23 日提升较快，但在 2021 年 2 月 23 日过后下降严重。而商品成交金额波动较大，整体有略微的提升，行业成交金额提升明显，支付转化率提升明显，仍低于行业水平。

任务 3　商品生命周期分析

根据商品的销售额数据绘制销售额折线图，从中分析出商品的生命周期，从而把握商品的运营节奏。

注：该任务所用到的文件为"4-3 商品生命周期分析"。

【操作手册】

步骤 1　创建数据透视表

打开"4-3 商品生命周期分析"文件。

图 4-58 是某网店所有商品对应每周（7 天）的销售额数据，数据采集自商家后台的订单报表，并汇总而成，可从中提炼出网店商品的生命周期规律。

选中数据集并插入数据透视表，在"插入"选项卡中选择"数据透视表"选项，创建数据透视表时检查所选区域是否正确，如图 4-59 所示。

商家编码	一年的某一周	销售额
7A513131000	26	119
7A127237000	26	118
7A333411000-27	27	178
7A1207700	27	69
7A113411000	27	445
WA20001j	27	59
7A513131000	27	114
7A127237000	27	59
WA3712j	27	118
7A92023400	28	138
7A713041000-27	28	134

图 4-58

创建好数据透视表，设置数据透视表字段，"行"标签框设置字段为"一年的某一周"，"列"标签框设置字段为"商家编码"，"值"标签框设置字段为"求和项:销售额"，如图 4-60 所示。

图 4-59

图 4-60

步骤2　创建生命周期折线图

选中数据透视表，在"插入"选项卡的"推荐的图表"功能组中，选择"二维折线图"选项，如图4-61所示。

图4-61

通过折线图可以直观地观察商品的生命周期，由于商品众多不便于观察，故需筛选代表性商品，保留商家编码为"7A719424000-08"的商品，如图4-62所示，商品的生命周期曲线是抛物线模型，从进入到退市约12周(3个月)的时间。

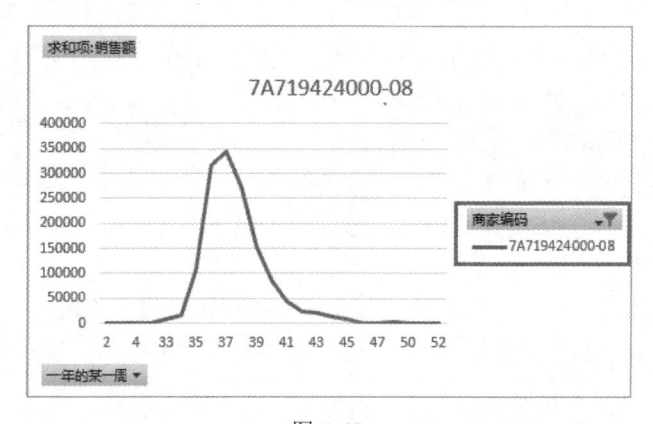

图4-62

【图表解析】由图4-62可以发现，商品"7A719424000-08"在第38周时销售额达到最高，此时商品处于饱和期，第34、35周提升幅度较大，处于上升期；其余商品的销售情况较差，需及时进行调整。

任务4　商品关键词分析

通过对商品(自身店铺)和竞品的关键词与行业搜索关键词进行建模，对比分析特定关键词的访客数等指标趋势，从而达到优化商品标题的目的。

注：该任务所用到的文件为"4-4 商品关键词分析"。

【操作手册】

步骤1　竞店关键词拆分

打开"4-4 商品关键词分析"文件。

将数据加载到"Power Query"编辑器，选择"数据"选项卡中的"自表格/区域"选项，将 4 张数据表分别加载到"Power Query"编辑器中，如图 4-63 所示。

首先将"单品表"加载到"Power Query"编辑器，选择"关闭并上载"下拉列表中的"关闭并上载至"选项，如图 4-64 所示。

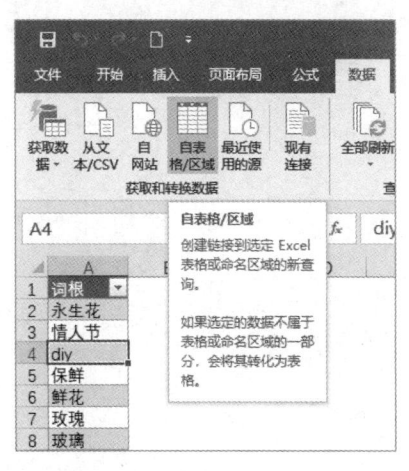

图 4-63

图 4-64

然后将"竞品表"数据加载到"Power Query"编辑器，同样选择"关闭并上载"下拉列表中的"关闭并上载至"选项，如图 4-65 所示。

图 4-65

由于新导入的数据并不是最终结果，因此在"导入数据"对话框中可单击"仅创建连接"单选按钮，如图 4-66 所示。后续两张表的操作相同。

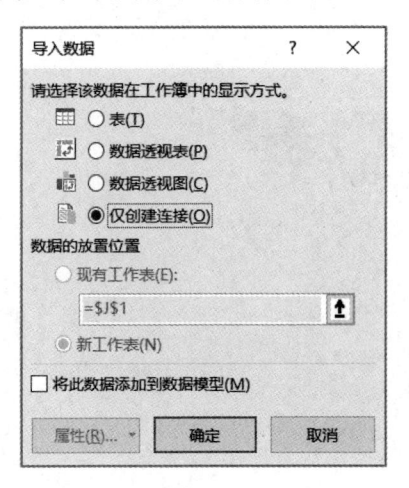

图 4-66

最后，导入"行业表"及"词根"表。

在"Power Query"编辑器"单品表"的"添加列"选项卡中，选择"自定义列"选项，在弹出的"自定义列"对话框中，在"新列名"下方的输入框中键入"词根"，同时在"自定义公式"下方的输入框中键入"词根"表的名字即可引用"词根"表，如图 4-67、图 4-68 所示。词根是前面准备好的"词根"表，此时要注意查看表名称，如果命名规则不同，就需要引用实际的名称。

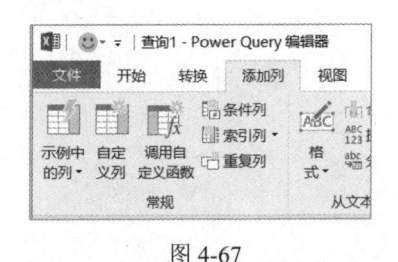

图 4-67

图 4-68

单击"展开"单选按钮，不要勾选"使用原始列名作为前缀"复选框，如图 4-69 所示。

接下来判断关键词中是否包含词根。如图 4-70 所示，在"自定义列"对话框中修改"新列名"为"是否包含词根"，在"自定义列公式"下方的输入框中键入"=Text.Contains([关键词],[词根])"，若被匹配文本包含词根则返回"TRUE"，否则返回"FALSE"。

图 4-69    图 4-70

筛选添加的自定义列"是否包含词根",勾选"TRUE"复选框,以保留包含词根的关键词数据,删除不包含词根的关键词数据,如图 4-71 所示。

其他表的操作步骤相同,设置好后选择"关闭并上载"下拉列表中的"关闭并上载至"选项,如图 4-72 所示。

图 4-71 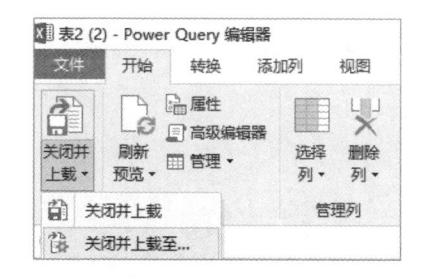   图 4-72

步骤 2　商品关键词建模

如图 4-73 所示,在"导入数据"对话框中,单击"仅创建连接"单选按钮,勾选"将此数据添加到数据模型"复选框,将数据导入 Power Pivot(数据模型),3 张表重复同样的操作。

结果如图 4-74 所示,在 Excel 的"Power Pivot"选项卡中选择"管理数据模型"选项,进入 Power Pivot 操作界面。

在 Power Pivot 操作界面中,在"主页"选项卡下单击"关系图视图"选项,如图 4-75 所示。

如图 4-76 所示,通过鼠标拖拽的方法把"词根"表的"词根"字段和其他 3 张表的"词根"字段进行关联。此时"词根"表为维度表,其他 3 张表为事实表。

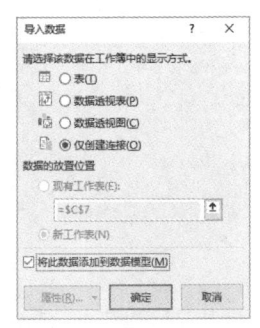

图 4-73

图 4-74

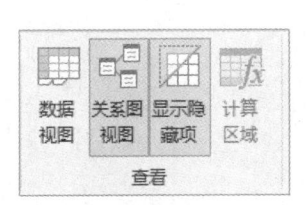

图 4-75

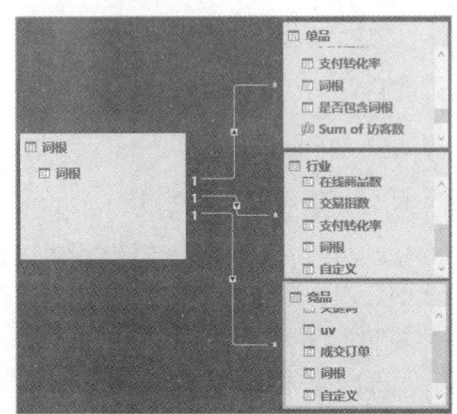

图 4-76

如图 4-77 所示，关系连接好后，返回数据视图，在"单品表"的空白单元格中添加度量值，度量值的名称可以自由设定并键入以下公式：

总访客数：=SUM([访客数])
总支付买家数：=SUM([支付买家数])
平均转化率：=[总支付买家数]/[总访客数]

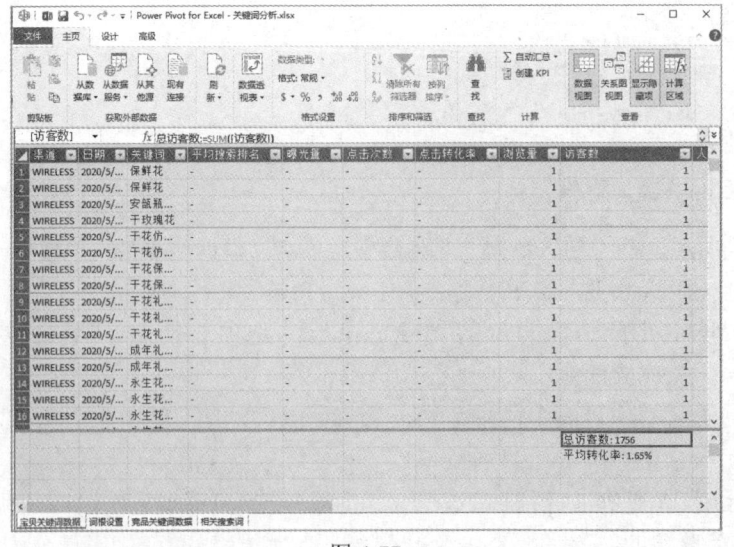

图 4-77

模型建立好就可以进行数据分析了,在"Power Pivot"编辑器的"主页"选项卡中选择"数据透视表"选项来创建数据透视表,如图4-78所示。

将"单品表"中的"总访客数""总支付买家数""成交金额""平均转化率"指标字段,"竞品表"中的"uv""成交订单"指标字段,"行业表"中的"搜索人气""交易指数""在线商品数""支付转化率"指标字段(值汇总方式设置为平均值)放到"数据透视表"的"值"标签框,将"词根"字段放入"数据透视表"的"行"标签框。如图4-79所示,"情人节""手工""友情"这3个词根共7个字没有任何访客的引入,浪费了标题20%的资源,同时在竞品上的表现也不佳;对于行业表现,"手工"词根的支付转化率最低,"友情"词根的搜索人气最低,可以考虑换成其他表现更佳的词根。

图4-78

行标签	总访客数	总支付买家数	成交金额	平均转化率	uv	成交订单	搜索人气	交易指数	在线商品数	支付转化率
diy	64	2	488	3.13%	290	3	35827	74717	200830	6.25%
保鲜	36	1	378	2.78%	6		7254	19297	45803	6.25%
玻璃	262	4	945	1.53%	1462	36	31842	89940	237750	12.50%
干花	125	2	567	1.60%	1251	6	23154	33837	501827	6.25%
礼盒	107	2	488	1.87%	1362	35	22963	91006	330924	6.25%
礼物	18	0	0	0.00%	46	0	10115	24763	254886	6.25%
玫瑰	137	3	677	2.19%	421	21	24492	68265	491668	6.25%
情人节	0	0	0	0.00%	19	0	2759	9548	92016	6.25%
生日	32	0	0	0.00%	113	11	7875	29196	257692	6.25%
手工	0	0	0	0.00%	0	0	5086	6653	17578	0.00%
鲜花	43	1	378	2.33%	17	1	7127	13451	45647	6.25%
永生花	645	12	3337	1.86%	11175	276	315519	821800	3231113	18.75%
友情	0	0	0	0.00%	0	0	1552	10184	2644	6.25%
长生花	98	0	0	0.00%	0	0	1947	3297	1079	6.25%
罩	189	2	378	1.06%	1443	36	27763	83599	172651	12.50%
总计	1756	29	7636	1.65%	17605	426	525275	1379553	5884108	100.00%

图4-79

在"Power Pivot"编辑器的"主页"选项卡下选择"数据透视表"下拉列表中的"数据透视图"选项,如图4-80所示。

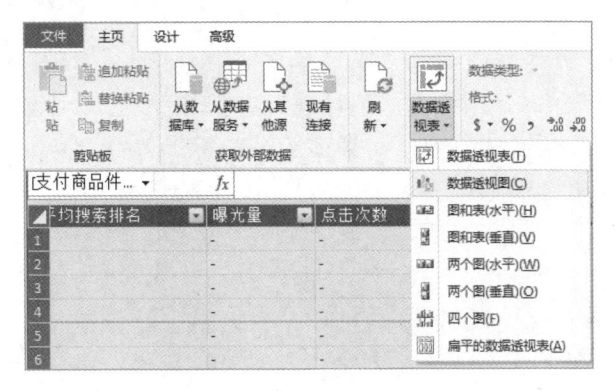

图4-80

步骤3　关键词分析

如图4-81所示,在"创建数据透视图"对话框中,单击"现有工作表"单选按钮(选择新工作表也没有关系，看具体需求），指定位置。

插入数据透视图后，将"日期"字段放入"轴(类别)"标签框，将"以下项目的总和：访客数"字段放入"值"标签框，如图 4-82 所示。

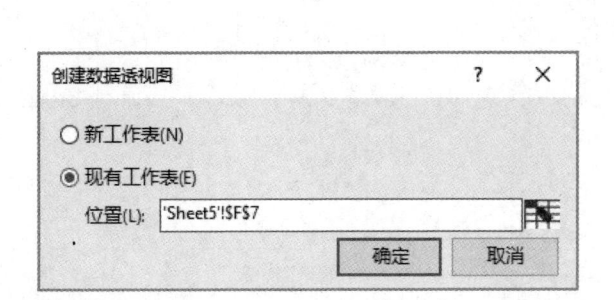

图 4-81

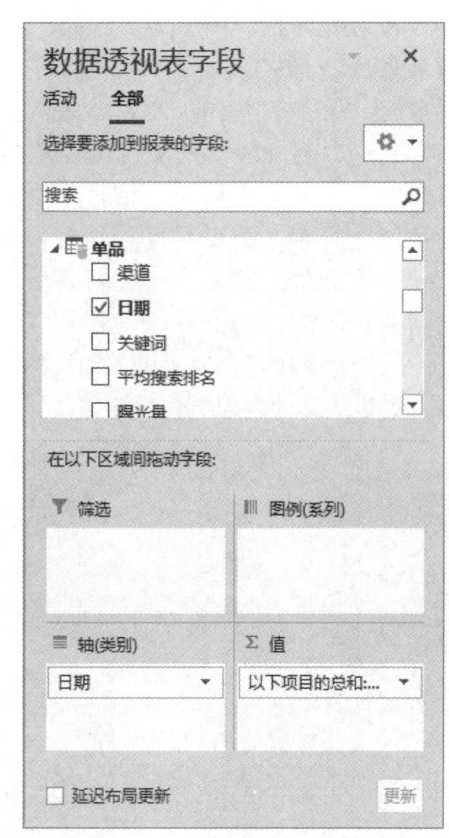

图 4-82

得到效果图如图 4-83 所示。

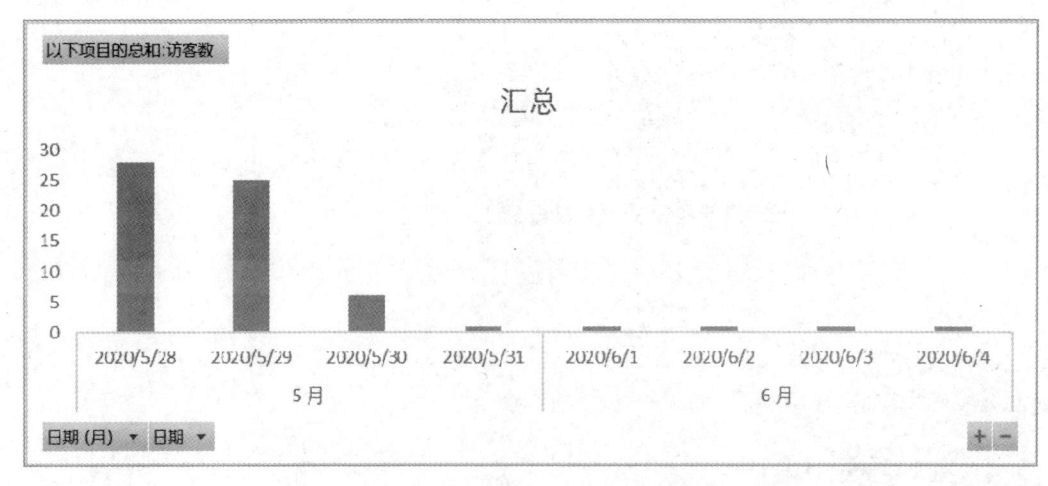

图 4-83

选中数据透视图，在 Excel 的"插入"选项卡中，选择"筛选器"功能组中的"切片器"选项，如图 4-84 所示。

添加"词根"切片器，切片器一般使用维度表的字段，因此需要调用的是"词根"表的"词根"字段。插入切片器后选择词根逐一观察。

如图 4-85 所示，可以明显看到"diy"词根的访客数下降，从 2020 年 5 月 29 日开始出现断崖式下跌。

图 4-84

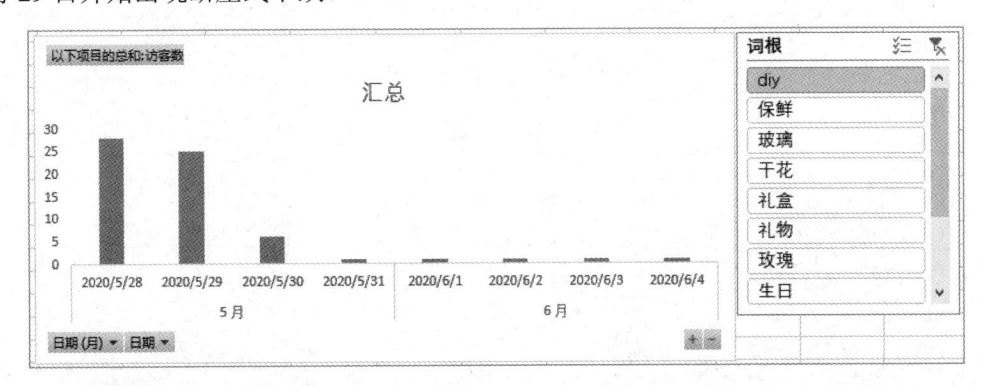

图 4-85

以上操作实现了词根的趋势分析，在实际应用中，商家可以根据需求建立或调整分析模型。

任务 5 商品补货计划分析

通过建立"订单-库存"关系，制作出补货模型，预测商品库存的变化趋势，计算出商品的补货周期，制订商品的补货计划。

注：该任务所用到的文件为"宝贝报表""订单报表""库存统计表"。

【操作手册】

步骤 1 订单-库存关系建模

优化采购的工作效率和补货数量命中率(实际售罄误差在 15%以内为命中)。

如图 4-86 所示，打开一个新的 Excel 表，命名为"4-5 供应链分析-补货模型表"在"Power Pivot"选项卡中选择"管理"选项，转到 Power Pivot 窗口，进入 Power Pivot 界面。

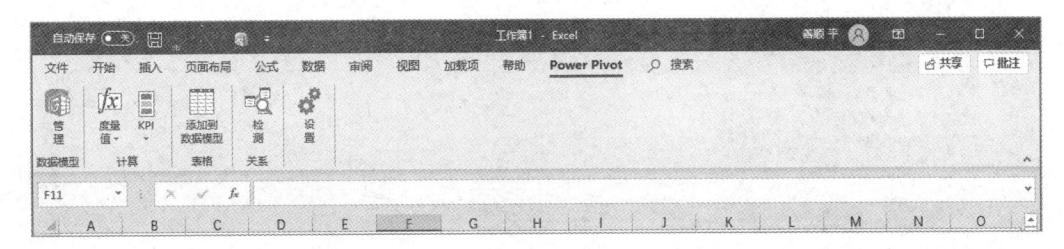

图 4-86

如图 4-87 所示，在 Power Pivot 窗口的"主页"选项卡中选择"从其他源"选项，弹出"表导入向导"对话框，选择"Excel 文件"选项，然后单击"下一步"按钮。

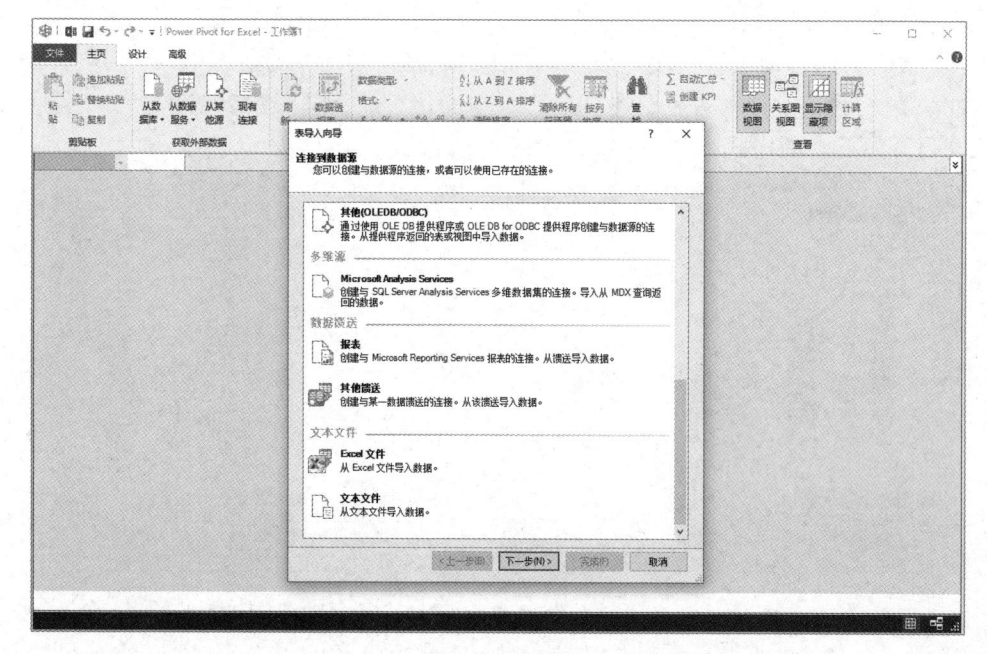

图 4-87

在图 4-88 所示的对话框中，先单击"浏览"按钮选择文件路径，再勾选"使用第一行作为列标题"复选框，单击"下一步"按钮，这样"宝贝报表"就被导入 Power Pivot。

重复上述操作将"订单报表"和"库存统计表"分别导入 Power Pivot。

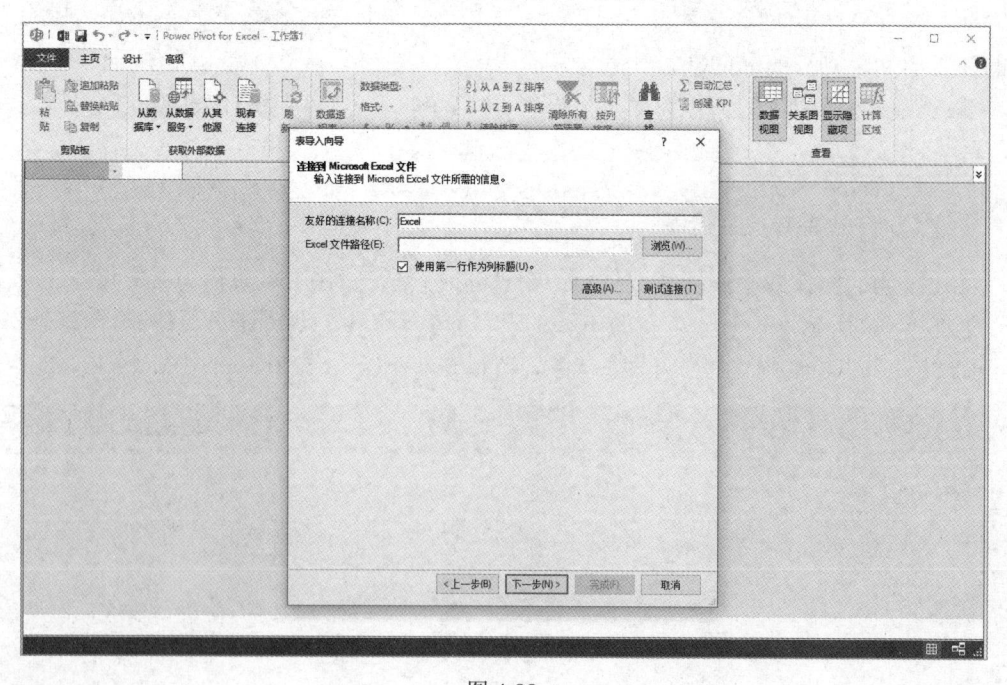

图 4-88

如图4-89所示，在Power Pivot的"主页"选项卡中选择"关系图视图"选项进行建模，将"订单报表"的"订单编号"字段连接到"宝贝报表"的"订单编号"字段，将"宝贝报表"的"商家编码"字段连接到"库存统计表"的"商家编码"字段。

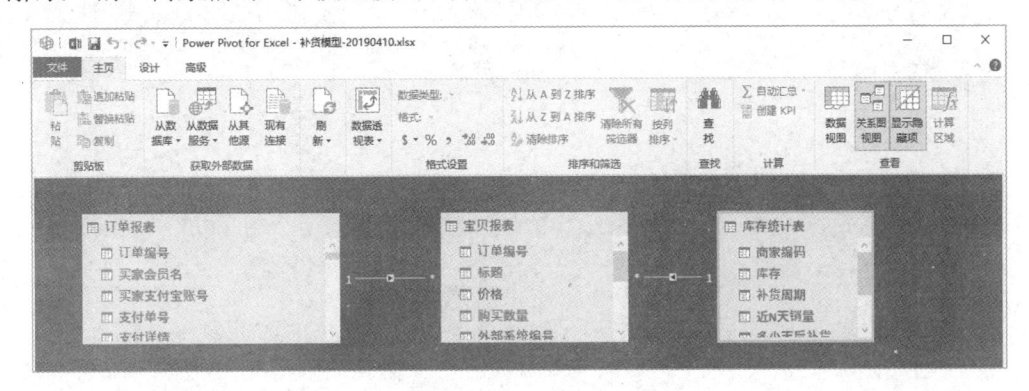

图4-89

步骤2　计算补货周期

选择"主页"选项卡"查看"选项中的"数据视图"选项，回到"库存统计表"。在"补货周期"字段右侧新增一列,字段名为"近N天销量",键入公式"=SUMX(FILTER('宝贝报表','宝贝报表'[商家编码]='库存统计表'[商家编码]&&DATEDIFF(RELATED('订单报表'[订单付款时间]),Date(2019,1,30),day)<='库存统计表'[补货周期]),[购买数量的总和])",结果如图4-90所示。

商家编码	库存	补货周期	近N天销量
1 优鲜沛蔓越莓干907g*1	30	7	57
2 好欢螺螺蛳粉300G*3袋	30	7	38
3 狗男不开心 黄花鱼酥*1盒	42	7	27
4 福事多坚果燕麦片-白*1	39	7	14
5 文玉嗨吃家酸辣粉138g*6桶	20	7	10
6 好欢螺螺蛳粉300G*10袋	50	7	10
7 乳酪华夫800g	50	7	10
8 好欢螺螺蛳粉300G*5袋	38	7	9

图4-90

在"近N天销量"字段右侧新增一列，字段名为"多少天后补货"，键入公式"=IF(CEILING(DIVIDE([库存],[近N天销量]),1)-1<0,0,CEILING(DIVIDE([库存],[近N天销量]),1)-1)*[补货周期]"，结果如图4-91所示。

在"多少天后补货"字段右侧新增一列,字段名为"最小补货量",键入公式"=IF([多少天后补货]=0,[近N天销量]–[库存],0)"，结果如图4-92所示。

在"最小补货量"字段右侧新增一列，字段名为"最近一周备货量"，键入公式"=IF('库存统计表'[多少天后补货]=0,'库存统计表'[最小补货量]+'库存统计表'[近N天销量],0)"，结果如图4-93所示。

[多少天后补...] ▼ f_x =IF(CEILING(DIVIDE([库存],[近N天销量]),1)-1<0,0,CEILING(DIVIDE([库存],[近N天销量]),1)-1)*[补货周期]

商家编码	库存	补货周期	近N天销量	多少天后补货
1 优鲜沛蔓越莓干907g*1	30	7	57	0
2 好欢螺螺蛳粉300G*3袋	30	7	38	0
3 狗男不开心 黄花鱼酥*1盒	42	7	27	7
4 福事多坚果燕麦片-白*1	39	7	14	14
5 文玉嗨吃家酸辣粉138g*6桶	20	7	10	7
6 好欢螺螺蛳粉300G*10袋	50	7	10	28
7 乳酪华夫800g	50	7	10	28
8 好欢螺螺蛳粉300G*5袋	38	7	9	28

图 4-91

商家编码	库存	补货周期	近N天销量	多少天后补货	最小补货量
1 优鲜沛蔓越莓干907g*1	30	7	57	0	27
2 好欢螺螺蛳粉300G*3袋	30	7	38	0	8
3 狗男不开心 黄花鱼酥*1盒	42	7	27	7	0
4 福事多坚果燕麦片-白*1	39	7	14	14	0
5 文玉嗨吃家酸辣粉138g*6桶	20	7	10	7	0
6 好欢螺螺蛳粉300G*10袋	50	7	10	28	0
7 乳酪华夫800g	50	7	10	28	0
8 好欢螺螺蛳粉300G*5袋	38	7	9	28	0

图 4-92

商家编码	库存	补货周期	近N天销量	多少天后补货	最小补货量	最近一周备货量
1 优鲜沛蔓越莓干907g*1	30	7	57	0	27	84
2 好欢螺螺蛳粉300G*3袋	30	7	38	0	8	46
3 狗男不开心 黄花鱼酥*1盒	42	7	27	7	0	0
4 福事多坚果燕麦片-白*1	39	7	14	14	0	0
5 文玉嗨吃家酸辣粉138g*6桶	20	7	10	7	0	0
6 好欢螺螺蛳粉300G*10袋	50	7	10	28	0	0
7 乳酪华夫800g	50	7	10	28	0	0
8 好欢螺螺蛳粉300G*5袋	38	7	9	28	0	0

图 4-93

步骤 3　创建商品补货计划表

如图 4-94 所示，打开"4-5 供应链分析-补货模型表"，在 Power Pivot 的"主页"选项卡中选择"数据透视表"选项，在"创建数据透视表"对话框中单击"新工作表"单选按钮，单击"确定"按钮。如图 4-95 所示，在数据透视表上单击鼠标右键，在弹出的快捷菜单中选择"显示字段列表"选项。

如图 4-96 所示，将"库存统计表"中的"商家编码"字段放入"行"标签框，将"近 7 天销量"字段、"产品库存"字段、"补货周期"字段、"多少天后补货"字段、"最小补货量"字段、"最近一周备货量"字段放入"值"标签框。

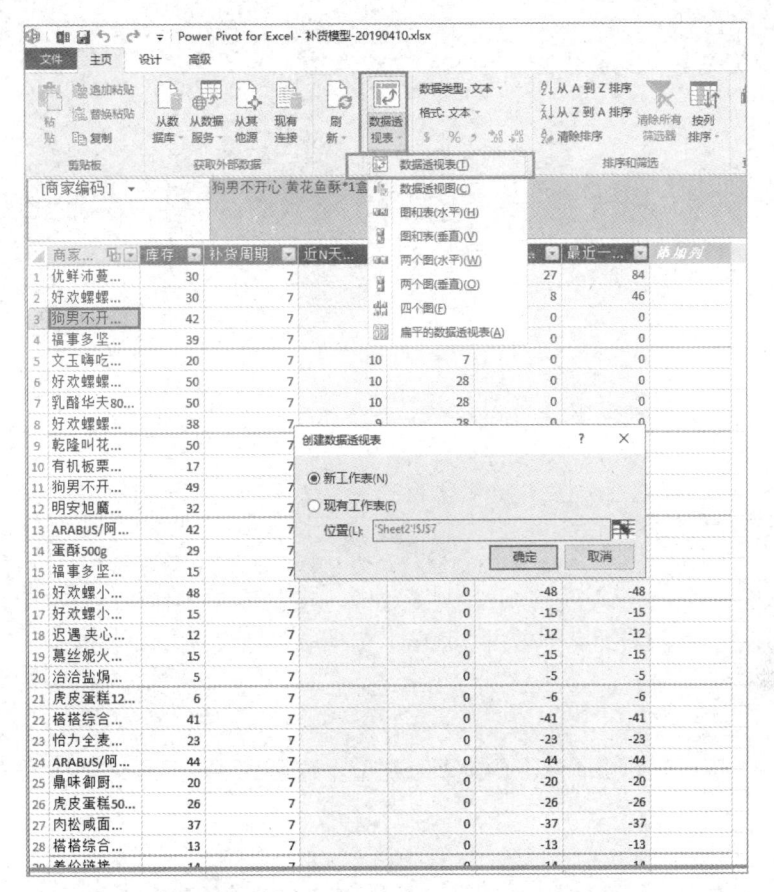

图 4-94

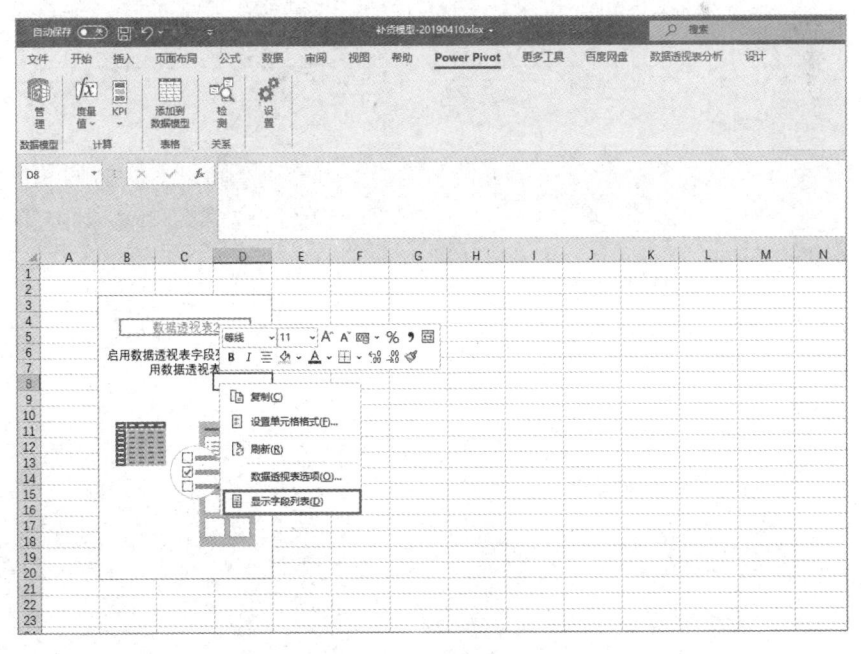

图 4-95

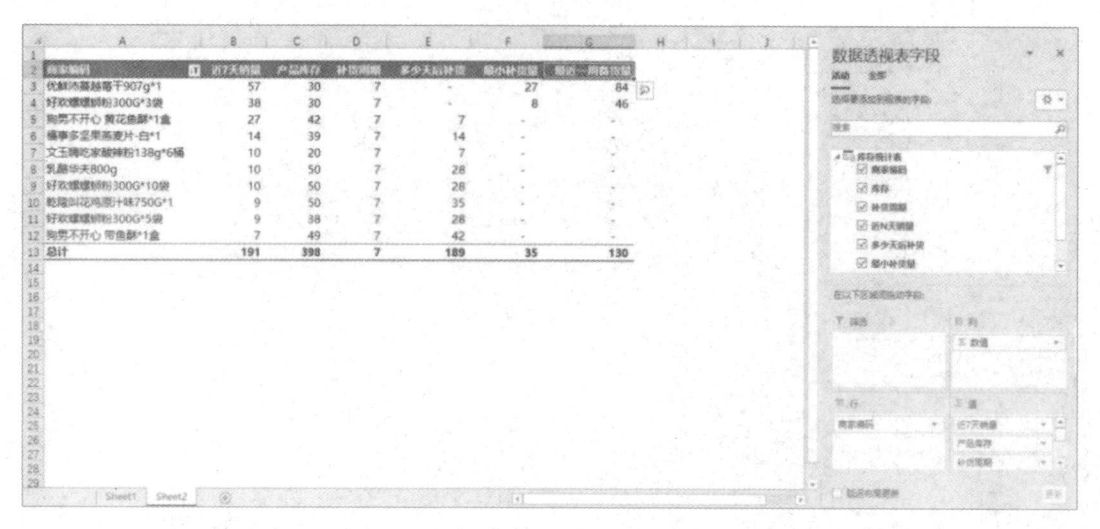

图 4-96

如图 4-97 所示，一张完整的库存监控表格就完成了。从表格中可以知道，如果要备一周(由于数据中的补货周期为一周，因此这里为一周，而不是一周期)的货，那么现在需要进多少货物。

图 4-97

【图表解析】"优鲜沛蔓越莓干 907g*1"的近 7 天销量最高，达到 57 件，并且"优鲜沛蔓越莓干 907g*1"的最近一周备货量也最多，为 84 件。"狗男不开心 带鱼酥*1 盒"的近 7 天销量最低，仅有 7 件，在 42 天后才需要补货。

项目 5　用 户 分 析

【场景描述】

某店铺近期为了更好地了解店铺用户的情况与想法，决定对店铺用户进行一次更深层次的研究分析。希望通过一系列分析后，能够调整运营方案为店铺带来更好的收益。

【项目目标】

通过数据分析对店铺用户有一个明确的认识，为店铺接下来的运营方式、方案的实施提供数据支持。

【分析思路】

项目	任务	分析维度
用户分析	任务 1：店铺用户地域打标	■ 用户地域透视表 ■ 用户地域可视化
	任务 2：用户响应预测分析	■ 用户响应预测模型
	任务 3：用户价值分析	■ RFM 模型
	任务 4：用户舆情分析	■ 产品评论分词 ■ 产品评论的词云图

任务1　店铺用户地域打标

了解店铺用户地域打标的思路，知晓店铺用户地域打标的意义，掌握店铺用户地域打标的具体操作流程，会使用数据透视表和数据透视图展现店铺用户地域打标的情况，会根据展示内容给出数据的解读及结论。

注：该任务所用到的文件为"5-1 用户打标"。

【操作手册】

打开"5-1 用户打标"文件，如图5-1所示。

图5-1

选中数据，选择"插入"选项卡的"数据透视表"选项，创建新的数据透视表，如图5-2所示。

将"省份"字段放入"行"标签框，将"求和项：总金额"字段放入"值"标签框。其中，"求和项：总金额"字段的"值汇总方式"设置为"求和"，如图5-3所示。

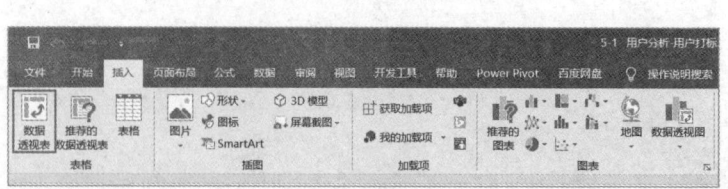

图5-2　　　　　　　　　　　　　　　图5-3

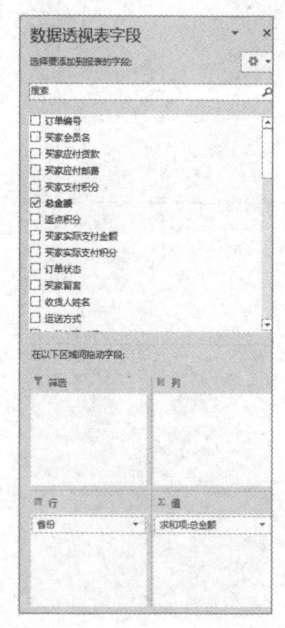

最终的数据透视表如图 5-4 所示。

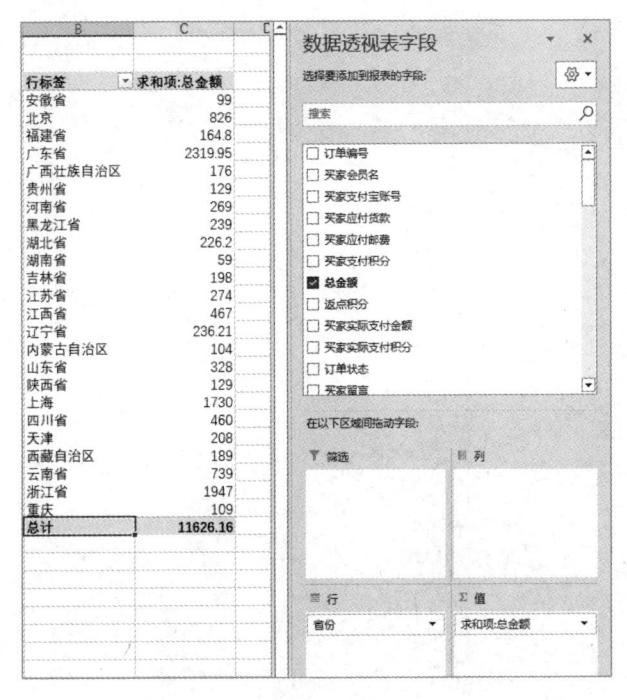

图 5-4

在数据透视表的"求和项：总金额"字段区域内右击任意单元格，选择"排序"选项下的"降序"命令，对总金额进行降序排序，如图 5-5 所示。

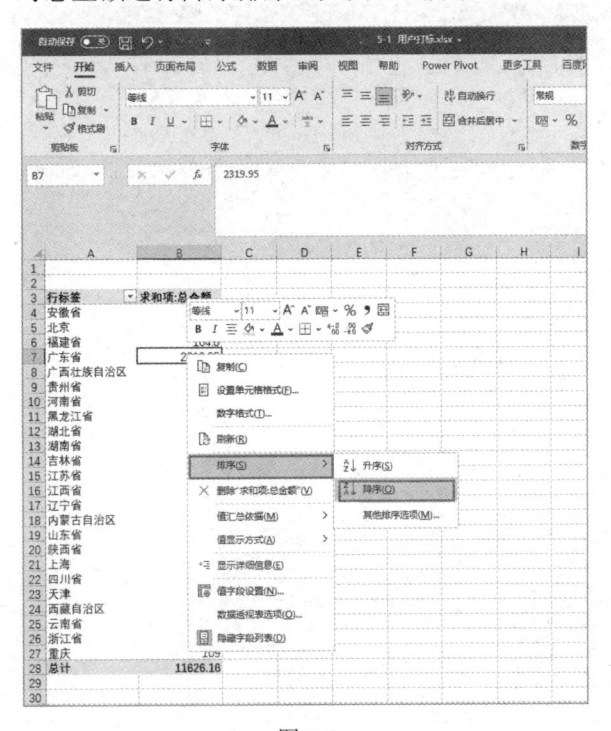

图 5-5

降序排序后的数据透视表如图 5-6 所示。

行标签	求和项:总金额
广东省	2319.95
浙江省	1947
上海	1730
北京	826
云南省	739
江西省	467
四川省	460
山东省	328
江苏省	274
河南省	269
黑龙江省	239
辽宁省	236.21
湖北省	226.2
天津	208
吉林省	198
西藏自治区	189
广西壮族自治区	176
福建省	164.8
贵州省	129
陕西省	129
重庆	109
内蒙古自治区	104
安徽省	99
湖南省	59
总计	11626.16

图 5-6

单击数据透视表区域，选择"插入"选项卡下的"柱形图"选项，如图 5-7 所示。

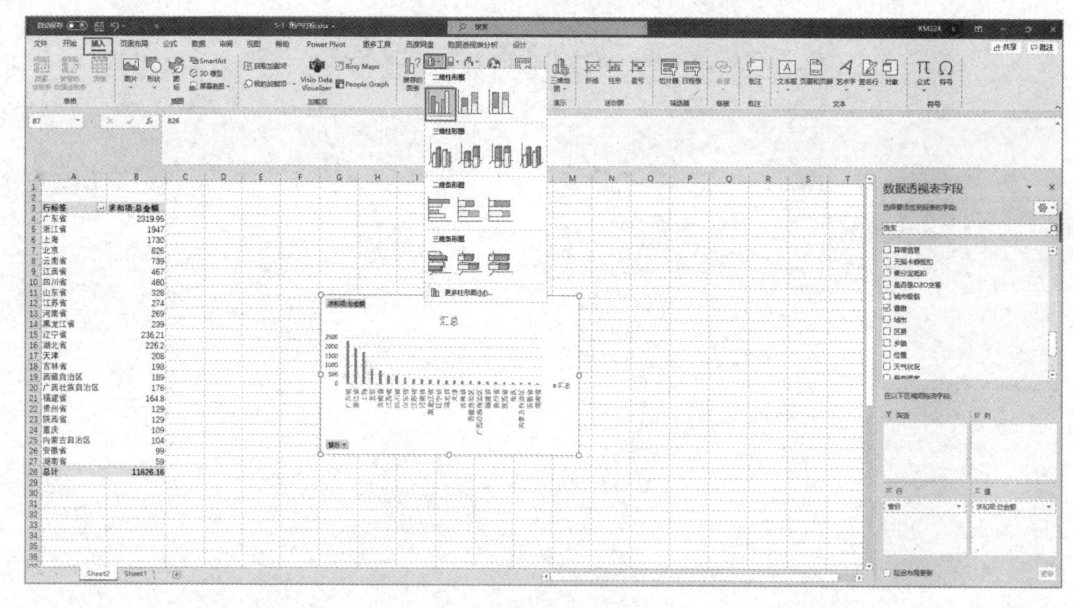

图 5-7

右击图表中的"求和项：总金额"按钮，在弹出的快捷菜单中选择"隐藏图表上的所有字段按钮"选项，如图 5-8 所示。

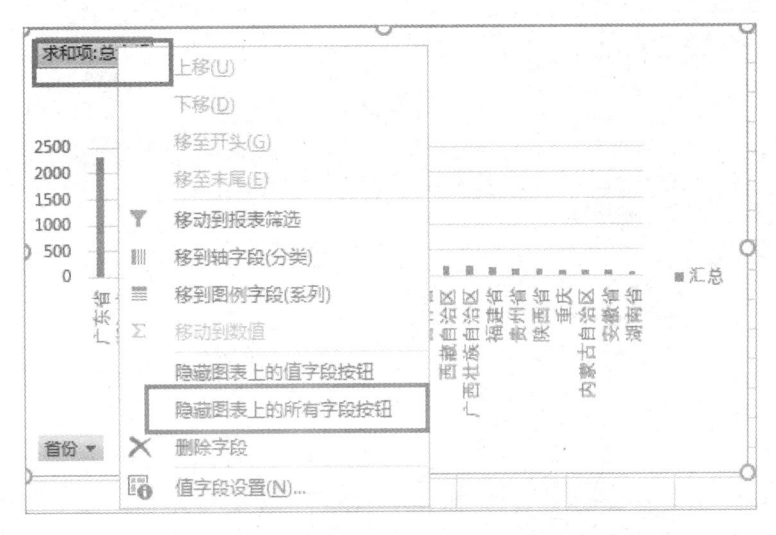

图 5-8

单击图表右上角的"+"按钮,单击"数据标签"复选框右侧的"▶"按钮,在弹出的快捷菜单中选择"更多选项"选项,打开"设置数据标签格式"窗格,如图 5-9 所示。

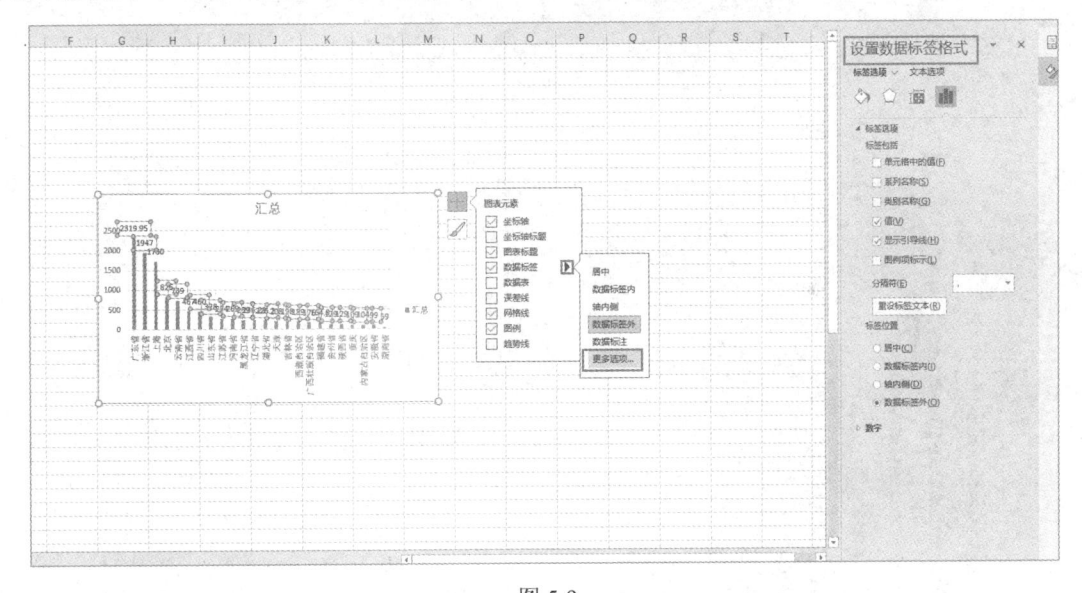

图 5-9

在"数字"选区,将"类别"下拉列表设置为"数字"选项,如图 5-10 所示。

将"小数位数"改为"0",以便更清晰地显示数据标签,并更改图表标题为"店铺用户地域销售额",删除图例及网格线,最终图表如图 5-11 所示。

【图表解析】广东省的用户在店铺中表现最好且活跃度最高,所以在营销中就可以给广东省的用户打上"高活跃"的标签;浙江省、上海、北京的用户也有不错的表现,所以在进行营销投放时应该重点选择这些已经被"打标"了的地区,从而达到降本增效的目的。

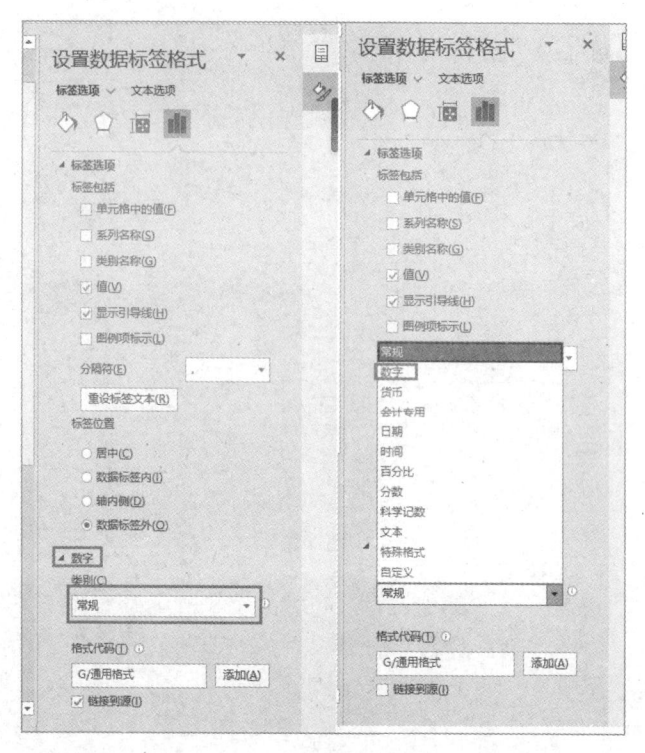

图 5-10

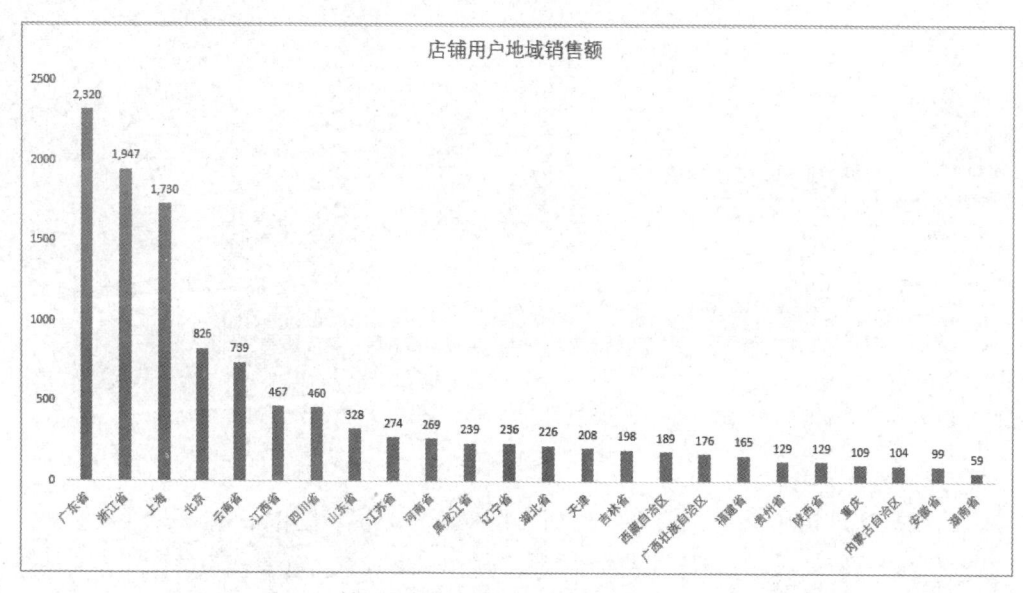

图 5-11

任务 2　用户响应预测分析

了解用户响应预测的思路，知晓用户响应预测的意义，掌握用户响应预测的具体操作流程，会使用数据透视表和数据透视图展现用户响应预测的情况，会根据展示内容给出数据的解读及结论。

注：该任务所用到的文件为"5-2 用户响应预测"。

【操作手册】

打开"5-2 用户响应预测"文件，如图 5-12 所示。

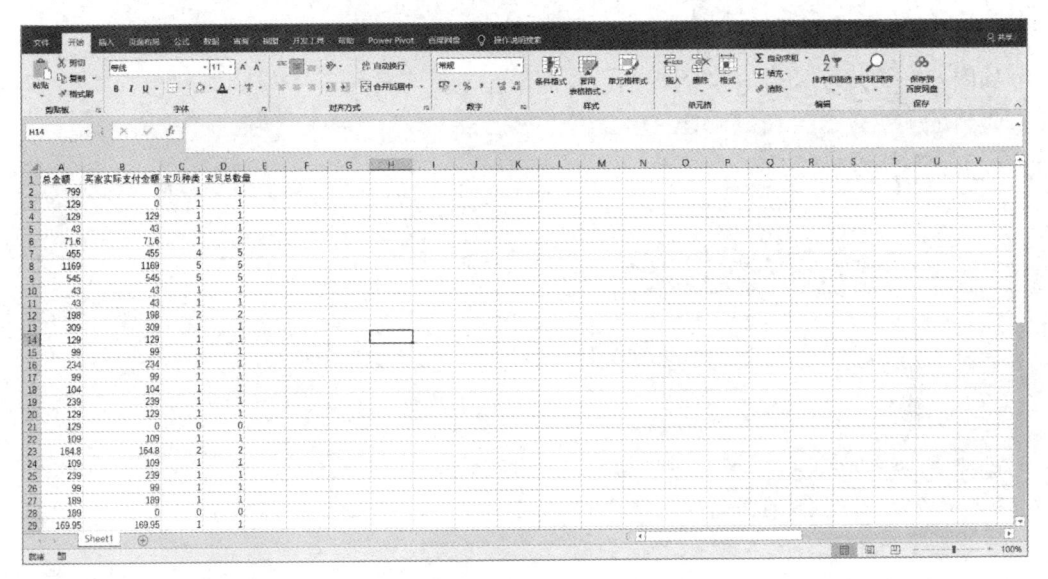

图 5-12

如图 5-13 所示，在字段"宝贝总数量"右侧添加一列，字段名为"用户响应预测"，键入公式"=RANDBETWEEN(0,1)"，随机生成 0 或 1。这里的 0 或 1 表示用户上一次的响应情况。

图 5-13

如图 5-14 所示，在空白处添加"参数"字段，并在"参数"字段键入公式"=RAND()–0.5"。因为用到的数据有 4 列，所以设置 4 个参数。

=RAND()-0.5

N	O	P	Q	R	S	T
	参数	-0.37213	-0.09048	-0.35297	0.014885	

图 5-14

如图 5-15 所示，在字段“用户响应预测”旁，新增一列名为“预估值”的字段，键入公式“=1/(1+EXP(-SUMPRODUCT(A2:D2,$P$3:$S$3)))”，计算“预估值”列中的值。

=1/(1+EXP(-SUMPRODUCT(A2:D2,$P$3:$S$3)))

A	B	C	D	E	F	O	P	Q	R	S
总金额	买家实际支	宝贝种类	宝贝总数量	用户响应预	预估值					
799	0	1	1	1	$S$3)))					
129	0	1	1	1	1	参数	0.169747	0.04274	0.031725	0.319684
129	129	1	1	1	1					
43	43	1	1	1	0.999924275					
71.6	71.6	1	2	1	0.999999874					

图 5-15

如图 5-16 所示，在字段“预估值”旁添加一列，字段名为“单样本损失”，键入公式“=-IF(F2=E2,0,(E2*LOG(F2)+(1-E2)*LOG(1-F2)))”，计算出每个单样本的损失值，“单样本损失”字段表示建模过程中样本的损失值。

=-IF(F2=E2,0,(E2*LOG(F2)+(1-E2)*LOG(1-F2)))

	A	B	C	D	E	F	G
1	总金额	买家实际支付金额	宝贝种类	宝贝总数	用户响应	预估值	单样本损失
2	799	0	1	1	1	3.0251E-164	=-IF(F2=E2,0,(E2*LOG(F2)+(1-E2)*LOG(1-F2)))
3	129	0	1	1	0	5.3212E-27	0
4	129	129	1	1	0	0.004407633	0.001918
5	43	43	1	1	1	0.171488856	0.765764
6	71.6	71.6	1	2	0	0.05509066	0.02461
7	455	455	4	5	0	5.94236E-09	2.58E-09

图 5-16

接下来的任务是通过梯度下降法对“参数”进行更新。首先，如图 5-17 所示，设定一个“学习率”字段，“学习率”数值不易设定过大。

学习率	0.01

图 5-17

在已设置的“参数”字段下方，对应键入“梯度”字段，并键入公式：“=AVERAGE(SUMPRODUCT($F$2:$F$64,A2:A64)-SUMPRODUCT($E$2: $E$64, A2:A64))”。通过 AVERAGE 函数和 SUMPRODUCT 函数结合计算得出“梯度”字段的值，结果如图 5-18 所示。

图 5-18

在已设置的"梯度"字段下方，对应键入"更新后参数"字段，并键入公式"=Q3-$U$3*Q5"，计算出"更新后参数"字段的值，结果如图 5-19 所示。

图 5-19

将"更新后参数"字段按粘贴"值"的方式复制粘贴至"参数"行，结果如图 5-20 所示。

图 5-20

将原有的"参数"更新后，"预估值"与"单样本损失"字段变动，更新后的结果如图 5-21 所示。

图 5-21

如图 5-22 所示，利用 COUNTIF 函数统计"用户响应"和"预估值"字段中 0 和 1 的个数，键入公式"=COUNTIF(E2:E64,0)"。将两列 0 和 1 的个数进行比较，判断预估的准确性。

图 5-22

【图表解析】0 代表用户未响应营销活动，1 代表用户响应营销活动。"用户响应"列是已经通过渠道手段通知用户后得到的结果，"预估值"列是基于各种算法后得出的结果。最后通过"预估值"和"用户响应"两者"1"的比值，判断预估值的准确率，准确率越高代表预估值的结果越接近真实结果，若准确率过低则需改进算法。此算法可提高用户营销活动的效率，以降低营销成本。

任务 3 用户价值分析

了解对用户进行价值分析的思路，知晓对用户进行价值分析的意义，掌握利用 RFM 模型对用户进行价值分析的具体操作流程，会使用数据透视表和数据透视图展现用户价值分析的情况，会根据展示内容给出数据的解读及结论。

注：该任务所用到的文件为"5-3 用户价值"。

【操作手册】

将 Excel 数据表"5-3 用户价值"文件加载至 Power Query。

在"数据"选项卡中，选择"来自表格/区域"选项，即可将数据加载至 Power Query，如图 5-23 所示。

图 5-23

成功加载至 Power Query 的数据如图 5-24 所示。

	买家会员名	总金额	订单付款时间
1	我*	119	2020/12/31 0:00:00
2	波*11	119	2020/10/13 0:00:00
3	d*5117849	119	2020/8/18 0:00:00
4	学*	119	2020/11/10 0:00:00
5	铃*	59	2020/10/10 0:00:00
6	z*ei19880	69	2020/8/18 0:00:00
7	黎*95615	119	2020/11/26 0:00:00
8	最*	119	2020/7/9 0:00:00
9	z*ei19880	69	2020/8/8 0:00:00
10	百*2	119	2020/7/29 0:00:00
11	l*zhen520	119	2020/10/2 0:00:00
12	s*强强	119	2020/9/1 0:00:00
13	满*	119	2020/12/4 0:00:00
14	5*	119	2020/12/30 0:00:00
15	h*	119	2020/9/17 0:00:00
16	w*92000901	119	2020/8/18 0:00:00
17	1*5964天涯	119	2020/10/5 0:00:00
18	q*5828	119	2020/12/8 0:00:00
19	t*854_2011	119	2020/7/11 0:00:00
20	s*	119	2020/10/17 0:00:00
21	程*	114	2020/9/19 0:00:00
22	晓*	114	2020/7/27 0:00:00

图 5-24

计算时间间隔 R。如图 5-25 所示，创建当下时间字段，在"添加列"选项卡中，选择"自定义列"选项。

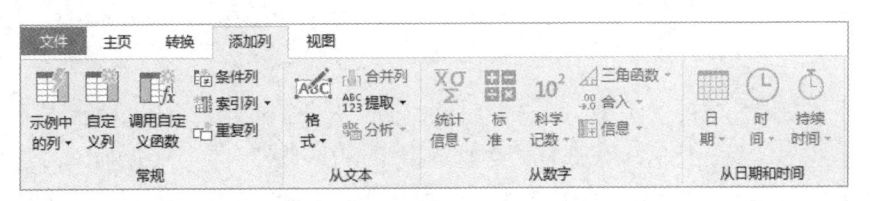

图 5-25

在弹出的"自定义列"对话框中，将"新列名"输入框设置为"今天日期"，在"自定义列公式"输入框中键入公式"=DateTime.Date(#datetime(2021, 1, 1, 0, 0, 0))"，单击"确定"按钮，如图 5-26 所示。

图 5-26

"今天日期"字段创建成功，结果如图 5-27 所示。

买家会员名	总金额	订单付款时间	今天日期
我*	119	2020/12/31 0:00:00	2021/1/1
波*11	119	2020/10/13 0:00:00	2021/1/1
d*5117849	119	2020/8/18 0:00:00	2021/1/1
学*	119	2020/11/10 0:00:00	2021/1/1
铃*	59	2020/10/10 0:00:00	2021/1/1
z*ei19880	69	2020/8/18 0:00:00	2021/1/1
黎*95615	119	2020/11/26 0:00:00	2021/1/1
最*	119	2020/7/9 0:00:00	2021/1/1
z*ei19880	69	2020/8/8 0:00:00	2021/1/1
百*2	119	2020/7/29 0:00:00	2021/1/1
l*zhen520	119	2020/10/2 0:00:00	2021/1/1
s*强强	119	2020/9/1 0:00:00	2021/1/1
满*	119	2020/12/4 0:00:00	2021/1/1
5*	119	2020/12/30 0:00:00	2021/1/1
h*	119	2020/9/17 0:00:00	2021/1/1
w*92000901	119	2020/8/18 0:00:00	2021/1/1
1*5964天涯	119	2020/10/5 0:00:00	2021/1/1
q*5828	119	2020/12/8 0:00:00	2021/1/1
t*854_2011	119	2020/7/11 0:00:00	2021/1/1
s*	119	2020/10/17 0:00:00	2021/1/1
程*	114	2020/9/19 0:00:00	2021/1/1
晓*	114	2020/7/27 0:00:00	2021/1/1

图 5-27

将"今天日期"字段的类型与"订单付款时间"统一：选中"今天日期"字段，在"主页"选项卡的"转换"选区中，选择"数据类型"下拉列表下的"日期/时间"选项。格式统一后的数据如图 5-28 所示。

#	买家会员名	总金额	订单付款时间	今天日期
1	我*	119	2020/12/31 0:00:00	2021/1/1 0:00:00
2	波*11	119	2020/10/13 0:00:00	2021/1/1 0:00:00
3	d*5117849	119	2020/8/18 0:00:00	2021/1/1 0:00:00
4	学*	119	2020/11/10 0:00:00	2021/1/1 0:00:00
5	铃*	59	2020/10/10 0:00:00	2021/1/1 0:00:00
6	z*ei19880	69	2020/8/18 0:00:00	2021/1/1 0:00:00
7	黎*95615	119	2020/11/26 0:00:00	2021/1/1 0:00:00
8	最*	119	2020/7/9 0:00:00	2021/1/1 0:00:00
9	z*ei19880	69	2020/8/8 0:00:00	2021/1/1 0:00:00
10	百*2	119	2020/7/29 0:00:00	2021/1/1 0:00:00
11	l*zhen520	119	2020/10/2 0:00:00	2021/1/1 0:00:00
12	s*强强	119	2020/9/1 0:00:00	2021/1/1 0:00:00
13	满*	119	2020/12/4 0:00:00	2021/1/1 0:00:00
14	5*	119	2020/12/30 0:00:00	2021/1/1 0:00:00
15	h*	119	2020/9/17 0:00:00	2021/1/1 0:00:00

图 5-28

在"添加列"选项卡中，选择"自定义列"选项，将"新列名"输入框设置为"R"，在"自定义列公式"输入框中键入公式"=[今天日期]–[订单付款时间]",单击"确定"按钮,设置界面如图 5-29 所示。

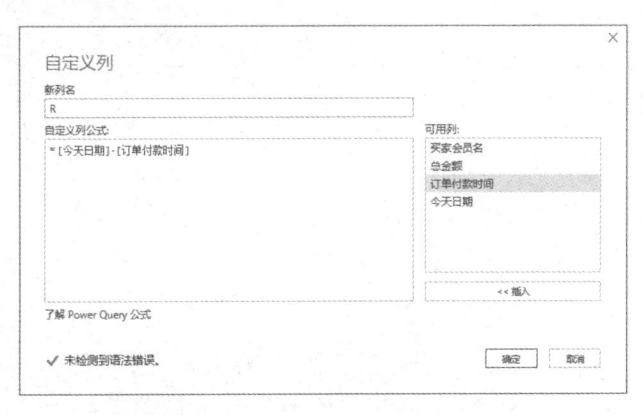

图 5-29

字段"R"的计算结果如图 5-30 所示。

图 5-30

删除"订单付款时间"字段和"今天日期"字段,将字段"R"的数据类型改为"整数"类型,结果如图 5-31 所示。

图 5-31

进行数据分组，得到每位用户的 RFM 数据。数据分组：在"开始"选项卡中，选择"分组依据"选项，根据每组的分组依据选择"分组依据"下拉列表中的对应选项，分组依据设置界面如图 5-32 所示。

图 5-32

运行结果如图 5-33 所示。

图 5-33

归类用户等级。在"开始"选项卡中，选择"高级编辑器"选项，进入函数编辑页面，如图 5-34 所示。

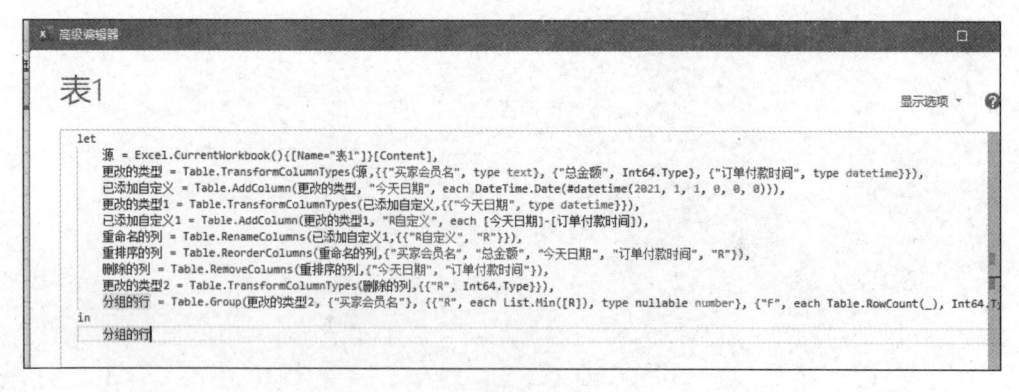

图 5-34

在上表代码 in 前补上以下关于用户等级判断的条件语句。

```
AR= List.Average(分组的行[R]),
AM= List.Average(分组的行[M]),
AF= List.Average(分组的行[F]),
```

已添加条件列 = Table.AddColumn(分组的行,"用户等级", each if ([R] < AR) and ([M] > AM) and ([F] > AF) then "高价值用户"else if ([R] > AR) and ([M] > AM) and ([F] > AF) then"重点保持用户"else if ([R] < AR) and ([M] > AM) and ([F] < AF) then"重点发展用户"else if ([R] > AR) and ([M] > AM) and ([F] < AF) then"重点挽留用户"else if ([R] < AR) and ([M] < AM) and ([F] > AF) then"一般价值用户"else if ([R] > AR) and ([M] < AM) and ([F] > AF) then"一般保持用户"else if ([R] < AR) and ([M] < AM) and ([F] < AF) then"一般发展用户"else"潜在用户")

将最后一行“分组的行”改为“已添加条件列”，改完后代码如图 5-35 所示。

注：AR 为 R 的平均值，AF 为 F 的平均值，AM 为 M 的平均值。

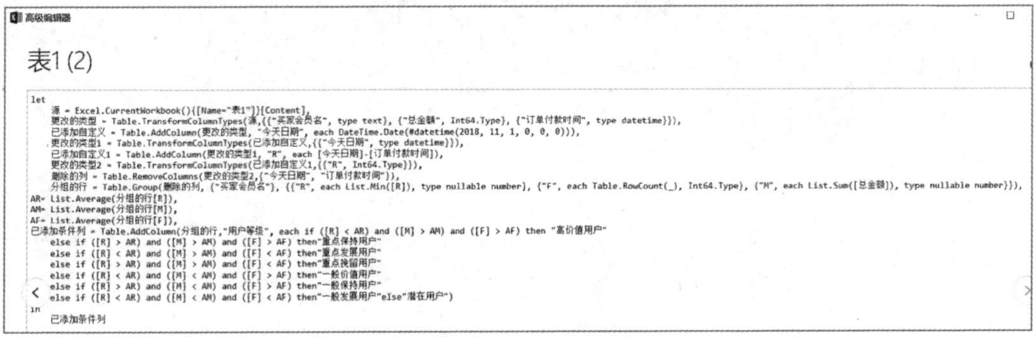

高级编辑器

表1 (2)

```
let
    源 = Excel.CurrentWorkbook(){[Name="表1"]}[Content],
    更改的类型 = Table.TransformColumnTypes(源,{{"买家会员名", type text}, {"总金额", Int64.Type}, {"订单付款时间", type datetime}}),
    已添加自定义 = Table.AddColumn(更改的类型, "今天日期", each DateTime.Date(#datetime(2018, 11, 1, 0, 0, 0))),
    更改的类型1 = Table.TransformColumnTypes(已添加自定义,{{"今天日期", type datetime}}),
    已添加自定义1 = Table.AddColumn(更改的类型1, "R", each [今天日期]-[订单付款时间]),
    更改的类型2 = Table.TransformColumnTypes(已添加自定义1,{{"R", Int64.Type}}),
    删除的列 = Table.RemoveColumns(更改的类型2,{"今天日期", "订单付款时间"}),
    分组的行 = Table.Group(删除的列, {"买家会员名"}, {{"R", each List.Min([R]), type nullable number}, {"F", each Table.RowCount(_), Int64.Type}, {"M", each List.Sum([总金额]), type nullable number}}),
AR= List.Average(分组的行[R]),
AM= List.Average(分组的行[M]),
AF= List.Average(分组的行[F]),
已添加条件列 = Table.AddColumn(分组的行,"用户等级", each if ([R] < AR) and ([M] > AM) and ([F] > AF) then "高价值用户"
    else if ([R] > AR) and ([M] > AM) and ([F] > AF) then"重点保持用户"
    else if ([R] < AR) and ([M] > AM) and ([F] < AF) then"重点发展用户"
    else if ([R] > AR) and ([M] > AM) and ([F] < AF) then"重点挽留用户"
    else if ([R] < AR) and ([M] < AM) and ([F] > AF) then"一般价值用户"
    else if ([R] > AR) and ([M] < AM) and ([F] > AF) then"一般保持用户"
    else if ([R] < AR) and ([M] < AM) and ([F] < AF) then"一般发展用户"else"潜在用户")
in
    已添加条件列
```

图 5-35

成功运行即可得到完整的用户归类，如图 5-36 所示。

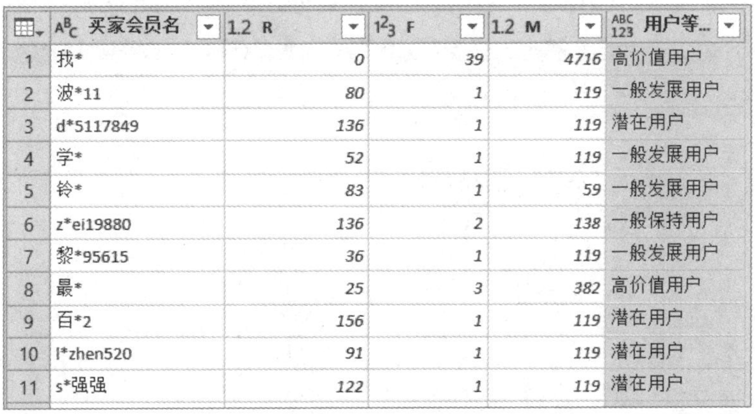

	买家会员名	R	F	M	用户等...
1	我*	0	39	4716	高价值用户
2	波*11	80	1	119	一般发展用户
3	d*5117849	136	1	119	潜在用户
4	学*	52	1	119	一般发展用户
5	铃*	83	1	59	一般发展用户
6	z*ei19880	136	2	138	一般保持用户
7	黎*95615	36	1	119	一般发展用户
8	最*	25	3	382	高价值用户
9	百*2	156	1	119	潜在用户
10	l*zhen520	91	1	119	潜在用户
11	s*强强	122	1	119	潜在用户

图 5-36

【图表解析】通过实训操作能对店铺中的用户进行简单分类，方便在以后的运营中针对不同类型的用户使用不同的营销方案，能够有效地降低运营成本，增加获利。

任务4　用户舆情分析

了解用户舆情分析的思路，知晓用户舆情分析的意义，掌握用户舆情分析的具体操作流程，会使用数据透视表和数据透视图展现用户舆情分析的情况，会根据展示内容给出数据的解读以及结论。

注：该任务所用到的文件为"5-4 用户舆情分析"。

【操作手册】

打开"5-4 用户舆情分析"文件，数据呈现如图 5-37 所示。

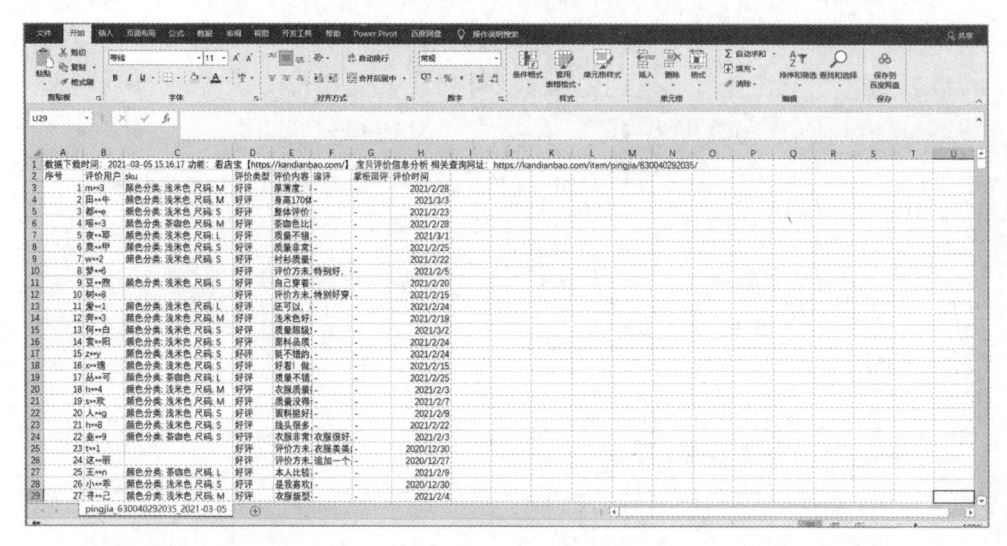

图 5-37

在"数据"选项卡中选择"来自表格/区域"选项，进入 Power Query，如图 5-38 所示。

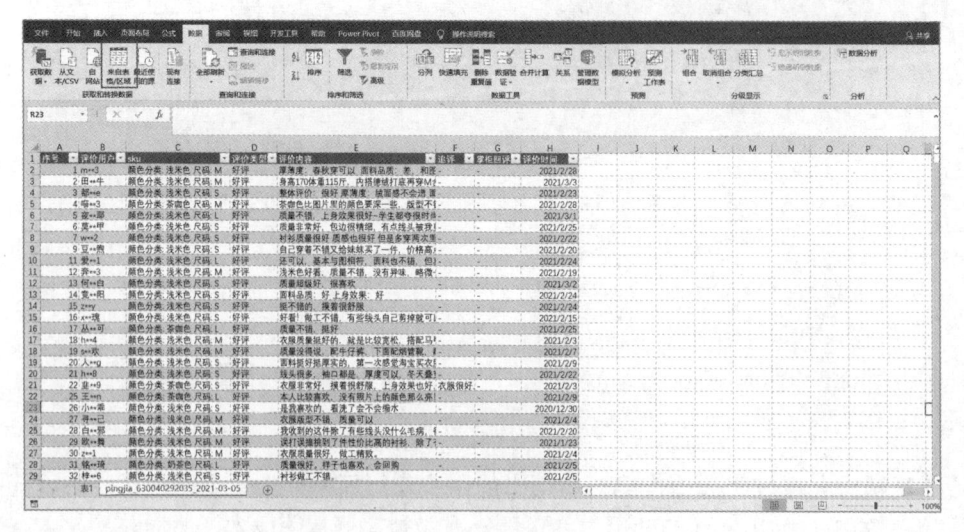

图 5-38

如图 5-39 所示，右击"评价内容"字段，选择"删除其他列"选项。

图 5-39

如图 5-40 所示，在"添加列"选项卡中选择"自定义列"选项。

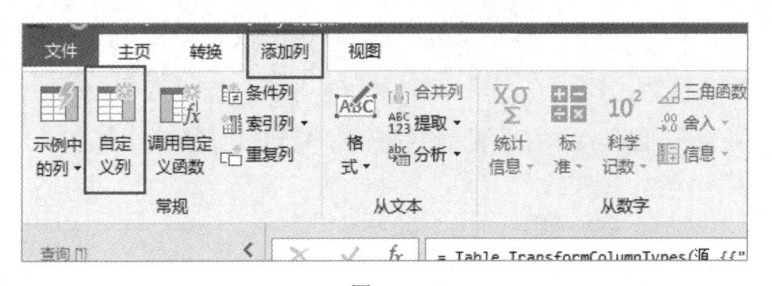

图 5-40

如图 5-41 所示，在利用代码对"自定义列"字段进行设置时，要将代码中括号内的"评价内容"字段删除，再单击右边"可用列"下方的输入框，选择要拆分的"评价内容"。
在"自定义列公式"输入框中键入代码："=Csv.Document(Web.Contents
("http://api.pullword.com/get.php?source="&Uri.EscapeDataString
([评价内容]) &"&param1=0.8&param2=0"))"。

如图 5-42 所示，单击"自定义"按钮，单击"展开"单选按钮，展开"自定义"字段。
进行简单的数据清洗，删除展开的"自定义"字段中的空值。单击"自定义"右侧的"▼"按钮，选择"删除空"选项，操作步骤如图 5-43 所示。

125

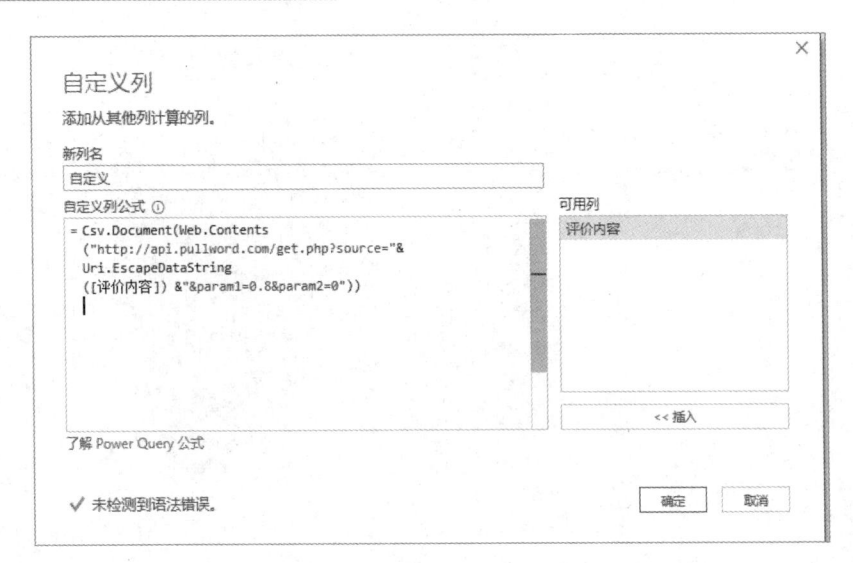

图 5-41

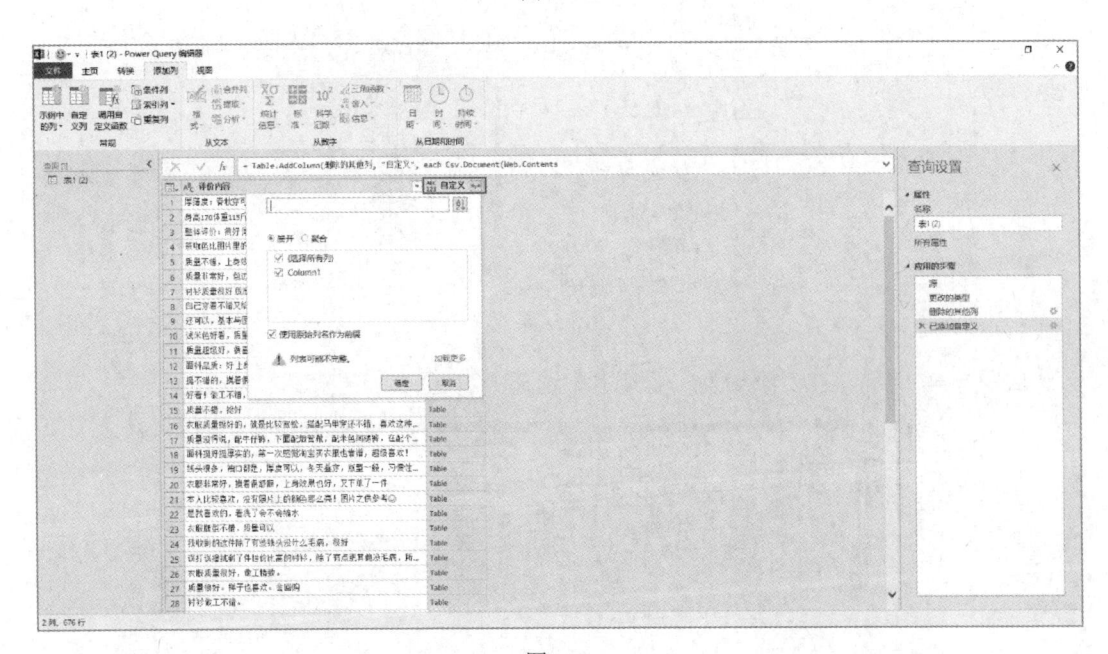

图 5-42

如图 5-44 所示，右击"自定义"按钮，选择"分组依据"选项，默认选项。

如图 5-45 所示，在"主页"选项卡中，选择"关闭并上载"选项，将数据从 Power Query 返回至 Excel。

如图 5-46 所示，这样就得到了每个词评的词频。

打开 Power BI，将数据载入 Power BI，选中词评所在工作表，单击"加载"按钮，如图 5-47 所示。

选择"获取更多视觉对象"选项，将"Word Cloud"添加到可视化列表中，如图 5-48 所示。

项目5 用户分析

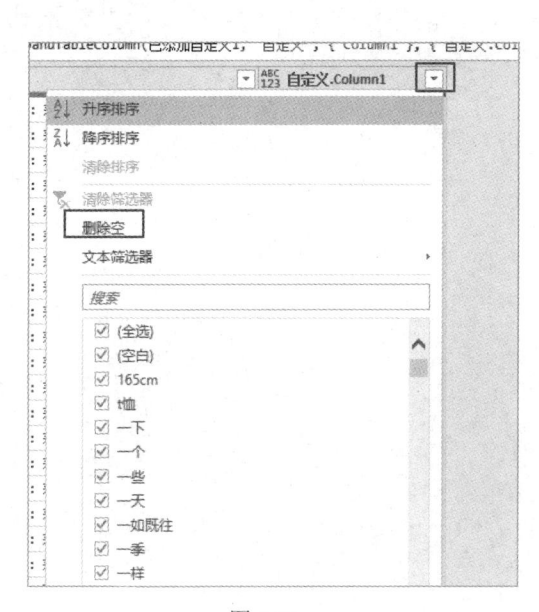

图 5-43

图 5-44

图 5-45

图 5-46

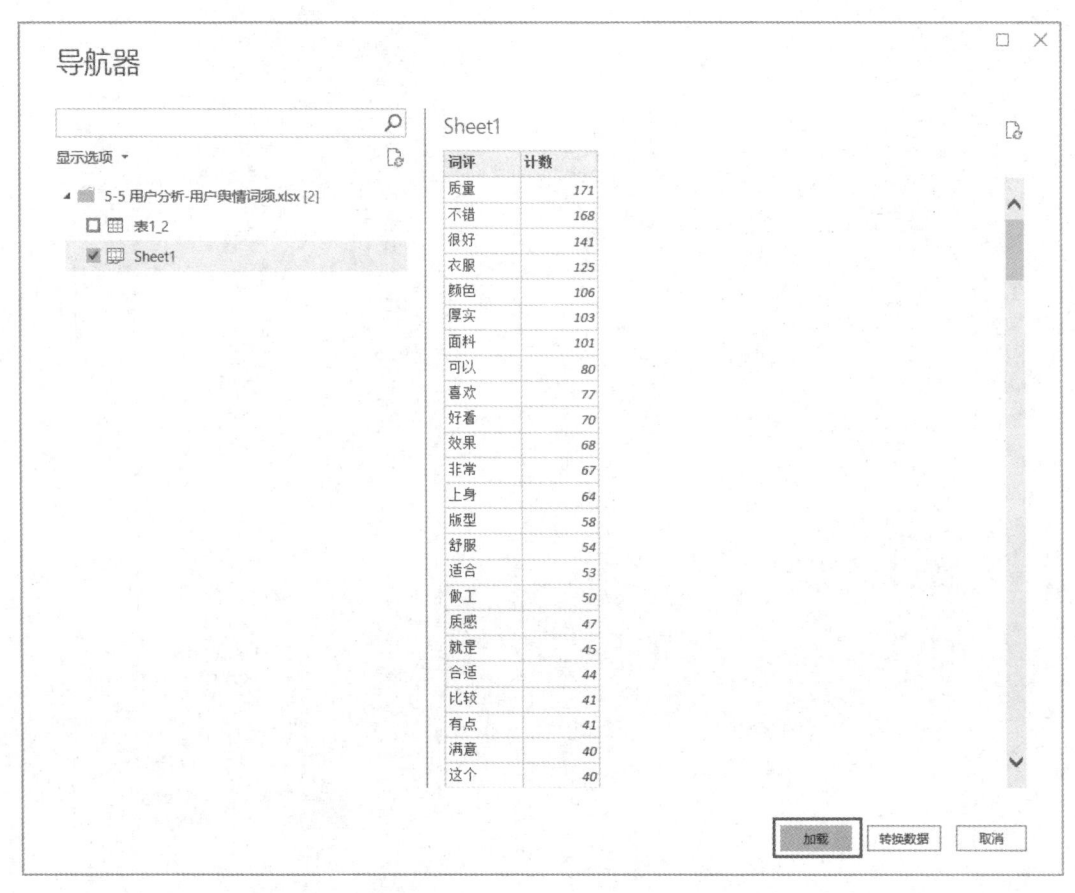

图 5-47

图 5-48

将数据导入加载好的词云图中，将"词评"字段放入"类别"标签框中，将"计数"字段放入"值"标签框中，如图 5-49 所示。

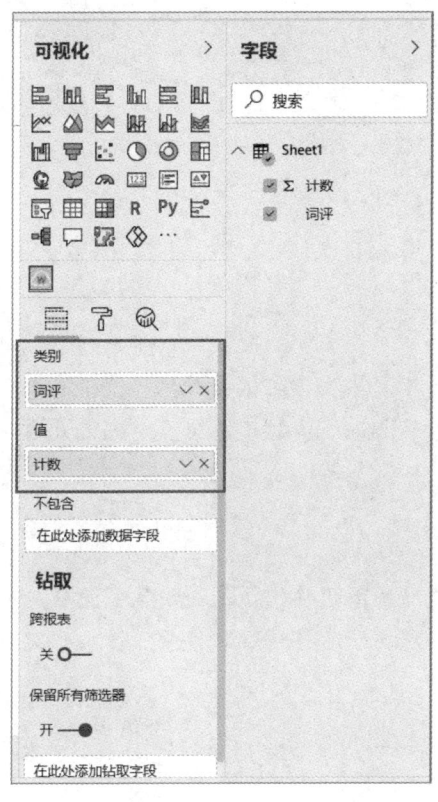

图 5-49

得到的词云图如图 5-50 所示。

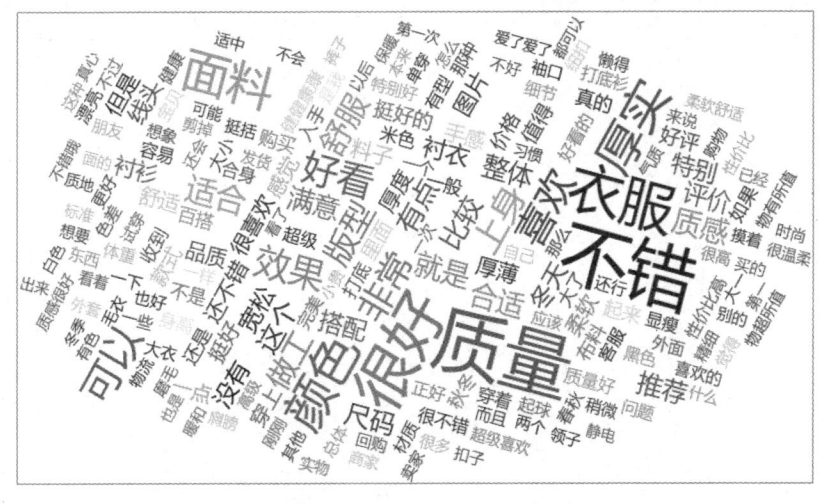

图 5-50

【图表解析】从词云图可以看出，用户对商品的面料、质量这两个方面比较关心。

项目6 推 广 分 析

【场景描述】

有一家企业销售住宅家具、餐饮具等相关产品，旗下有一家主营住宅家具的天猫旗舰店，但是店铺商品的销量并不乐观，旗舰店的店长想优化直通车推广的效果。

【项目目标】

淘宝直通车数据分析的目的很明确，就是通过各项指标分析出淘宝直通车推广存在的问题，基于场景，所选的推广词一定要精准且搜索流量大，这样才能有效地投放，以提升投入产出比。

【分析思路】

项目	任务	分析维度
推广分析	任务1：直通车报表分析	■ 地域各指标表现情况
	任务2：直通车推广词分析	■ 各个推广词的表现情况

任务 1　直通车报表分析

了解各地域直通车各指标的表现情况，利用直通车地域数据进行分析，会使用 Power Query 编辑器进行数据简单处理和 Power Pivot 建模，会采用可视化手段查看直通车各个指标表现情况。

注：该任务所用到的文件为"6-1 直通车报表分析"。

【操作手册】

步骤 1　地域子表的创建

打开"6-1 直通车报表分析"文件，如图 6-1 所示。

图 6-1

在"数据"选项卡中选择"自表格/区域"选项，进入 Power Query 编辑器，如图 6-2 所示。

图 6-2

在"主页"选项卡中选择"分组依据"选项，对所需数据进行分组，如图 6-3 所示。

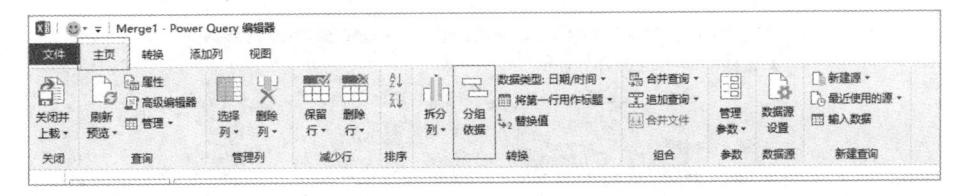

图 6-3

在"分组依据"对话框中选取所需指标的具体操作方法如图 6-4、图 6-5 所示。

图 6-4

图 6-5

在"转换"选项卡中选择"检测数据类型"选项,修改数据类型,如图 6-6 所示。

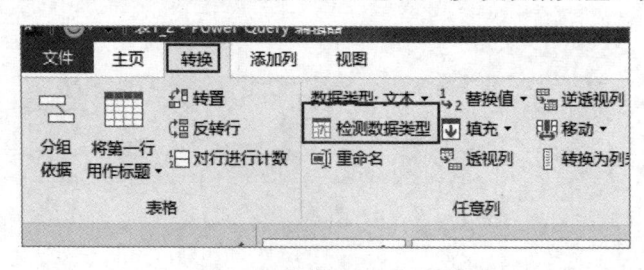

图 6-6

在"主页"选项卡中选择"关闭并上载"选项,如图 6-7 所示。
将 Sheet 表命名为"地域",如图 6-8 所示。

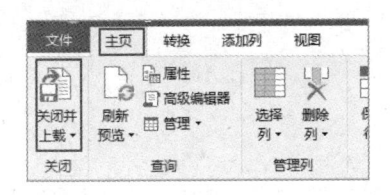

图 6-7   图 6-8

选中修改列,设置单元格格式,如图 6-9 所示。

图 6-9

设置数值类型,保留两位小数,如图 6-10 所示。

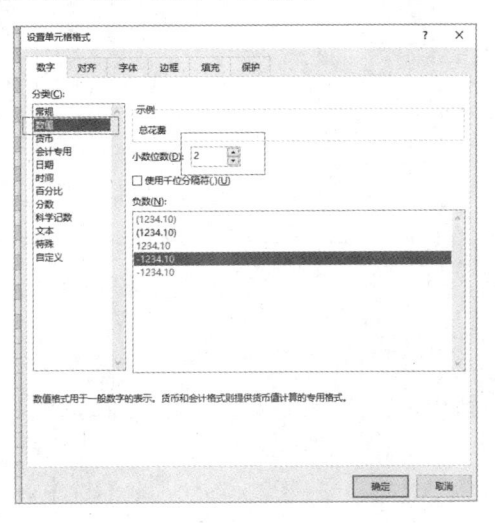

图 6-10

修改为百分比格式和省略小数位数，如图 6-11 所示。

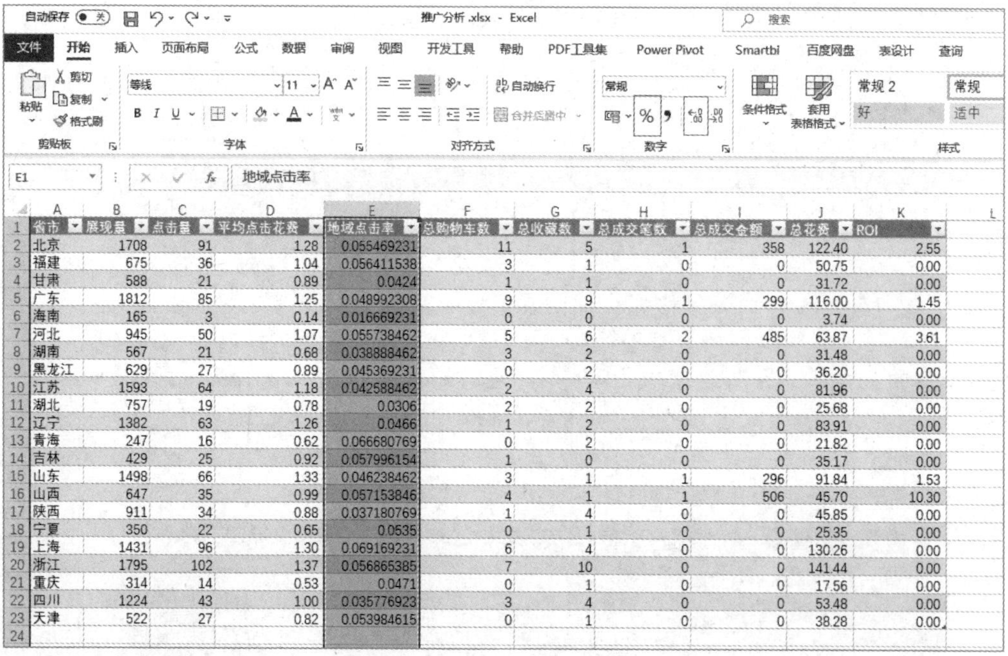

	A	B	C	D	E	F	G	H	I	J	K
1	省市	展现量	点击量	平均点击花费	地域点击率	总购物车数	总收藏数	总成交笔数	总成交金额	总花费	ROI
2	北京	1708	91	1.28	0.055469231	11	5	1	358	122.40	2.55
3	福建	675	36	1.04	0.056411538	3	1	0	0	50.75	0.00
4	甘肃	588	21	0.89	0.0424	1	1	0	0	31.72	0.00
5	广东	1812	85	1.25	0.048992308	9	9	1	299	116.00	1.45
6	海南	165	3	0.14	0.016669231	0	0	0	0	3.74	0.00
7	河北	945	50	1.07	0.055738462	5	6	2	485	63.87	3.61
8	湖南	567	21	0.68	0.038888462	3	2	0	0	31.48	0.00
9	黑龙江	629	27	0.89	0.045369231	0	2	0	0	36.20	0.00
10	江苏	1593	64	1.18	0.042588462	2	4	0	0	81.96	0.00
11	湖北	757	19	0.78	0.0306	2	2	0	0	25.68	0.00
12	辽宁	1382	63	1.26	0.0466	1	2	0	0	83.91	0.00
13	青海	247	16	0.62	0.066680769	0	2	0	0	21.82	0.00
14	吉林	429	25	0.92	0.057996154	1	0	0	0	35.17	0.00
15	山东	1498	66	1.33	0.046238462	3	1	1	296	91.84	1.53
16	山西	647	35	0.99	0.057153846	4	1	1	506	45.70	10.30
17	陕西	911	34	0.88	0.037180769	1	4	0	0	45.85	0.00
18	宁夏	350	22	0.65	0.0535	0	1	0	0	25.35	0.00
19	上海	1431	96	1.30	0.069169231	6	4	0	0	130.26	0.00
20	浙江	1795	102	1.37	0.056865385	7	10	0	0	141.44	0.00
21	重庆	314	14	0.53	0.0471	0	1	0	0	17.56	0.00
22	四川	1224	43	1.00	0.035776923	3	4	0	0	53.48	0.00
23	天津	522	27	0.82	0.053984615	0	1	0	0	38.28	0.00
24											

图 6-11

修改完毕，结果如图 6-12 所示。

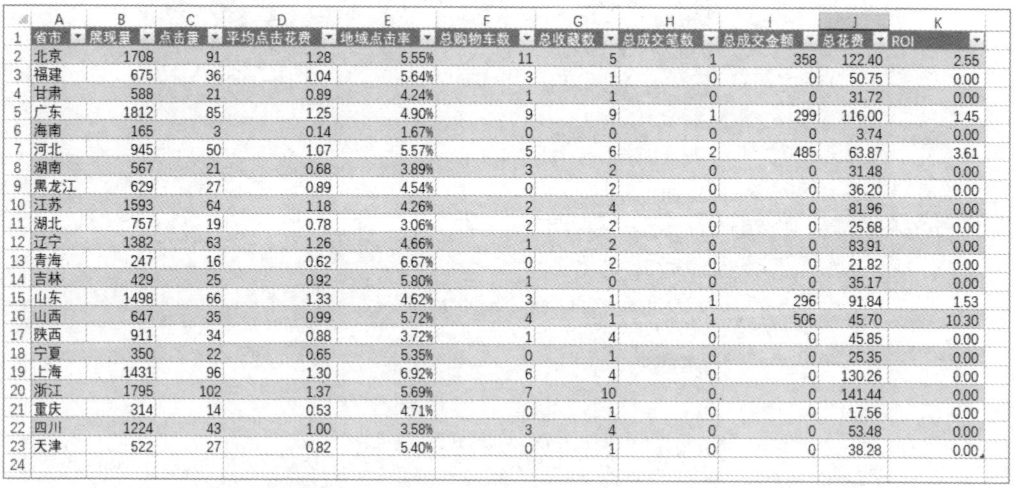

	A	B	C	D	E	F	G	H	I	J	K
1	省市	展现量	点击量	平均点击花费	地域点击率	总购物车数	总收藏数	总成交笔数	总成交金额	总花费	ROI
2	北京	1708	91	1.28	5.55%	11	5	1	358	122.40	2.55
3	福建	675	36	1.04	5.64%	3	1	0	0	50.75	0.00
4	甘肃	588	21	0.89	4.24%	1	1	0	0	31.72	0.00
5	广东	1812	85	1.25	4.90%	9	9	1	299	116.00	1.45
6	海南	165	3	0.14	1.67%	0	0	0	0	3.74	0.00
7	河北	945	50	1.07	5.57%	5	6	2	485	63.87	3.61
8	湖南	567	21	0.68	3.89%	3	2	0	0	31.48	0.00
9	黑龙江	629	27	0.89	4.54%	0	2	0	0	36.20	0.00
10	江苏	1593	64	1.18	4.26%	2	4	0	0	81.96	0.00
11	湖北	757	19	0.78	3.06%	2	2	0	0	25.68	0.00
12	辽宁	1382	63	1.26	4.66%	1	2	0	0	83.91	0.00
13	青海	247	16	0.62	6.67%	0	2	0	0	21.82	0.00
14	吉林	429	25	0.92	5.80%	1	0	0	0	35.17	0.00
15	山东	1498	66	1.33	4.62%	3	1	1	296	91.84	1.53
16	山西	647	35	0.99	5.72%	4	1	1	506	45.70	10.30
17	陕西	911	34	0.88	3.72%	1	4	0	0	45.85	0.00
18	宁夏	350	22	0.65	5.35%	0	1	0	0	25.35	0.00
19	上海	1431	96	1.30	6.92%	6	4	0	0	130.26	0.00
20	浙江	1795	102	1.37	5.69%	7	10	0	0	141.44	0.00
21	重庆	314	14	0.53	4.71%	0	1	0	0	17.56	0.00
22	四川	1224	43	1.00	3.58%	3	4	0	0	53.48	0.00
23	天津	522	27	0.82	5.40%	0	1	0	0	38.28	0.00
24											

图 6-12

步骤 2　地域各指标图表的制作

在“数据”选项卡中选择“自表格/区域”选项，进入 Power Query 编辑器，如图 6-13 所示。

选中所有列，然后按住 Ctrl 键单击“省市”列，取消选中。总的来说就是选中除“省市”列外的所有列(也可以选中“省市”列，逆透视其他列)，如图 6-14 所示。

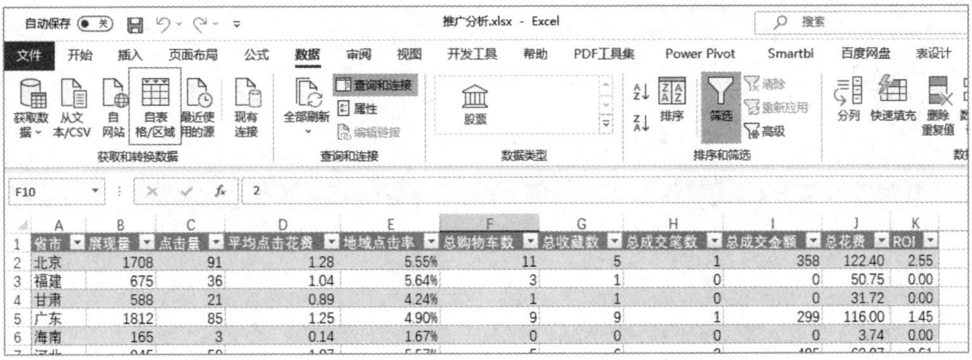

图 6-13

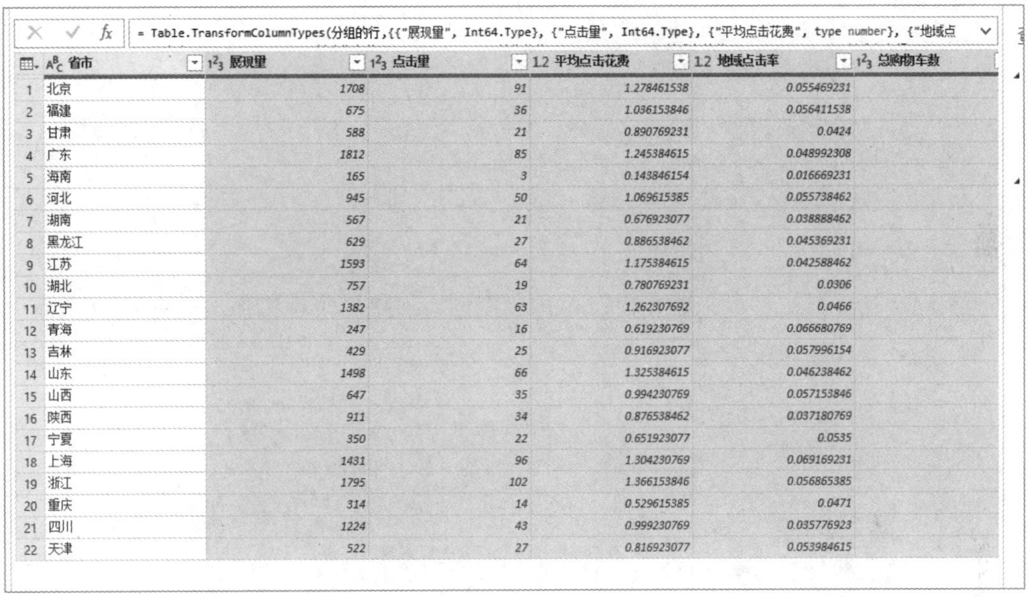

图 6-14

在"转换"选项卡中选择"逆透视列"选项,如图 6-15 所示。

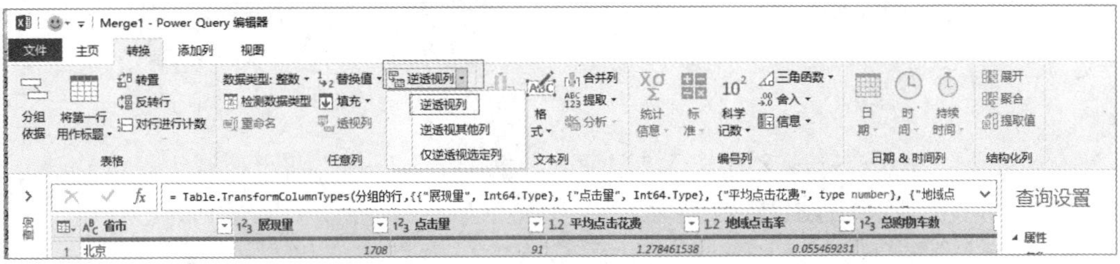

图 6-15

完成逆透视列操作,结果如图 6-16 所示。

修改表名,将表命名为"逆透视",如图 6-17 所示。

在"主页"选项卡的"关闭并上载"下拉列表中选择"关闭并上载至"选项,将表关闭并上传,如图 6-18 所示。

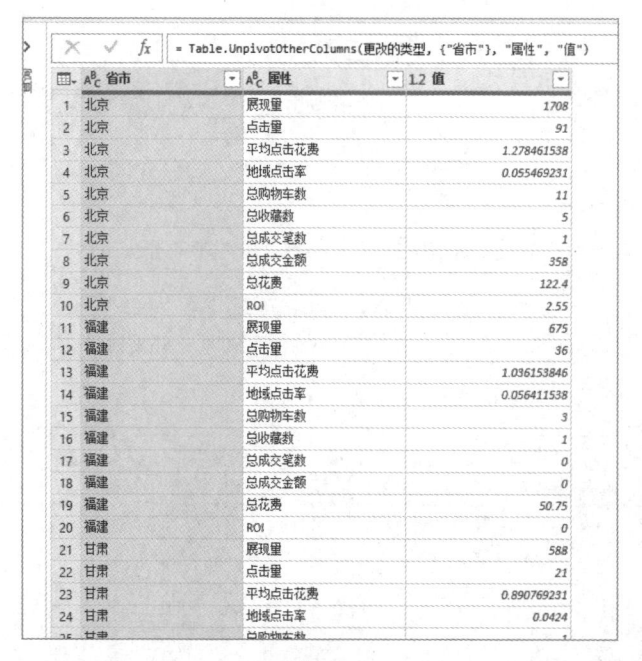

图 6-16 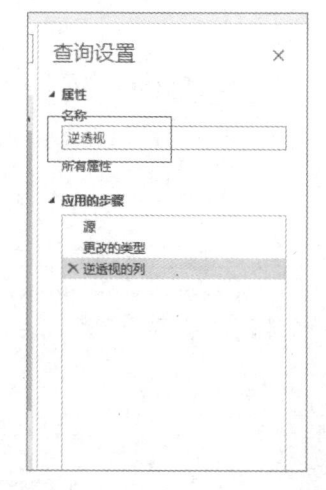　　　　　　　　　　　　　　　　图 6-17

为了减少计算量，在导入数据时，单击"仅创建连接"单选按钮，如图 6-19 所示。

图 6-18 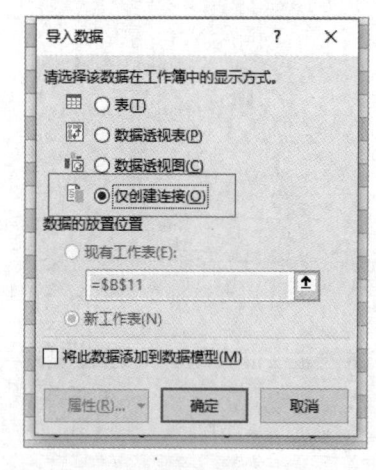　　　　　　　　　　　　　　　　图 6-19

在"Power Pivot"选项卡中选择"添加到数据模型"选项，将"地域"表作为事实表导入 Power Pivot，如图 6-20 所示。

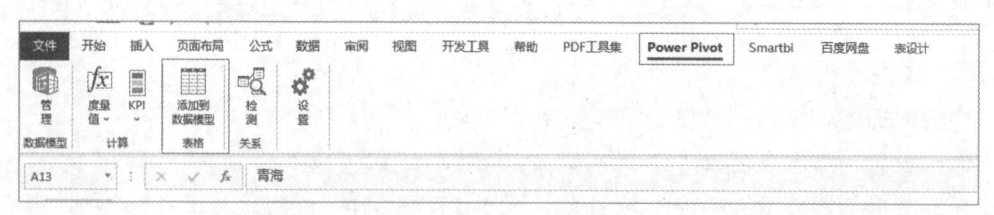

图 6-20

将"省市"表作为维度表导入 Power Pivot，如图 6-21 所示。

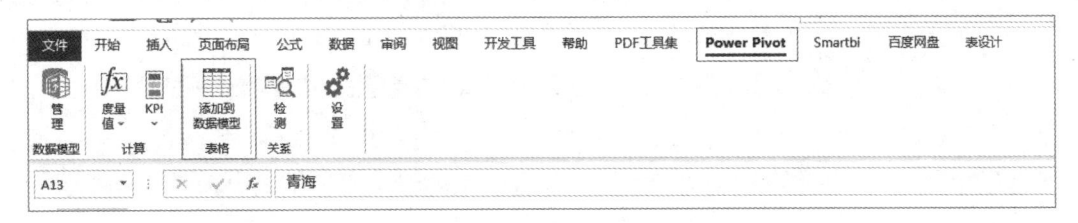

图 6-21

核对表的数据所在区域是否一致，如图 6-22 所示。

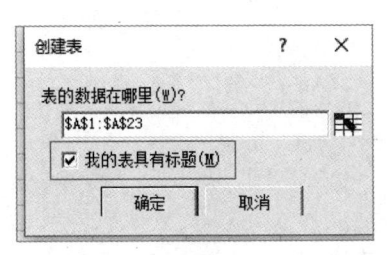

图 6-22

导入数据后，结果如图 6-23 所示。

将 Power Pivot 中的表重命名为"省市"，如图 6-24 所示。

图 6-23

创建表关系。在"主页"选项卡中选择"关系图视图"选项，将"省市"表与其他两个表创建连接，拖动对应属性值即可创建连接，如图 6-25 所示。

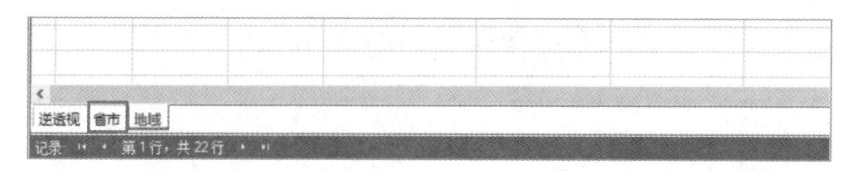

图 6-24

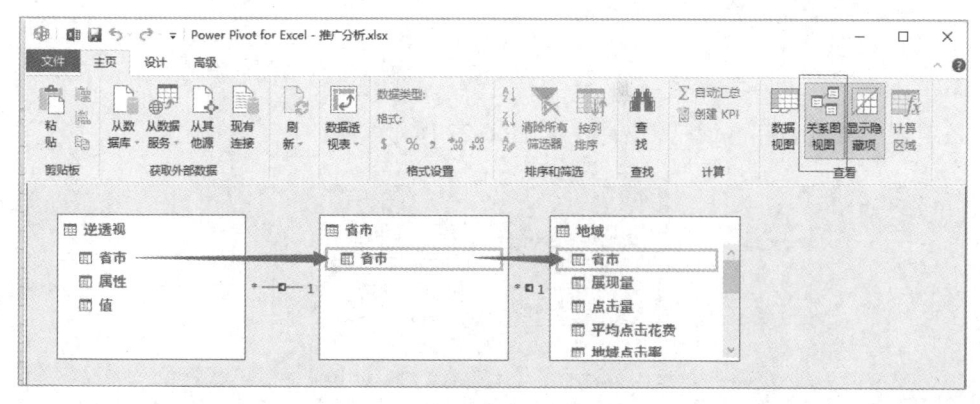

图 6-25

在"主页"选项卡中选择"数据透视表"下拉列表中的"数据透视图"选项,如图 6-26 所示。

图 6-26

创建数据透视图,如图 6-27 所示。

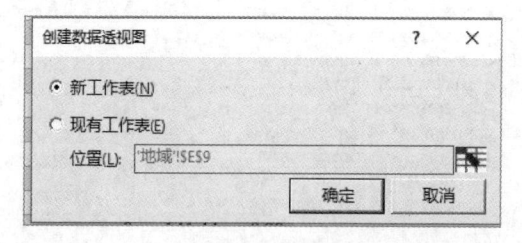

图 6-27

在"数据透视图字段"窗格中进行"数据透视图"设置,将"省市"字段放入"轴(类别)"标签框,将"以下项目的总和:值"字段放入"值"标签框,如图 6-28 所示。

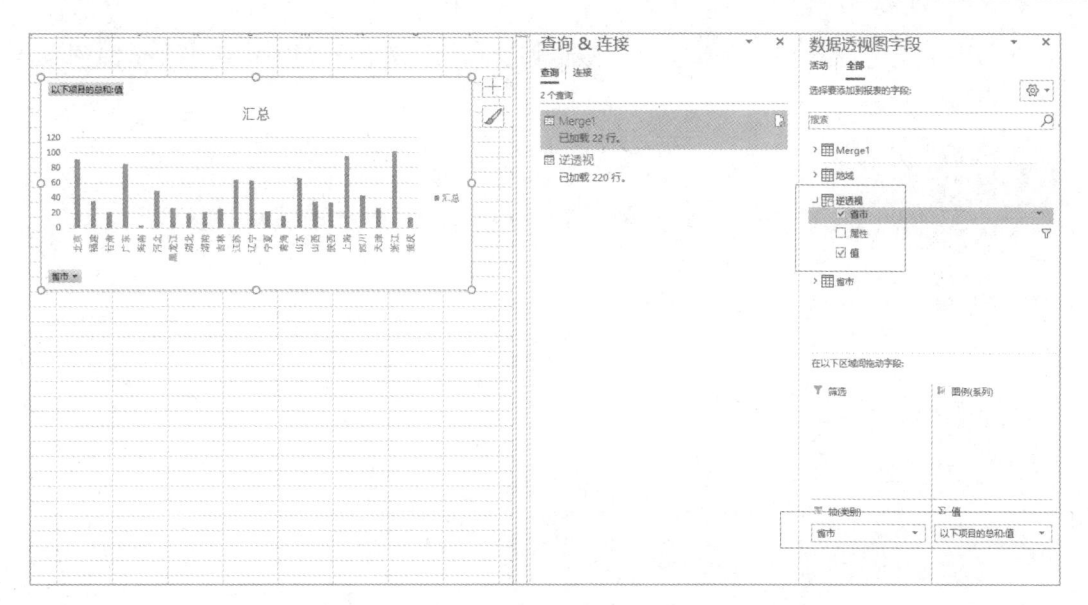

图 6-28

在"插入"选项卡中选择"切片器"选项，如图 6-29 所示。

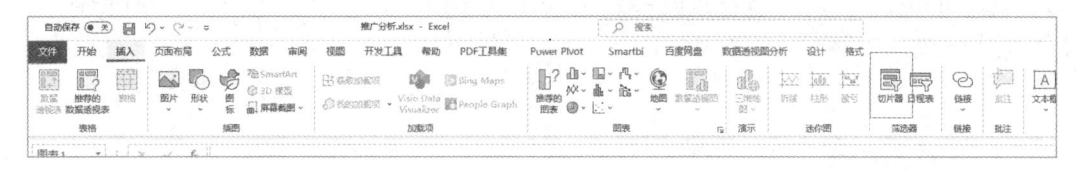

图 6-29

在"逆透视"选区中勾选"属性"复选框，单击"确定"按钮，如图 6-30 所示。结果如图 6-31 所示。

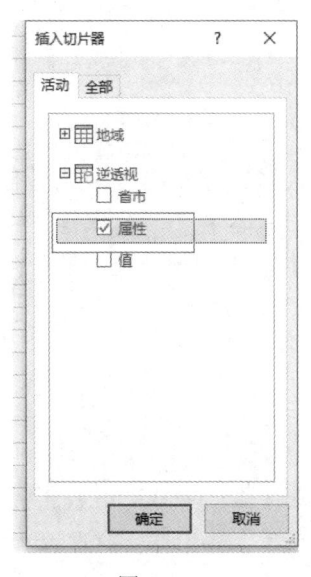

图 6-30 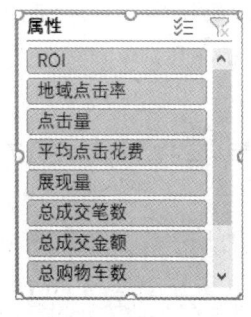　　　　　　　　　　　图 6-31

在"切片器"选项卡中调整"列"数值调节按钮，修改数据，调整出合适的列数，如图 6-32 所示。

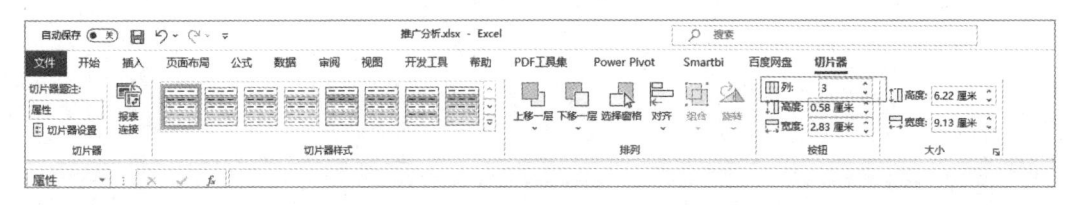

图 6-32

调整后的结果如图 6-33 所示。

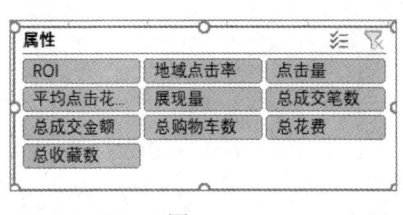

图 6-33

修改图表标题为"地域各指标表现"，并删除图例。可以单击任意属性查看各省市的指标状况，如图 6-34 所示。

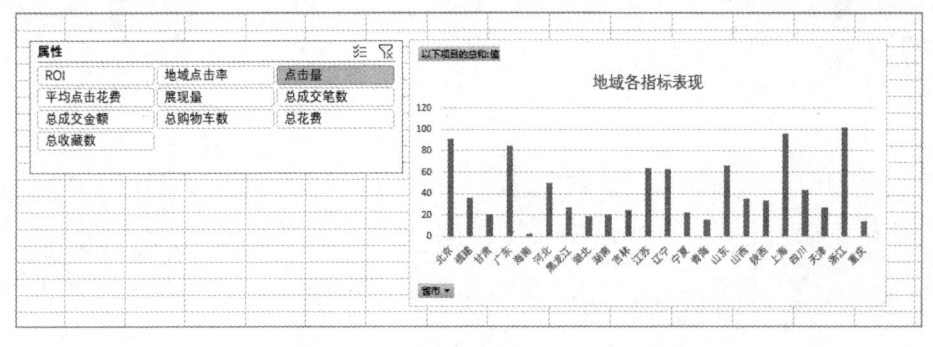

图 6-34

【图表解析】淘宝直通车的指标数据有很多，常用的有点击率、点击转化率(点击转化率=成交笔数/点击量)，以及 ROI(投入产出比)，点击率和点击转化率肯定越高越好，ROI 好不好要看投放费用的高低。通过图 6-34 中地域各指标的表现情况，根据投放效果所需，实现流量投放精准化。

任务 2　直通车推广词分析

了解各推广词词根的各指标表现情况，利用直通车推广词数据，会使用 Power Query 编辑器进行简单数据处理和 Power Pivot 建模，会采用可视化手段查看词根各个指标的表现情况。

注：该任务所用到的文件为"6-2 直通车推广词分析"。

【操作手册】

步骤 1 "关键词"表的创建

打开"6-2 直通车推广词分析"文件，如图 6-35 所示。

图 6-35

在"数据"选项卡中选择"自表格/区域"选项，进入 Power Query 编辑器，如图 6-36 所示。

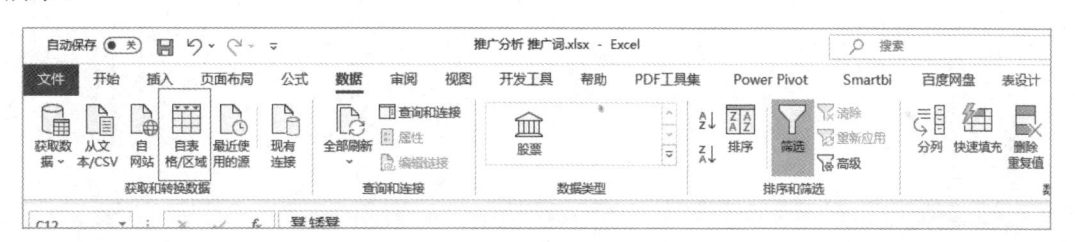

图 6-36

右击表中空白处，在弹出的快捷菜单中选择"重命名"选项，修改表名为"关键词"，如图 6-37 所示。

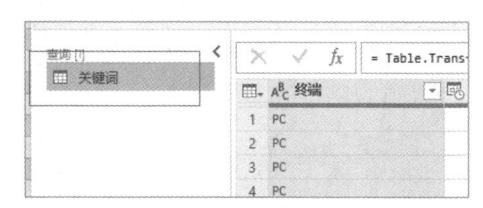

图 6-37

步骤 2 "词根"表的创建

在"主页"选项卡的"新建源"下拉列表中选择"文件"选项，在弹出的快捷菜单中选择"Excel"选项，如图 6-38 所示。

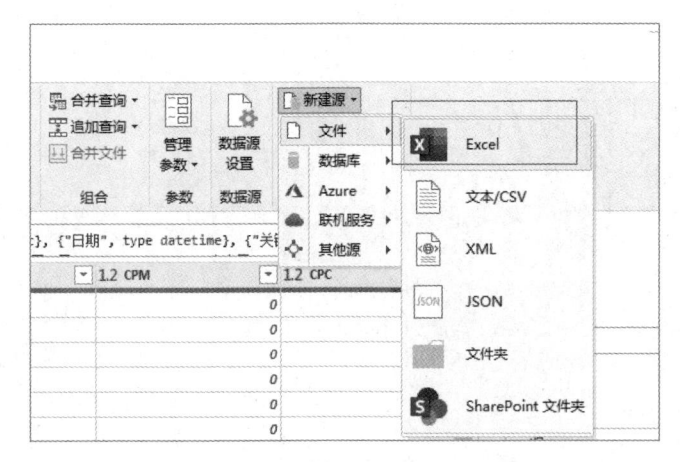

图 6-38

导入"6-2 直通车推广词分析"文件，如图 6-39 所示。

图 6-39

选择"词根"表，如图 6-40 所示。

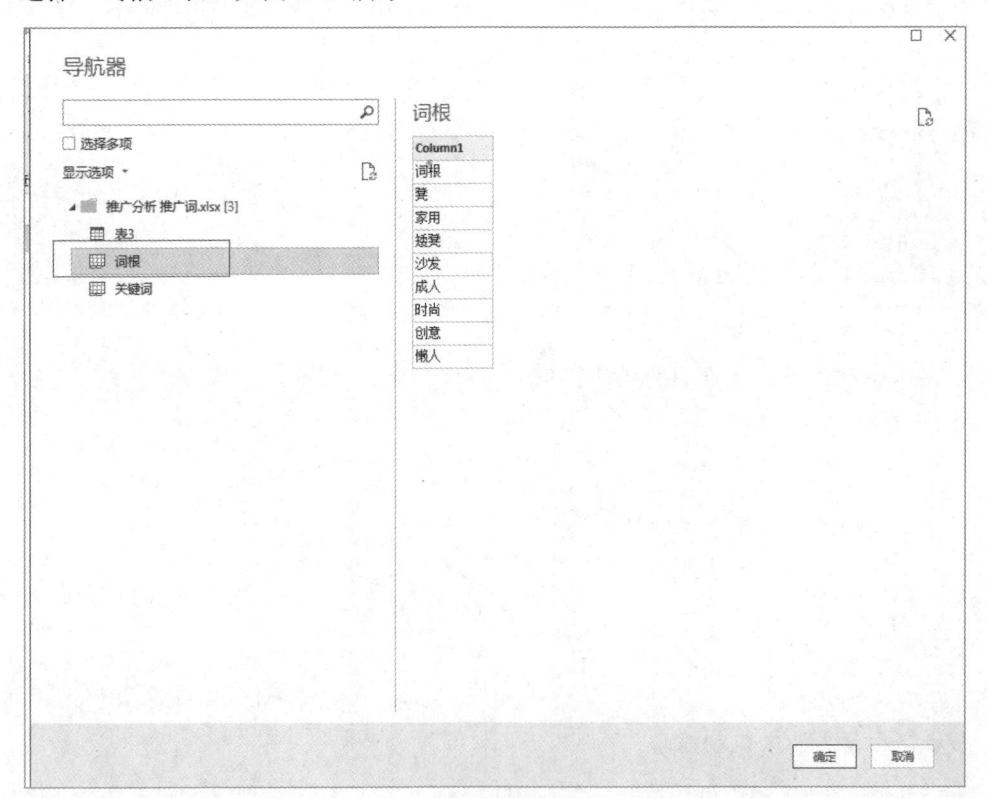

图 6-40

在"主页"选项卡中选择"将第一行用作标题"选项,如图 6-41 所示。

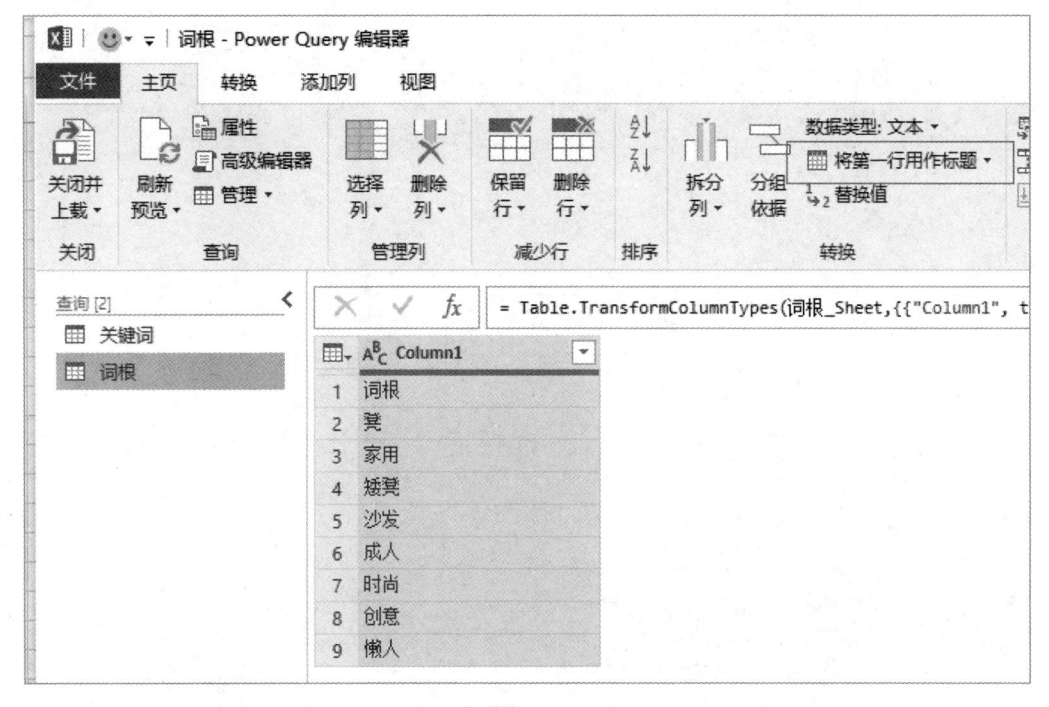

图 6-41

选择"关键词"表,在"添加列"选项卡中选择"自定义列"选项,如图 6-42 所示。

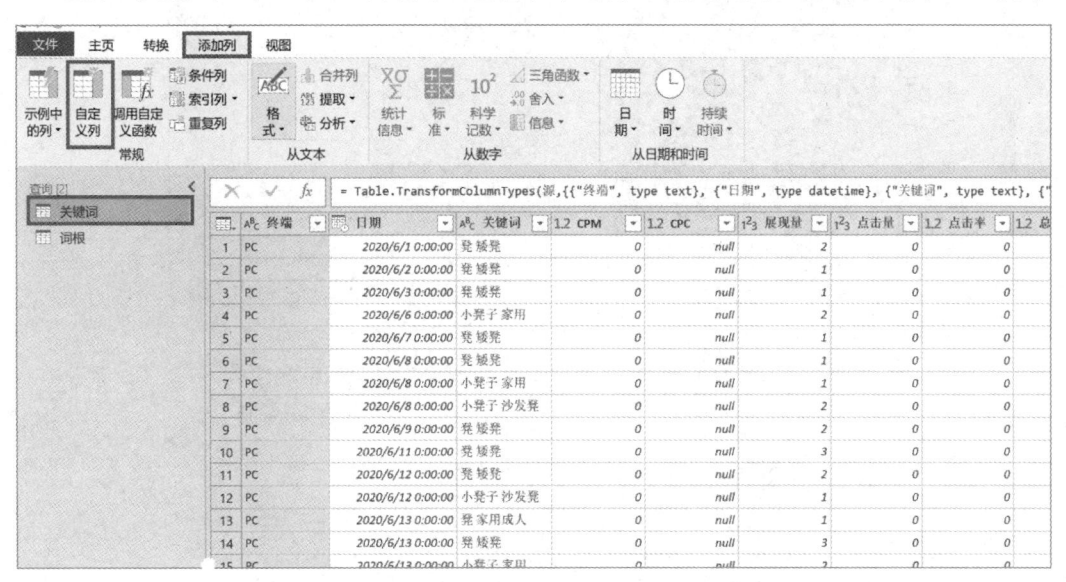

图 6-42

编辑自定义列公式,如图 6-43 所示。

单击右侧按钮扩展"自定义"列,取消勾选"使用原始列名作为前缀"复选框,如图 6-44 所示。

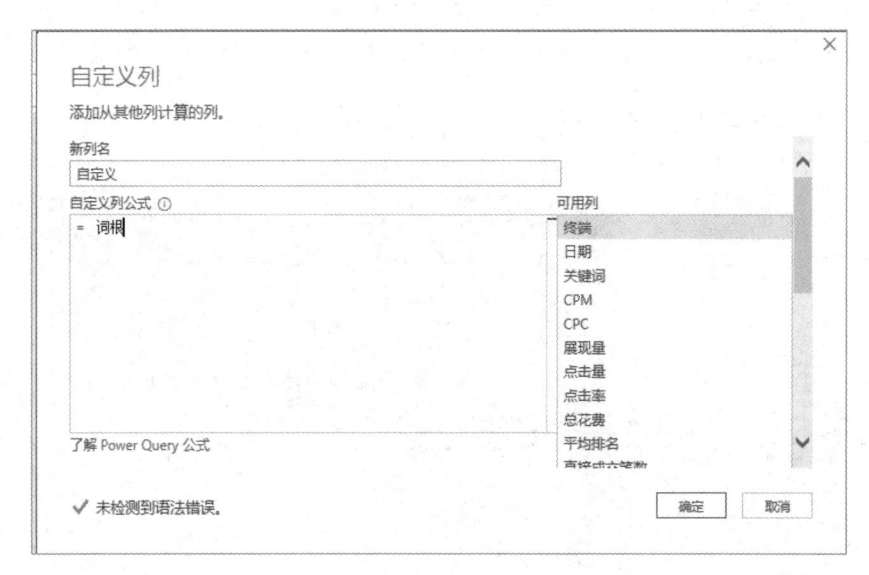

图 6-43

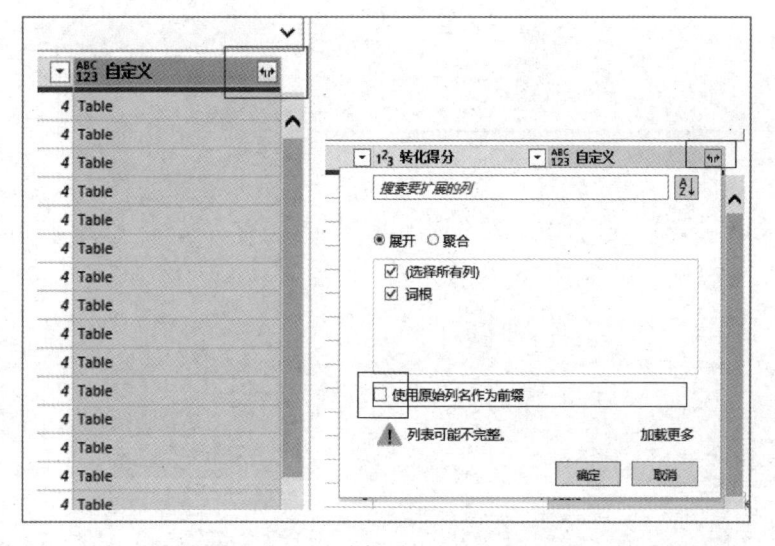

图 6-44

继续在"添加列"选项卡中选择"自定义列"选项，如图 6-45 所示。

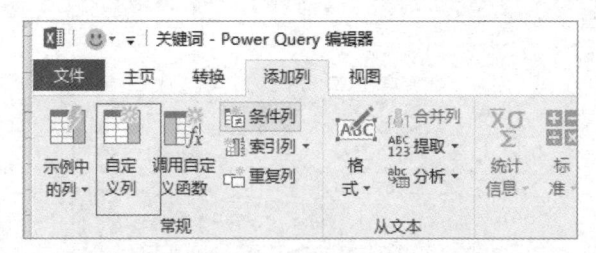

图 6-45

在"自定义公式"输入框中键入公式"=Text.Contains([关键词],[词根])"，如图 6-46 所示。

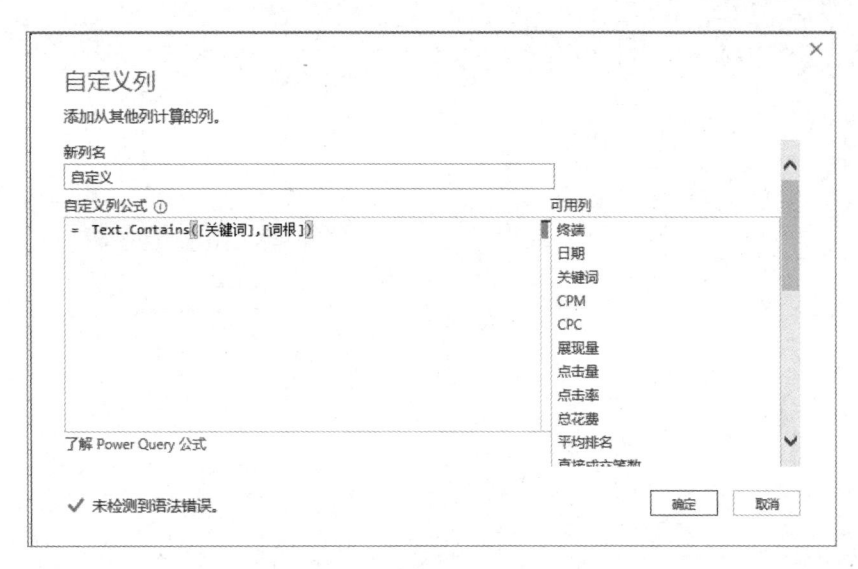

图 6-46

单击"自定义"列右侧按钮,扩展新列,勾选"TRUE"复选框,如图 6-47 所示。

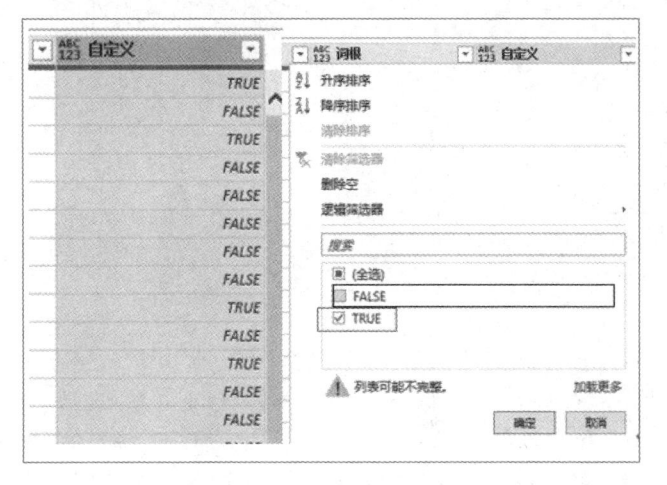

图 6-47

选择"自定义"列,在"主页"选项卡的"删除列"下拉列表中选择"删除列"选项,删除"自定义"列,如图 6-48 所示。

图 6-48

在"主页"选项卡中选择"关闭并上载"选项,如图6-49所示。

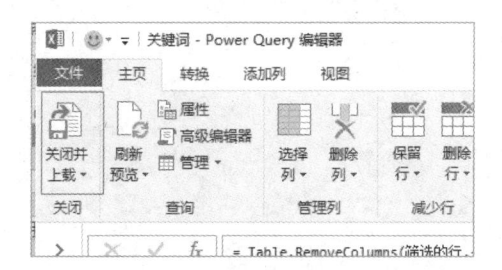

图6-49

上载后的结果如图6-50所示。

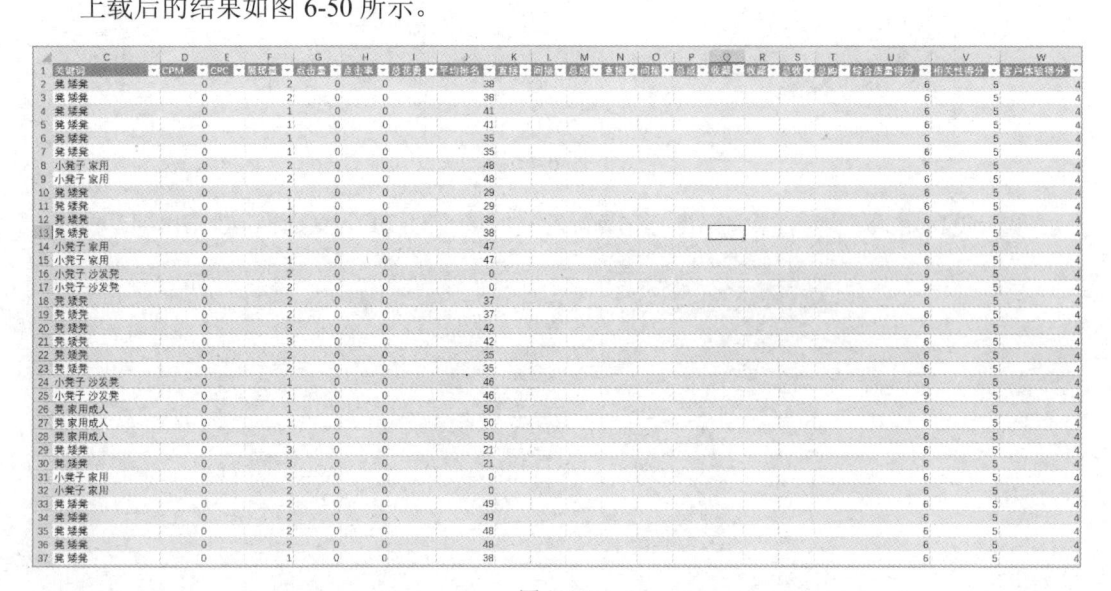

图6-50

步骤3 "关键词 逆透视"表的创建

逆透视处理,进入Power Query界面,然后修改表名为"关键词 逆透视",在"转换"选项卡中选择"移动"选项,将"词根"列移动到"关键词"列的后面,如图6-51所示。

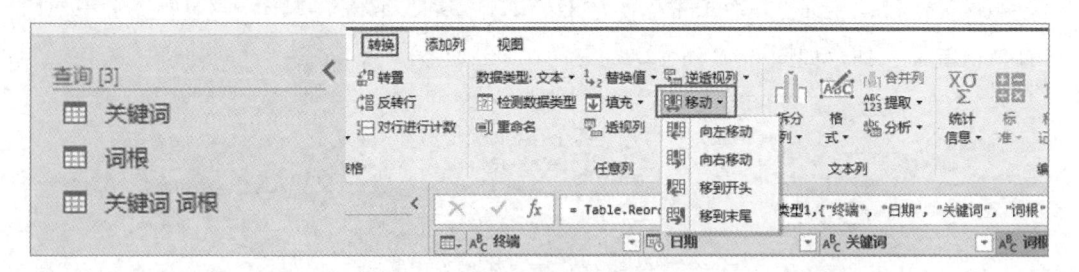

图6-51

选中"终端""日期""关键词""词根"4列,如图6-52所示。

在"转换"选项卡的"逆透视列"下拉列表中选择"逆透视其他列"选项,如图6-53所示。

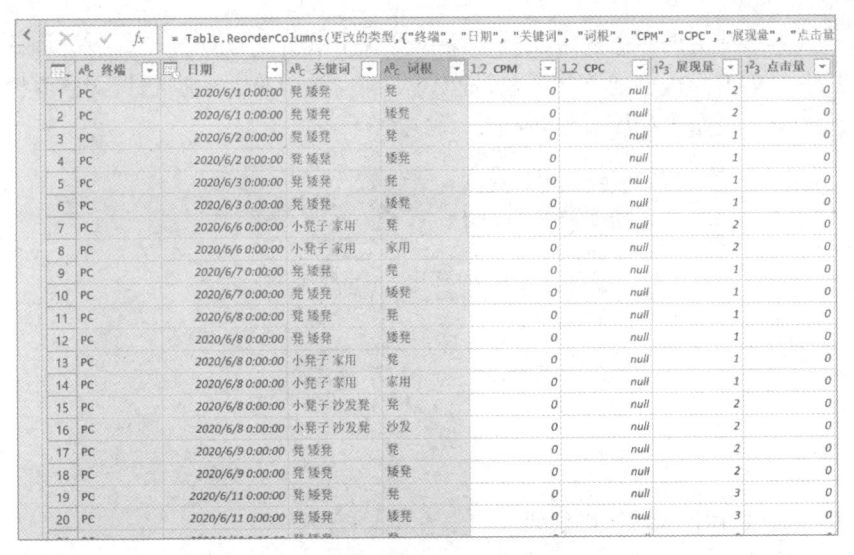

图 6-52

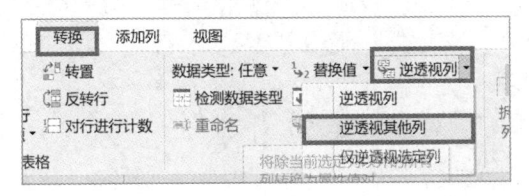

图 6-53

逆透视后的结果如图 6-54 所示。

图 6-54

在"主页"选项卡的"关闭并上载"下拉列表中选择"关闭并上载至"选项,在"导入数据"窗格中单击"仅创建连接"单选按钮,并勾选"将此数据添加到数据模型"复选框,单击"确定"按钮,如图 6-55 所示。

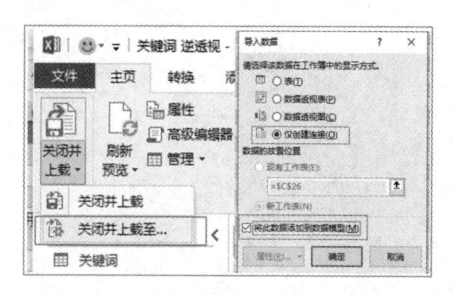

图 6-55

步骤 4 词根各指标表现图的创建

在"Power Pivot"选项卡中选择"管理"选项,进入 Power Pivot 数据模型管理界面,进行建模,如图 6-56 所示。

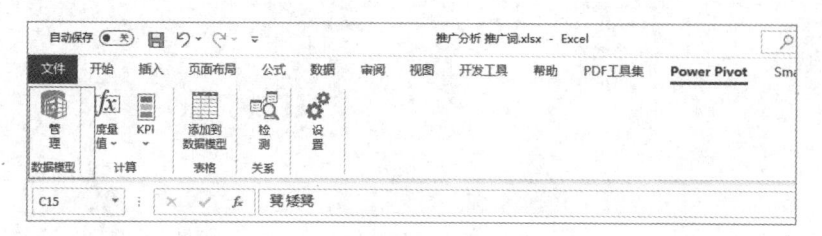

图 6-56

进入 Power Pivot 后的界面如图 6-57 所示。

图 6-57

在"主页"选项卡中选择"关系图视图"选项，建立关系图，然后进行可视化处理，如图 6-58 所示。

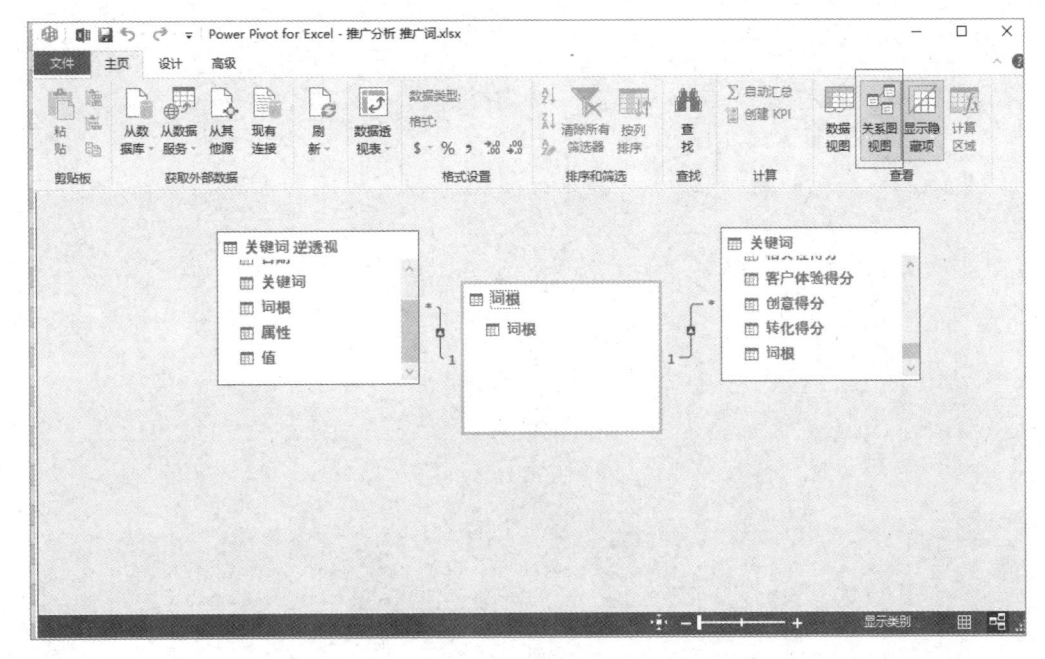

图 6-58

在"主页"选项卡的"数据透视表"下拉列表中选择"数据透视图"选项，如图 6-59 所示。

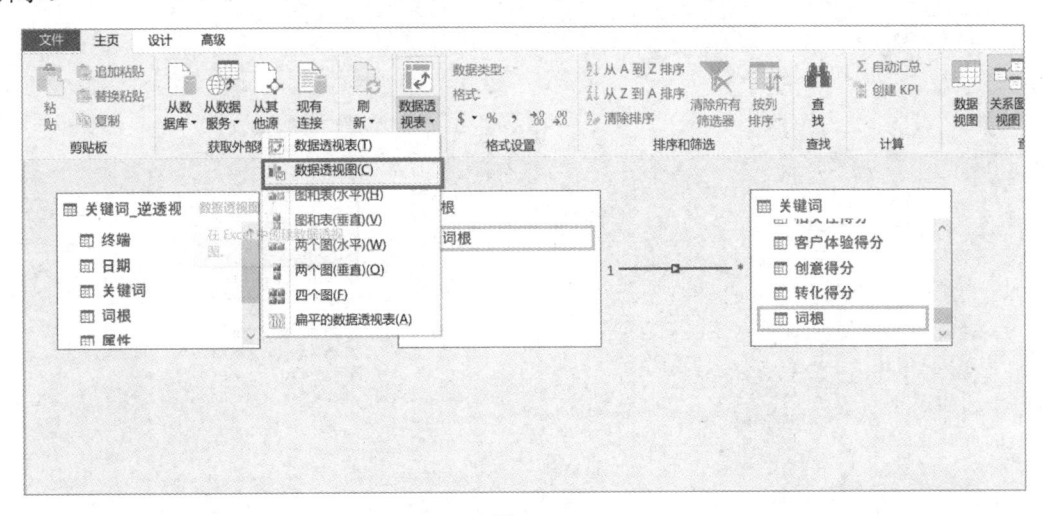

图 6-59

在"数据透视图字段"窗格中进行"数据透视图"设置，将"词根"字段放入"轴(类别)"标签框，将"以下项目的计数：值"字段放入"值"标签框，如图 6-60 所示。

在"插入"选项卡中选择"切片器"选项，插入切片器，如图 6-61 所示。

在"关键词 逆透视"选区中勾选"属性"复选框，如图 6-62 所示。

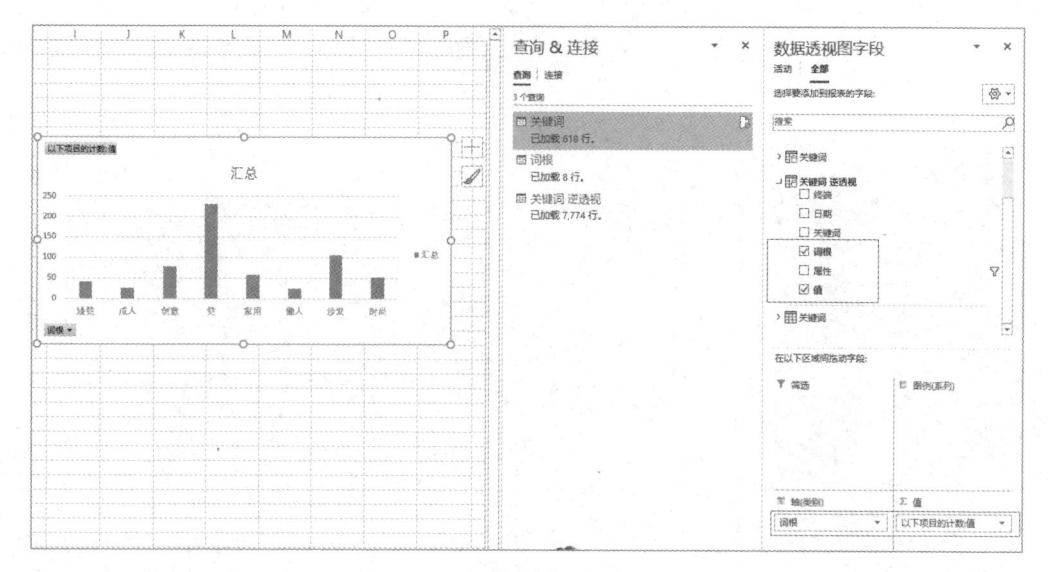

图 6-60

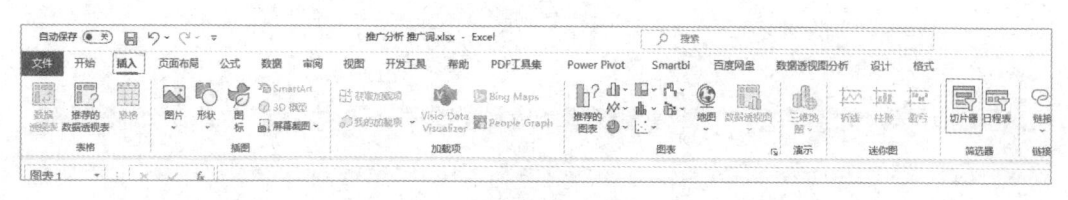

图 6-61

在"切片器"选项卡中调整"列"数值调节按钮，修改数据，调整出合适的列数，如图 6-63 所示。

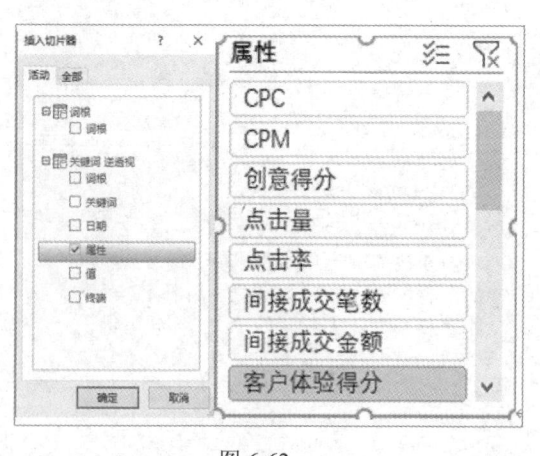

图 6-62

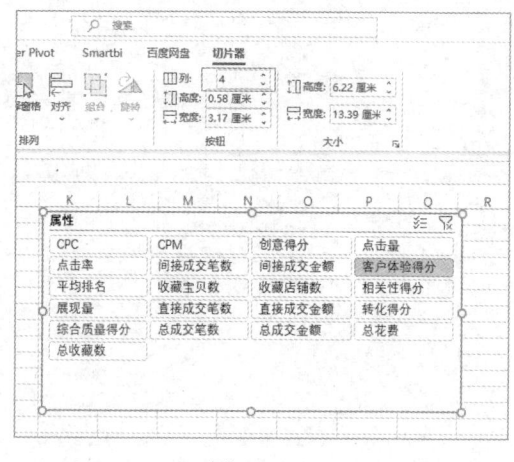

图 6-63

最后的结果如图 6-64 所示。

【图表解析】利用图 6-64 所示的词根指标表现数据，结合点击转化率(点击转化率=成交笔数/点击量)、ROI 和商品本身利润进行分析，对比流量价值(流量价值=利润×点击转化率)、转化费用(转化费用=直通车花费/成交笔数)对直通车推广词词根进行调整，如低于流量价值的词根或高于转化费用的词根可以删除或适当降价。综上所述，通过指标间对比，结合商品本身情况，实现推广词词根精准投放。

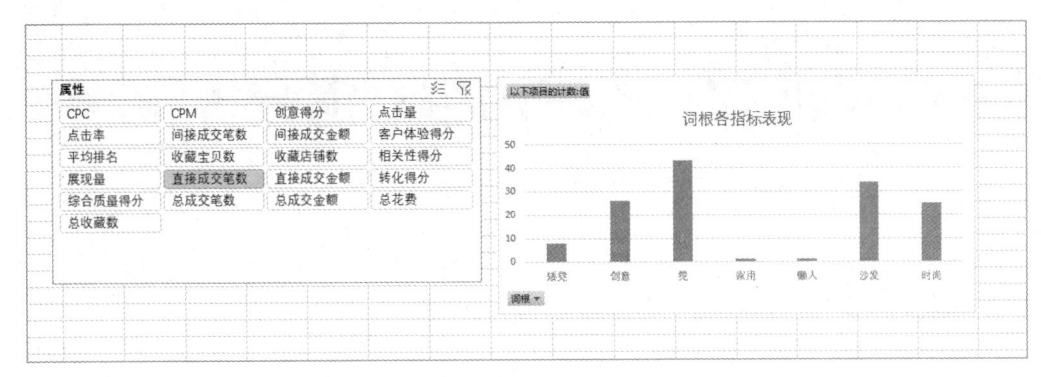

图 6-64

项目 7　抖音内容营销分析

【场景描述】

最近某化妆品企业想要通过抖音渠道进行带货销售，所以需要找一个合适的抖音主播，并且希望是已经与 MCN（网红经济运作模式）机构签约过的主播。于是，企业负责人在抖音直播带货的化妆品类目主播中选择了一位抖音主播，让企业的运营小王对主播的数据进行分析，了解主播的情况，判断其是否能够作为企业的带货主播。

【项目目标】

通过数据分析使企业了解抖音平台的情况及 MCN 机构的情况，为企业在打入抖音市场时提供参考。通过分析 MCN 机构的签约主播情况，分析主播的定位、带货能力、内容效果情况等。

【分析思路】

项目	任务	分析维度
内容营销分析	任务 1：MCN 机构分析	■ MCN 机构签约主播情况
	任务 2：主播账号与定位分析	■ 粉丝总数变化趋势 ■ 点赞总数变化趋势 ■ 评论总数变化趋势 ■ 分享总数变化趋势 ■ 主播粉丝画像
	任务 3：短视频效果分析	■ 短视频点赞人数 ■ 短视频评论人数 ■ 短视频分享人数 ■ 短视频转发人数
	任务 4：直播效果分析	■ 直播带货销售额

任务 1 MCN 机构分析

掌握 MCN 机构分析方法，了解签约主播情况。

注：该任务所用到的文件为“7-1 MCN 机构分析”。

【操作手册】

从数据平台得知微格 MCN 机构旗下的签约主播为 27 人，粉丝覆盖数达 210.91 万人（此处指机构下艺人的粉丝数之和），所有主播近 30 天直播的场次观看记录达 122.91 万人次。打开“7-1 MCN 机构分析”文件，如图 7-1 所示。

序号	主播	粉丝数	标签	场均pv	时效pv
1	马野星	23.83万	穿搭、美妆	2.11万	8182
2	道上都叫我	49.04万		0	0
3	愉快的脚丫	1021		0	0
4	认真少女-	114.37万		0	0
5	魔鬼百货	68		0	0
6	Junxi俊熙	3.85万		944	141
7	lucy唯一	11.49万	穿搭、家居、美妆	0	0
8	甜甜雅吖	6064	穿搭	0	0
9	薄荷Jiang	1.53万	穿搭、美妆	8606	1890
10	萌叔大卫老	652		0	0
11	小啊七阿	5.34万	母婴	0	0
12	石头剪刀起	6728		0	0

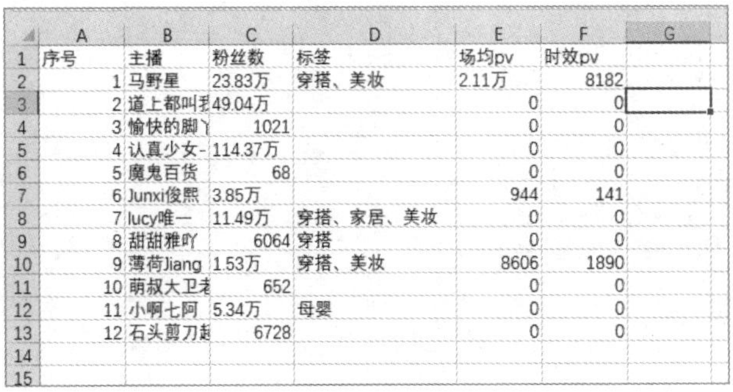

图 7-1

选中数据，选择“插入”选项卡中的“数据透视表”选项，将数据插入数据透视表，将“主播”字段放入“行”标签框，将“求和项：粉丝数”字段放入“值”标签框，如图 7-2 所示。

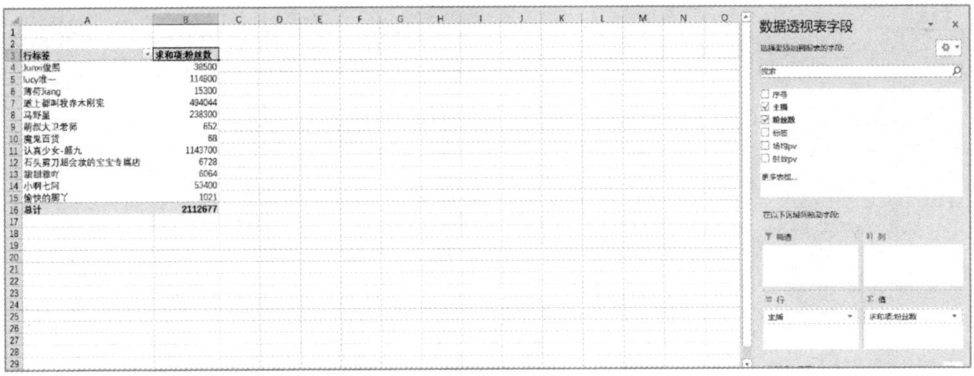

图 7-2

如图 7-3 所示，右击数据透视表字段“求和项：粉丝数”列中的任意单元格，选择“排序”选项中的“降序”命令。

降序结果如图 7-4 所示。

双击“求和项：粉丝数”字段，弹出“值字段设置”对话框，在“自定义名称”输入框中，将字段名称修改成“粉丝数”，如图 7-5 所示。

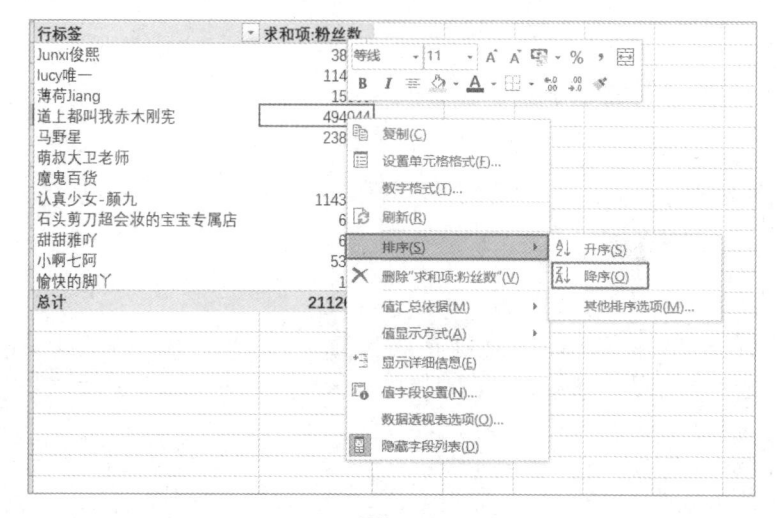

图 7-3

图 7-4

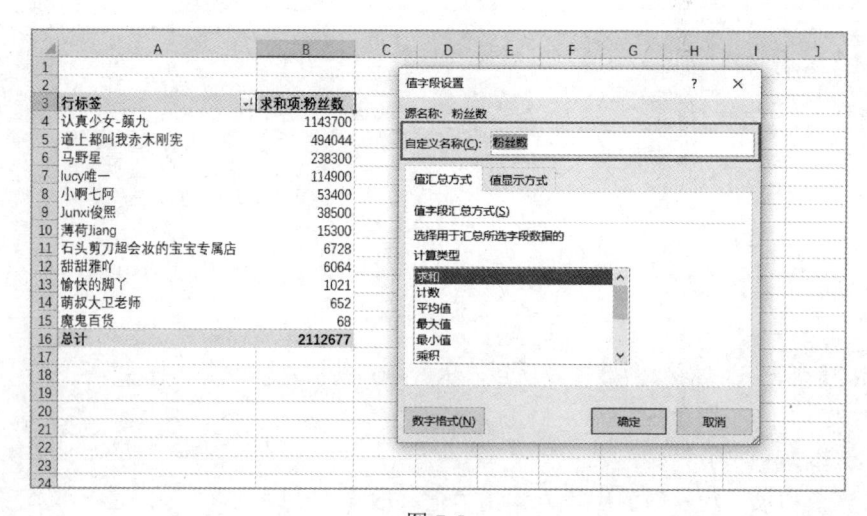

图 7-5

字段名称修改后的结果如图 7-6 所示。

图 7-6

将数据进行可视化，选中数据，在"插入"选项卡的"推荐的图表"功能组中选择"柱状图"选项，并且进行图表优化，删除图表网格线，添加"数据标签"，结果如图 7-7 所示。

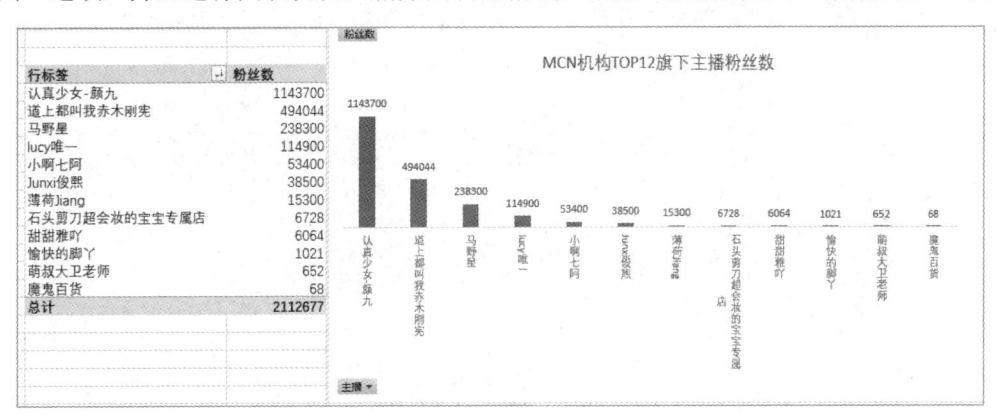

图 7-7

【图表解析】由图 7-7 可以看出，微格 MCN 机构旗下的主播中，粉丝数最多的主播是"认真少女-颜九"，其粉丝数达到 1 143 700 人，他（她）是微格 MCN 机构旗下的顶流主播。

任务 2　主播账号与定位分析

在分析主播的过程中，了解如何插入主播分析的数据，通过粉丝数变化趋势了解主播实力及其能力，掌握柱形图制作及图表优化方法。

注：该任务所用到的文件为"7-2 主播账号与定位分析"。

【操作手册】

步骤1　主播账号数据分析

首先打开"7-2 主播账号与定位分析"文件的"主播总数据"工作表(如图7-8所示)，随意选中一个单元格，然后选择"插入"选项卡中的"数据透视表"选项。

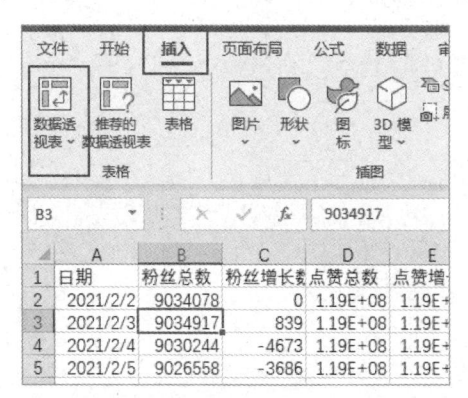

图7-8

其次，对打开的数据透视表进行设置，如图7-9所示。

图7-9

如图7-10所示，选择表区域，框选需要用到的数据，将数据透视表建立在"现有工作表"中。

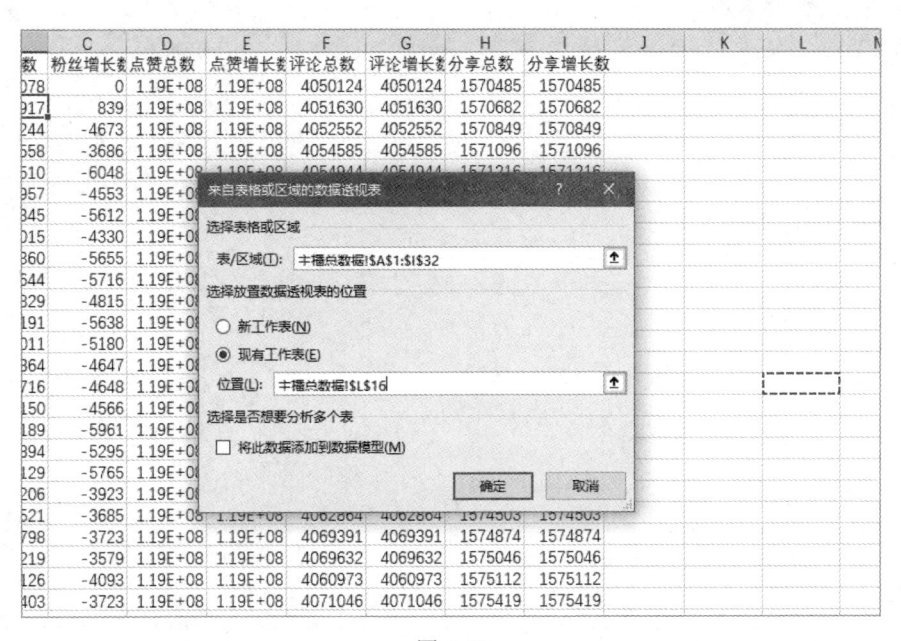

图 7-10

建立完成后，单击数据透视表，可以看到在右边弹出的"数据透视表字段"窗格，如图 7-11 所示。

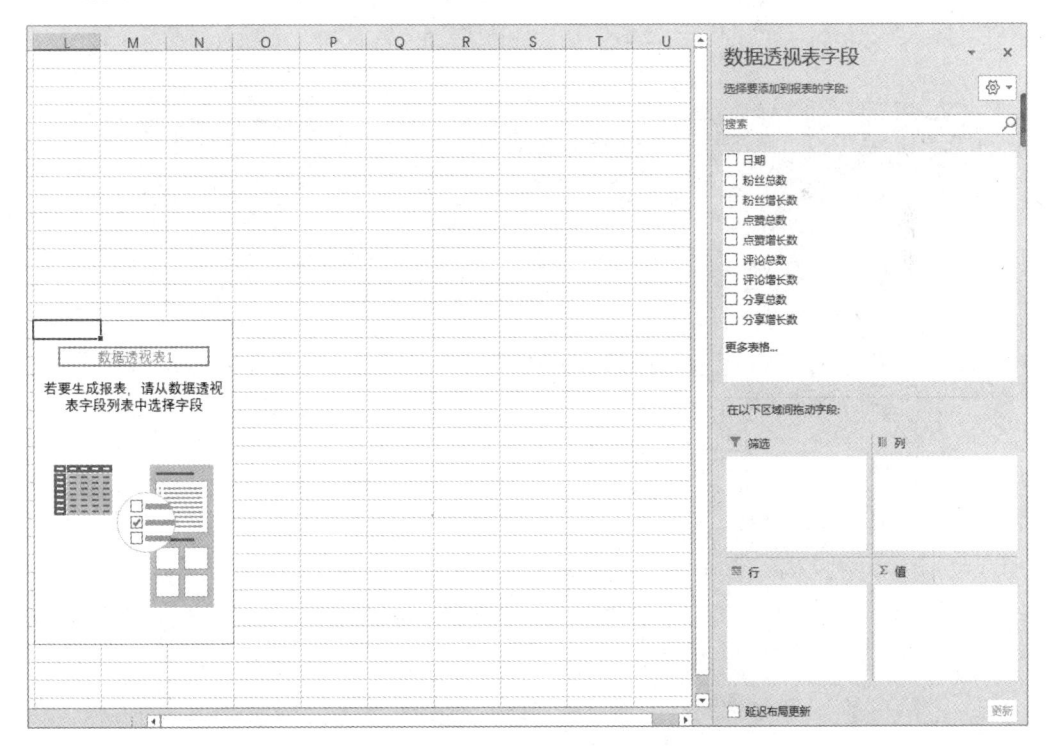

图 7-11

需要分析主播近 30 天的情况，将"日期"字段放入"行"标签框，将"求和项：粉丝总数"字段放入"值"标签框，如图 7-12 所示。

157

图 7-12

在"插入"选项卡的"推荐的图表"功能组中选择"折线图"选项,如图 7-13、图 7-14 所示。

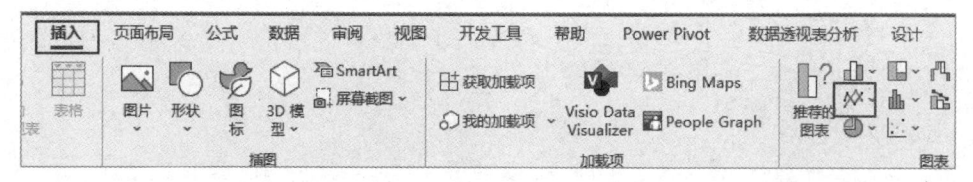

图 7-13

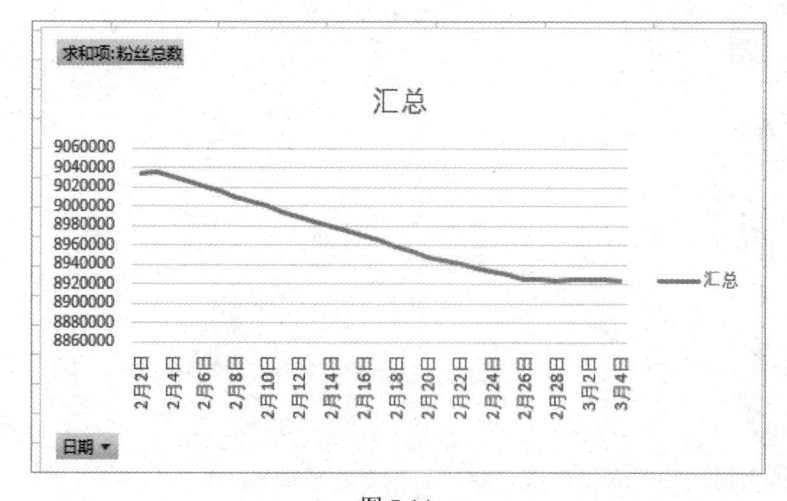

图 7-14

右击"图例"区域,在弹出的快捷菜单中选择"删除"选项,将图例删除;单击下方坐标轴区域,在右侧弹出的"设置坐标轴格式"窗格中,选择"大小与属性"选项,将"文字方向"设置为"横排",将"自定义角度"设置为"−40°",并把图表标题改为"近 30 天粉丝总数变化趋势"。得到"近 30 天粉丝总数变化趋势"图,如图 7-15 所示。

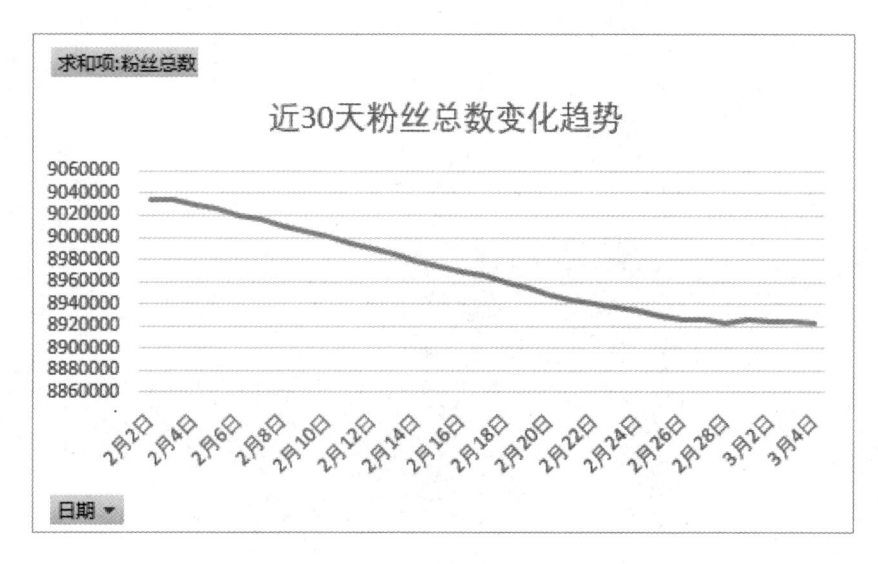

图 7-15

如图 7-16 所示,对图表进行优化,删除网格线,添加趋势线。

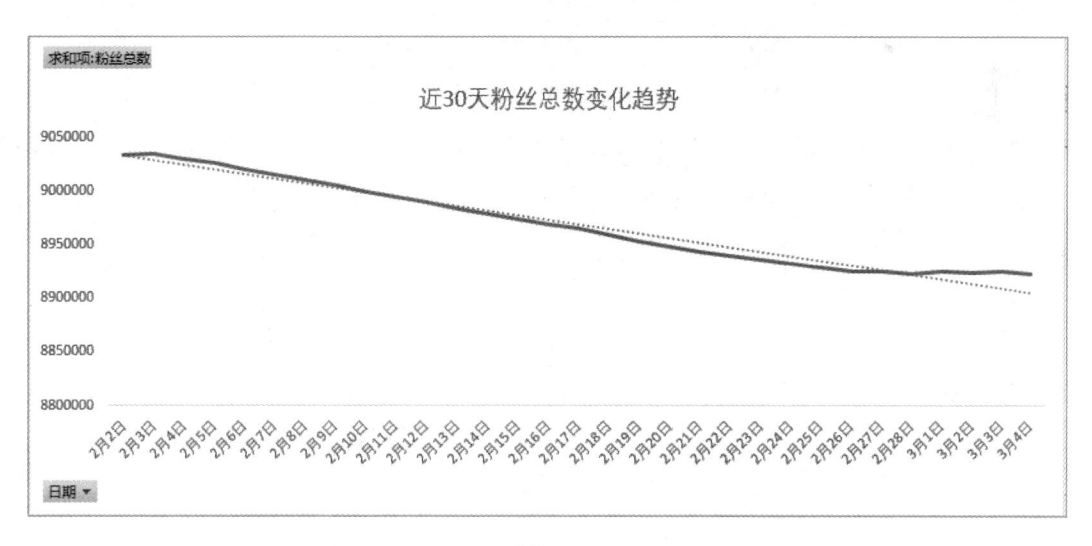

图 7-16

将点赞总数、评论总数、分享总数按相同步骤进行操作,分别建立 3 个新的数据透视表,进行字段选择,如图 7-17 所示。

159

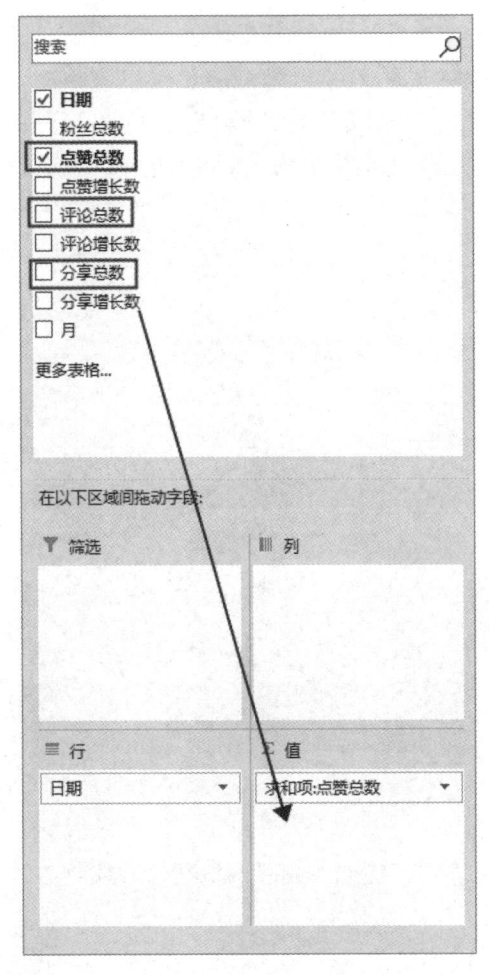

图 7-17

后续进行与"近 30 天粉丝总数变化趋势"图相同的可视化过程，不添加趋势线得到"近 30 天点赞总数变化趋势"图、"近 30 天评论总数变化趋势"图、"近 30 天分享总数变化趋势"图，分别如图 7-18、图 7-19、图 7-20 所示。

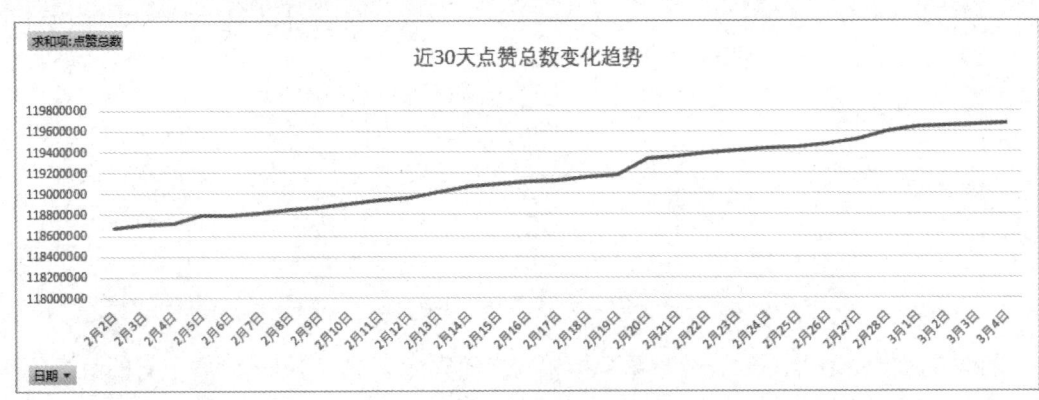

图 7-18

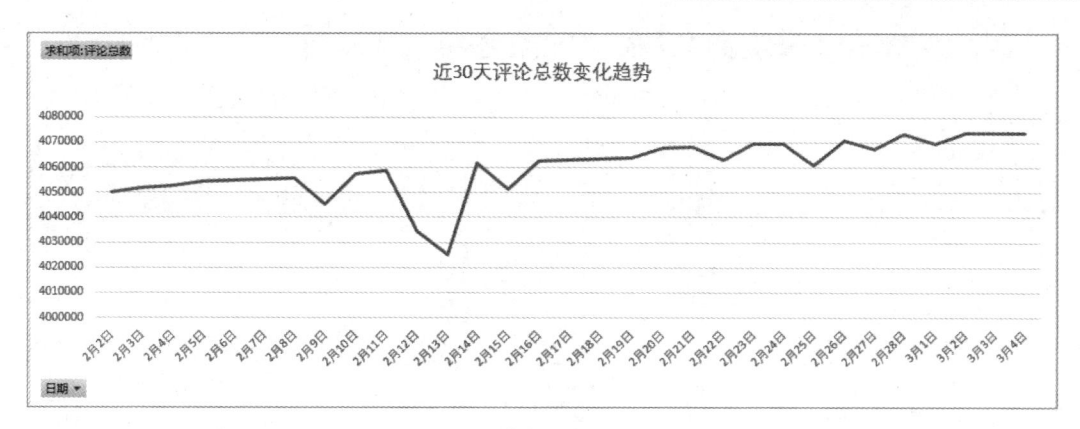

图 7-19

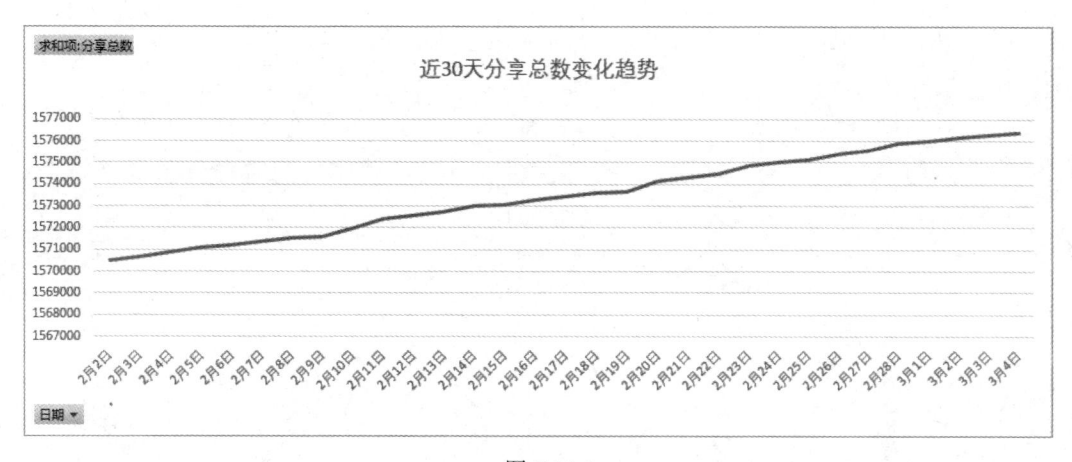

图 7-20

【图表解析】通过图表呈现可以很清晰地看出，近 30 天以来，主播的粉丝总数呈现持续下降趋势，以此判断近期主播的内容营销出现问题；通过 3 个指标的可视化图表，发现其中"近 30 天评论总数变化趋势"图中的 2 月 12 日、2 月 13 日出现了明显的下降情况，不过整体还是趋于稳定上升趋势；虽说粉丝总数有所下降，但点赞总数、分享总数、评论总数仍处于一个稳定上升趋势，没有出现减缓，乃至不变的情况。

步骤 2　主播粉丝画像分析

接下来对主播的粉丝画像进行分析。在数据表下方点开"粉丝画像"工作表，直接选中地域数据，在"插入"选项卡的"推荐的图表"功能组中选择"二维柱形图"的"簇状柱形图"选项，如图 7-21 所示。

优化图表，如删除网格线，修改图表标题为"粉丝地域分布占比 TOP10 省份"，优化后的图表如图 7-22 所示。

【图表解析】由图 7-22 能够清晰地看出广东、山东、河南的占比较高，表示主播的粉丝大多来自这些地方。

接下来继续对剩下的两个数据进行作图，还是一样的操作步骤，选中粉丝性别数据，再选择"条形图"选项，得到如图 7-23 所示的"粉丝性别占比"图。

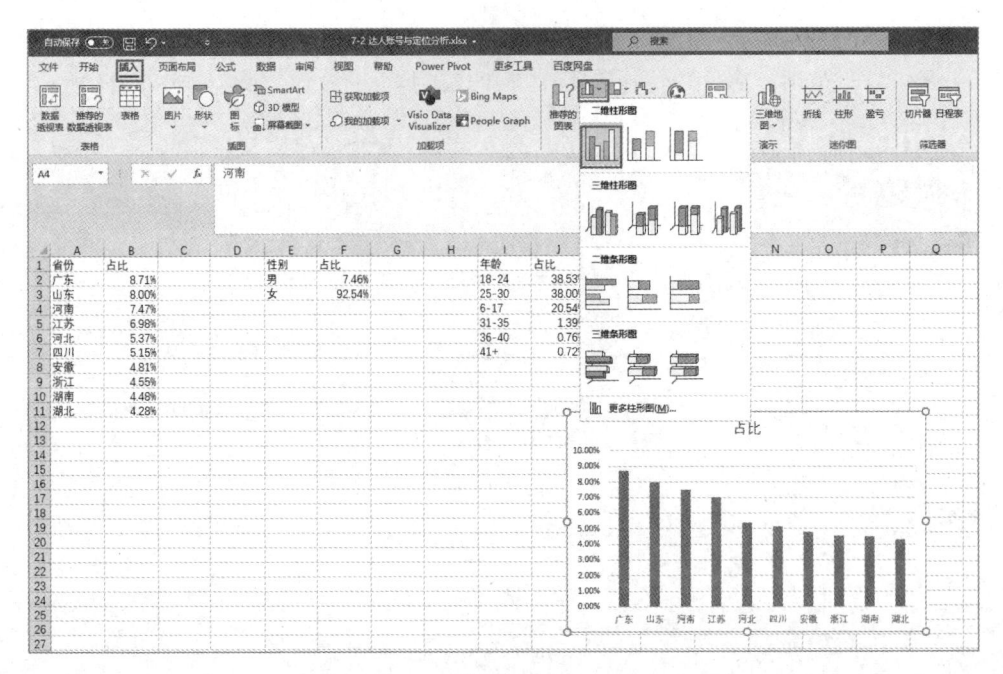

图 7-21

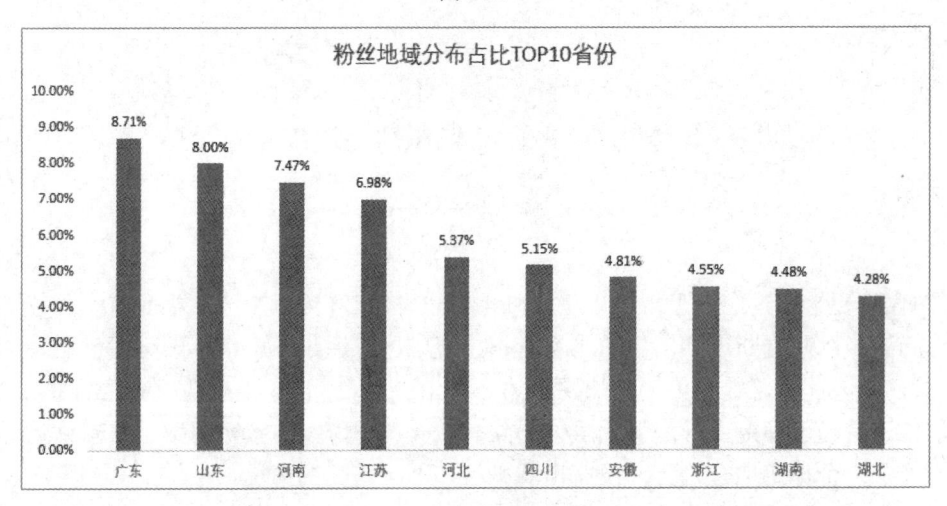

图 7-22

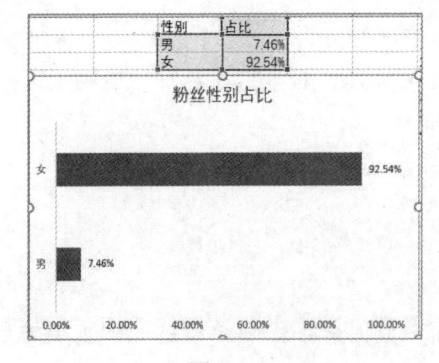

图 7-23

选中粉丝年龄数据,在"插入图表"窗格中的"饼图"选项卡中选择"圆环图"选项,如图 7-24 所示。单击"确定"按钮,得到"粉丝年龄分布占比"图,如图 7-25 所示。

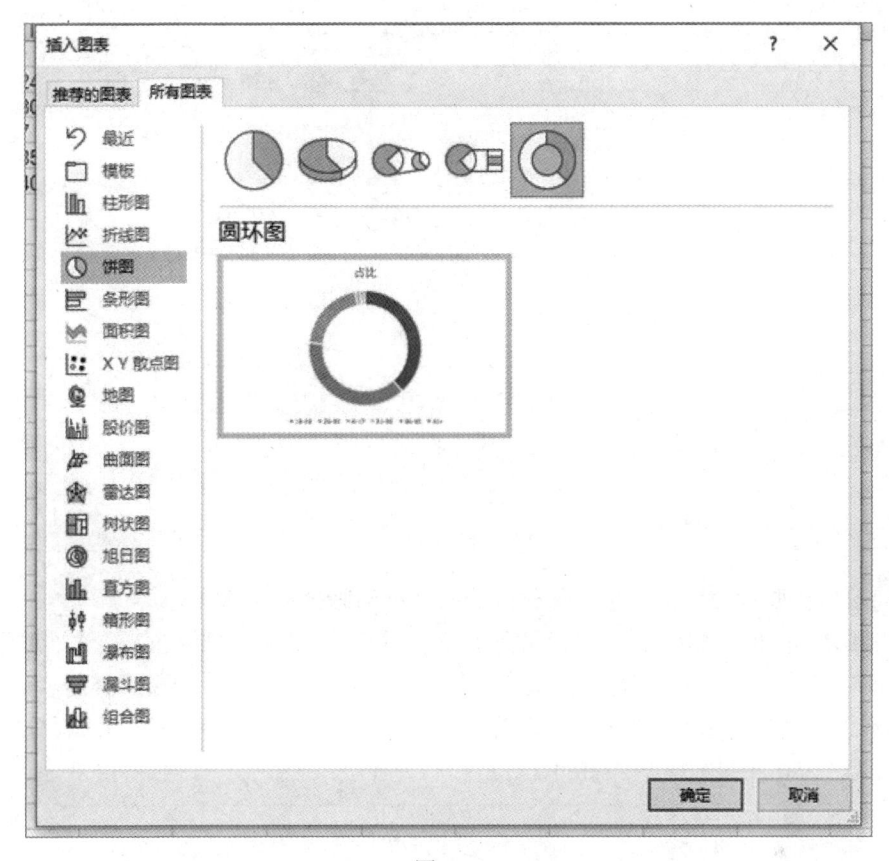

图 7-24

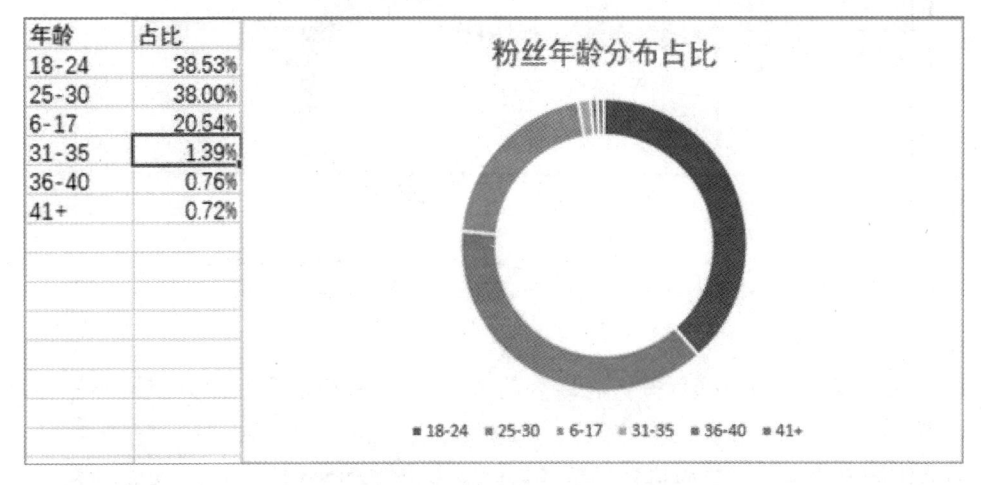

年龄	占比
18-24	38.53%
25-30	38.00%
6-17	20.54%
31-35	1.39%
36-40	0.76%
41+	0.72%

图 7-25

得到圆环图后发现没有数据呈现,所以需要给它添加数据标签;右击圆环,在弹出的快捷菜单中选择"添加数据标签"选项,如图 7-26 所示。

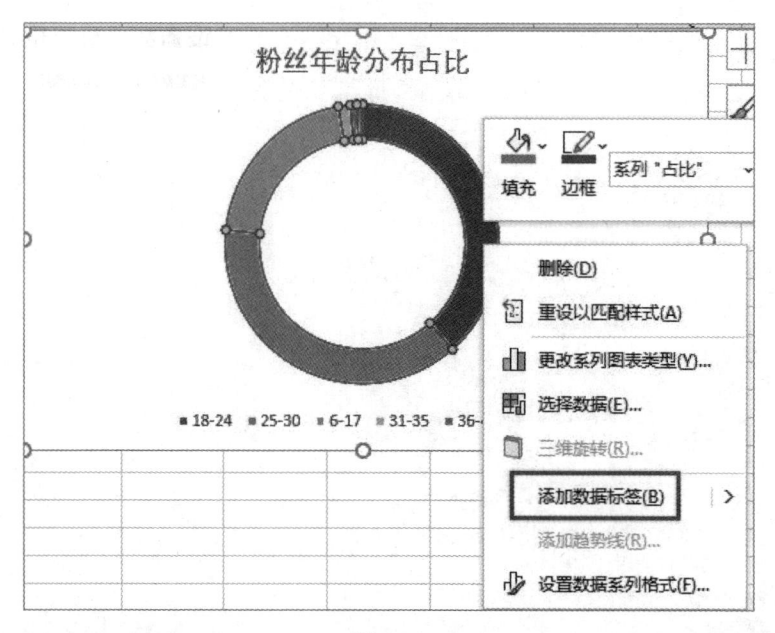

图 7-26

得到图后需要对数据标签进行优化，让其能够清晰地展示数据。

右击圆环图中的数据标签，选择"设置数据标签格式"选项，可以在工作表右侧看到"设置数据标签"窗格，在"标签选项"选项卡的"标签包括"选区中勾选"类别名称""百分比""显示引导线"复选框，然后在"数字"选区设置"类别"下拉列表为"百分比"，"小数位数"为"2"，结果如图 7-27 所示。

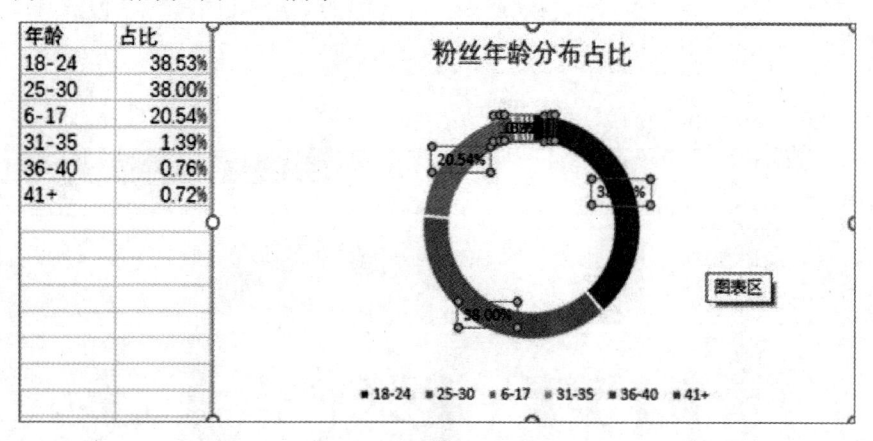

图 7-27

选择堆叠在一起的数据标签，将堆叠的数据标签手动拖拉至空白区域，最终效果如图 7-28 所示。

将 3 张图放在一起，然后进行总结分析，如图 7-29 所示。

【图表解析】通过图 7-29 可知，主播的粉丝大多为来自广东和山东的 18～30 岁的年轻女性，符合企业商品的人群定位。所以，从主播粉丝群体的分析结果来看，该主播较符合需求，可以成为某企业的带货主播。

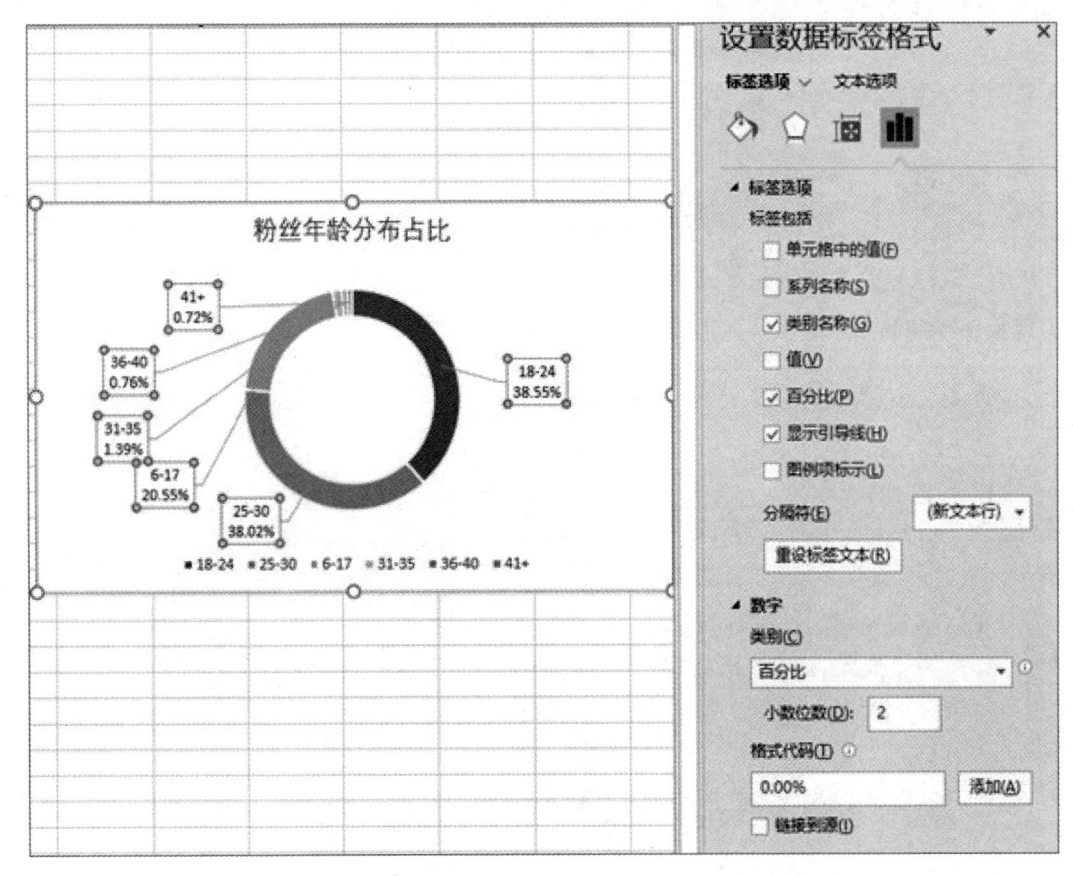

图 7-28

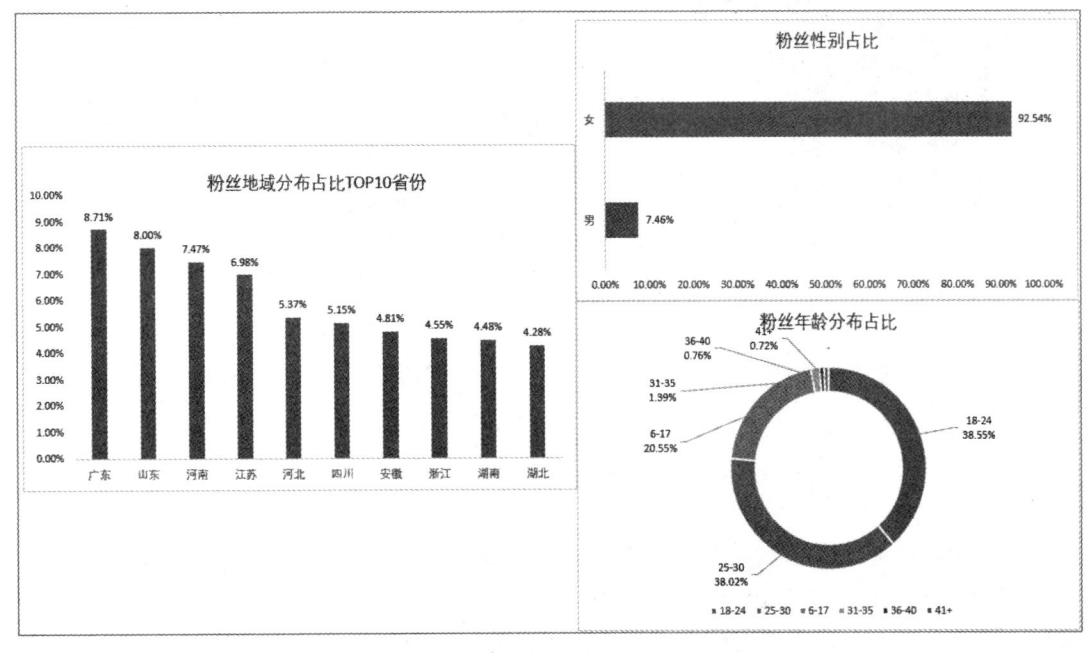

图 7-29

任务3 短视频效果分析

通过短视频效果分析，知晓如何分析主播的情况；通过分析其代表性指标，了解主播的短视频营销效果，掌握分析方法，了解制图方法及优化方法。

注：该任务所用到的文件为"7-3 短视频"。

【操作手册】

步骤1 短视频作品效果分析

打开"7-3 短视频"文件的"短视频"工作表，如图7-30所示。

注：这里的数据是主播所有短视频发布时段的指标总计。

分析主播短视频的发布时间，选中视频发布时间数据，在"插入"选项卡的"推荐的图表"功能组中选择"折线图"选项，如图7-31、图7-32所示。

视频发布时间	点赞人数	评论人数	分享人数	转发人数
8:00-9:00	246300	5527	6667	69
9:00-10:00	5108	191	21	0
10:00-11:00	82100	7052	130	13
11:00-12:00	10335700	347200	112700	4259
12:00-13:00	5633800	136200	42600	72700
13:00-14:00	1278700	33600	3245	73
14:00-15:00	1457000	33600	6869	107
15:00-16:00	321800	63500	1944	86
16:00-17:00	309700	14200	2514	50
17:00-18:00	12624100	318500	130300	1995
18:00-19:00	19714900	641400	223800	4262
19:00-20:00	5442100	444400	51700	5004
20:00-21:00	6466700	296100	56900	1714
21:00-22:00	3423500	267100	49800	743

图7-30

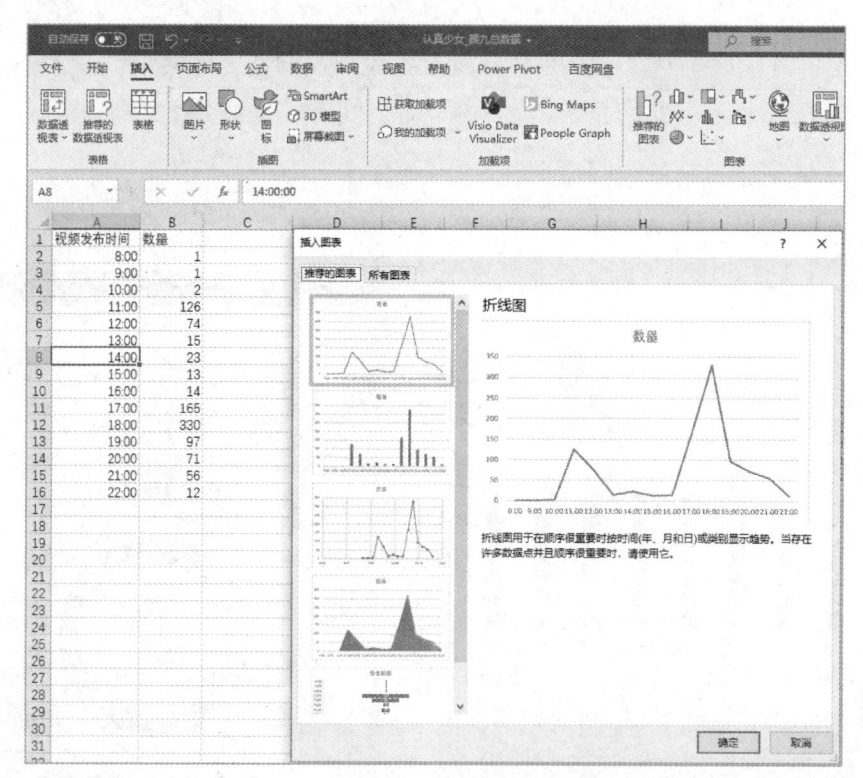

图7-31

对图表进行优化，删除图表中的网格线，给数据添加数据标签，结果如图7-33所示。

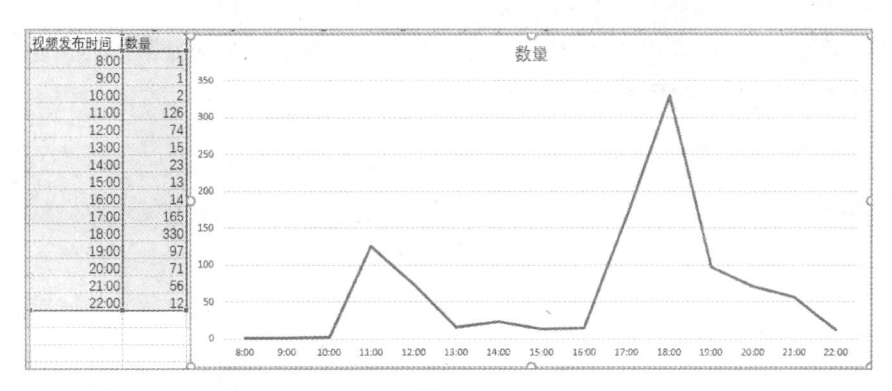

图 7-32

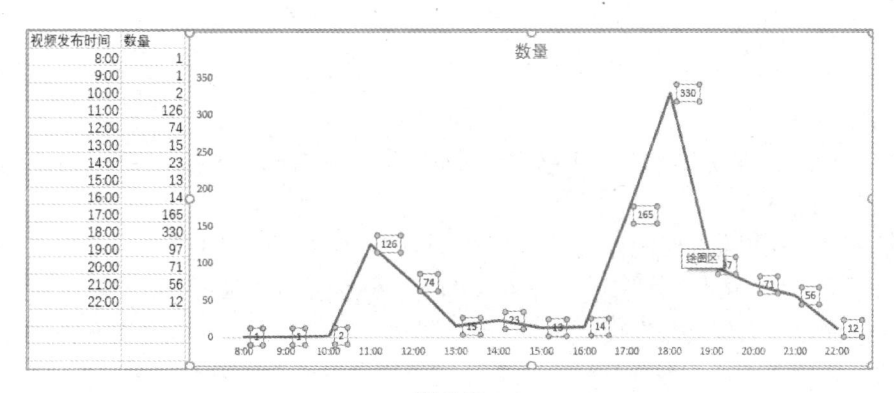

图 7-33

如图 7-34 所示，选中数据标签，对数据标签格式进行设置。如图 7-35 所示，勾选"值"和"显示引导线"复选框，将图表标题重新命名为"视频发布时间数量"。

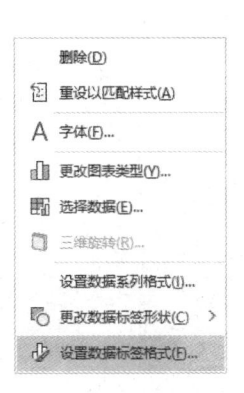

图 7-34

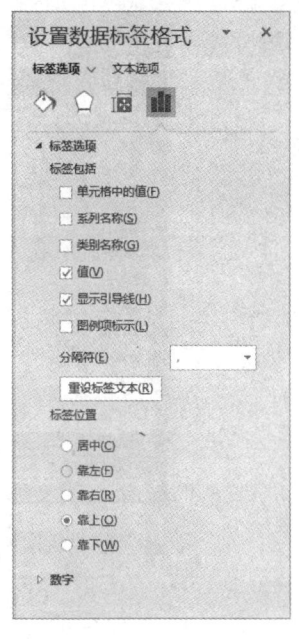

图 7-35

167

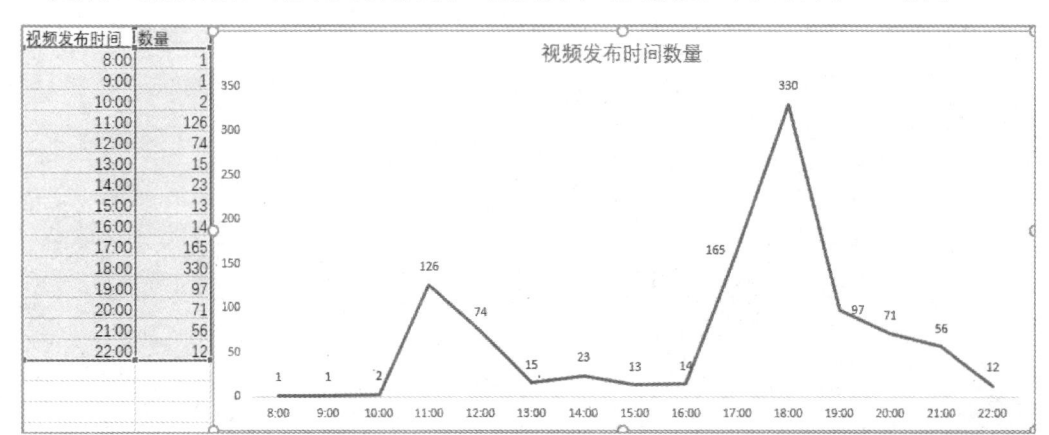

完成上述操作后，得到了优化好的"视频发布时间数量"图，如图 7-36 所示。

图 7-36

【图表解析】由图 7-36 可知，主播主要发布短视频的时间集中在 11:00—12:00 和 17:00—19:00。

接下来对"视频发布时间 4 大指标"数据进行可视化。因为 4 个指标的数据量相差很大，所以不会将其放入一张图中，我们可以将 4 个指标做成 4 张图。

首先，制作"点赞人数"指标的图。选中数据，在"插入"选项卡中选择"推荐的图表"选项，然后在"插入图表"对话框中选择"所有图表"选项卡中的"柱状图"选项，如图 7-37 所示。

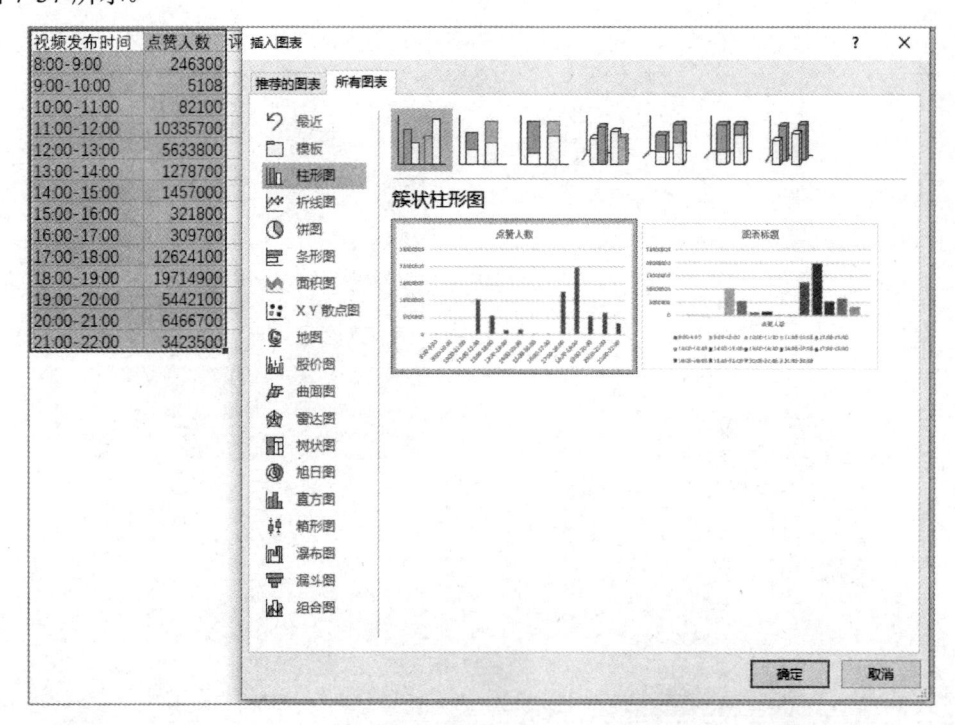

图 7-37

对图表进行优化，删除网格线，添加数据标签，得到"点赞人数"图，如图 7-38 所示。

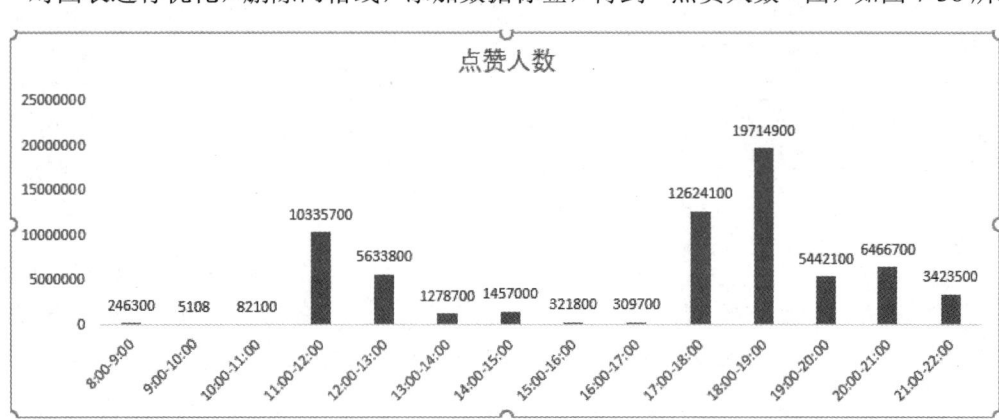

图 7-38

因为数据较杂乱，所以需要对坐标轴进行设置，使数据能够清晰显示。右击左侧坐标轴，在弹出的快捷菜单中选择"设置坐标轴格式"选项，如图 7-39 所示。

将"设置坐标轴格式"窗格中的"显示单位"下拉列表设置为"10000"，如图 7-40 所示。

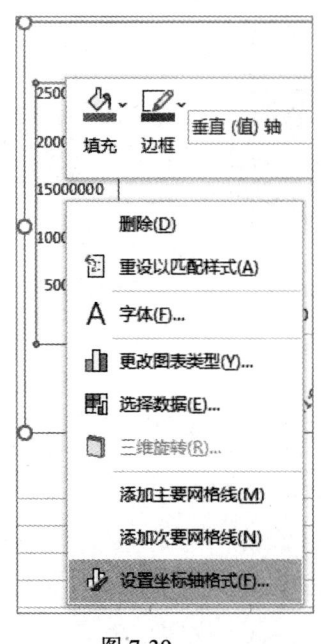

图 7-39 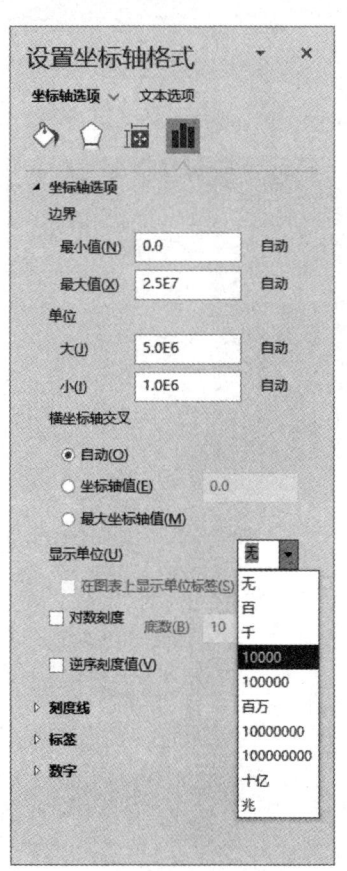　　　　　　　　　　　　图 7-40

设置完成，得到优化好的点赞人数表，如图7-41所示。

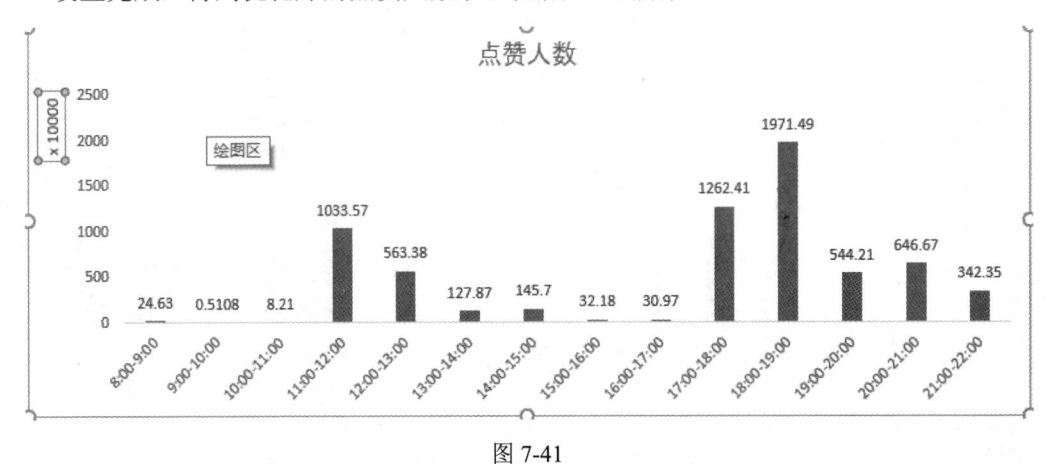

图 7-41

图7-41中左上角的单位是数字且是倒过来的，所以需要对其进行优化，将其变成文字，且是正的；选中单位图标，在右侧"设置显示刻度单位标签格式"窗格下的"大小与属性"选项中，设置"文字方向"为"竖排"，将坐标轴标签改为"万"，如图7-42所示。

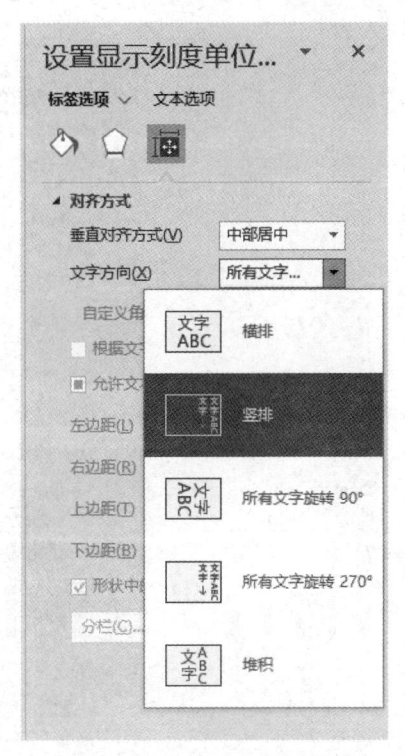

图 7-42

得到最后优化完成的"点赞人数"图，如图7-43所示。

对其他3个指标进行同样操作，共得到4张指标图，如图7-44所示。

【图表解析】通过结合4大指标及之前的"视频发布时间数量"表，可知主播在17:00

—19:00 发布的短视频数量最多，且短视频的点赞人数、评论人数、分享人数、转发人数等指标也最高，由此可知播主有稳定的内容营销时间段，不会随意波动，数据也很客观；所以，主播的视频营销较稳定，接下来将对主播短视频带货的商品进行分析，分析短视频带货的营销效果如何。

步骤 2　短视频带货的营销效果分析

打开"7-3 短视频分析"文件的"短视频带货商品"工作表。

选取所有数据，选择"插入"选项卡中的"数据透视表"选项，将"商品标题"字段放入"行"标签框，将"求和项：销售额"字段放入"值"标签框，如图 7-45 所示。

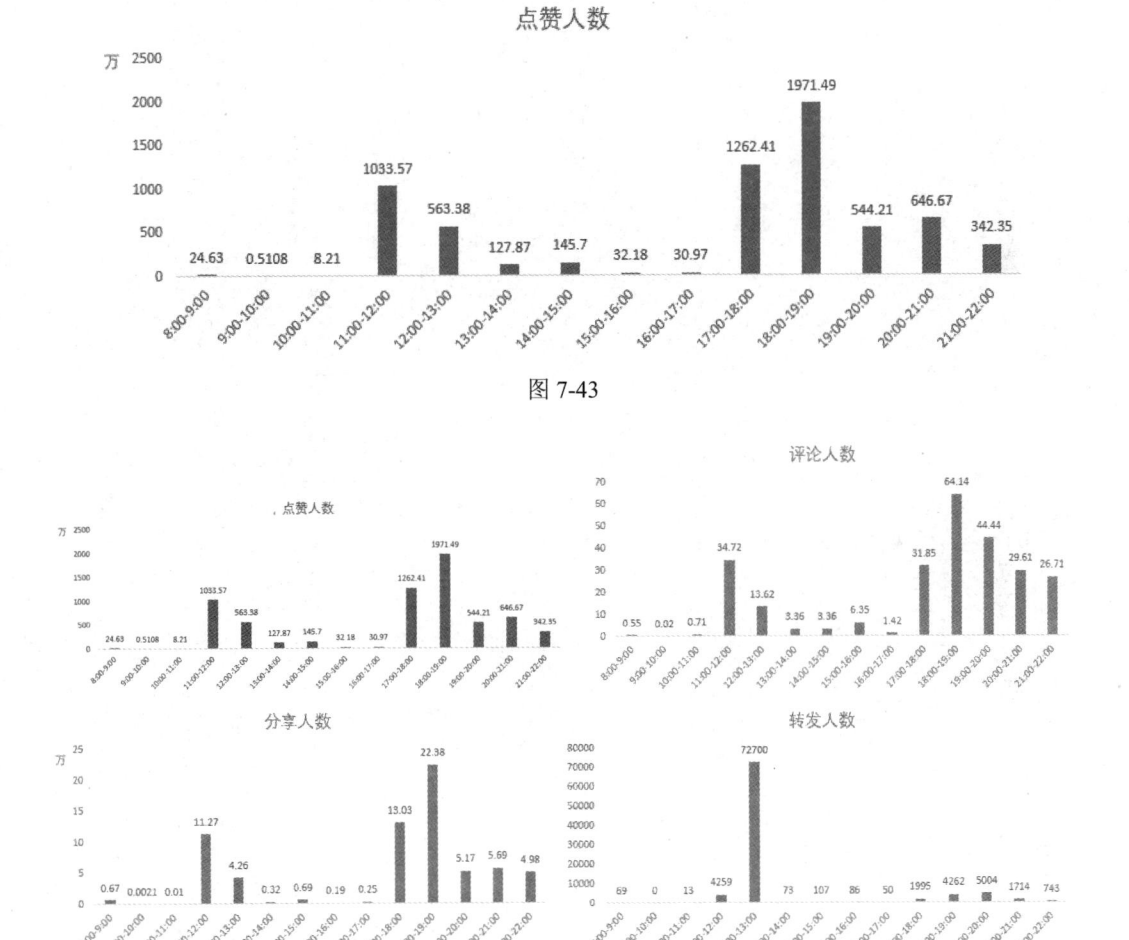

图 7-43

图 7-44

在"插入"选项卡的"推荐的图表"功能组中选择"柱形图"选项，修改"图表标题"为"商品 TOP 销售额榜单"，结果如图 7-46 所示。

【图表解析】由图 7-46 可知，TOP3 商品的近 30 天销售额突破了百万元大关，TOP1 商品更是突破了 1500 万元，可见主播的短视频带货能力很强。

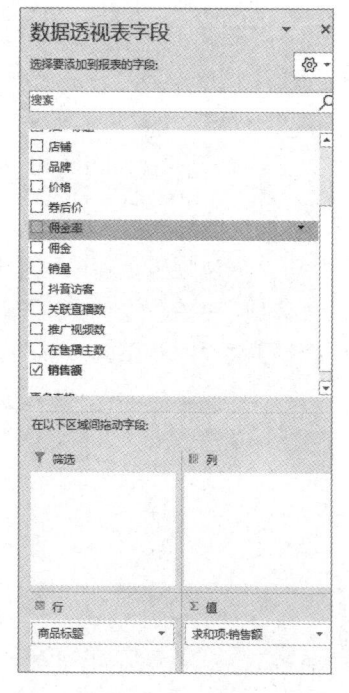

图 7-45

图 7-46

任务 4　直播效果分析

了解直播效果分析方法，知晓如何通过某一点找到适合的主播，通过分析其直播营销效果——销售额，了解主播直播能力；掌握分析方法，了解制图方法及优化方法。

注：该任务所用到的文件为"7-4 直播数据"。

【操作手册】

打开"7-4 直播数据"文件，如图 7-47 所示。

在表格中创建数据透视表，将"直播间标题"字段放入"行"标签框，将"求和项：预估销量""求和项：全网销量"放入"值"标签框，如图 7-48 所示。

图 7-47

得到数据透视表，如图 7-49 所示。然后在"插入"选项卡的"推荐的图表"功能组中选择"柱状图"选项，删除图表网格线，添加数据标签，修改"图表标题"为"近 30 天直播场销量"，得到"近 30 天直播场销量"柱状图，如图 7-50 所示。

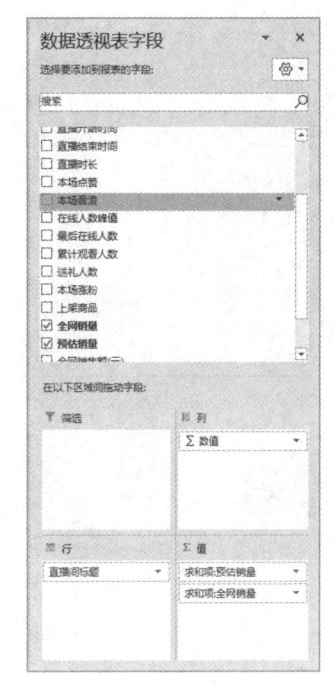

图 7-48　　　　　　　　　　　　　图 7-49

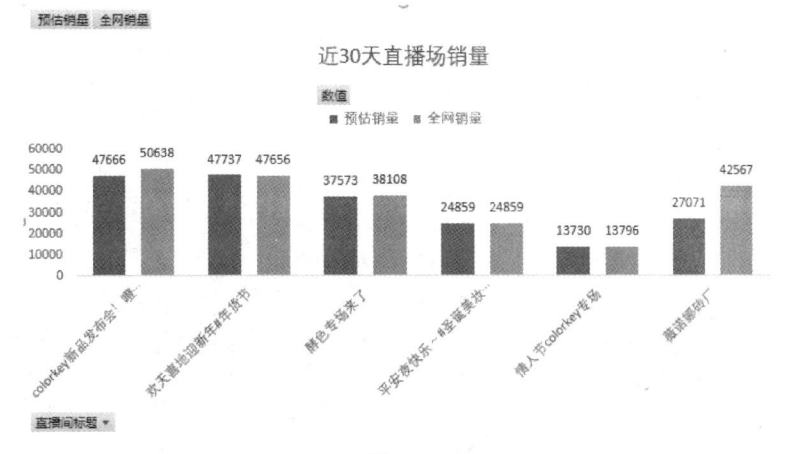

图 7-50

【图表解析】通过图 7-50 所示柱状图可知，主播近 30 天的直播场销量基本都是超过预估销量的，由此可以判断出该主播的直播效果比较好，而且每场直播的销量皆突破万件。

在工作表中再次创建一个数据透视表，将"直播间标题"字段放入"行"标签框，将"全网销售额(元)"字段放入"值"标签框，得到的数据透视表如图 7-51 所示。

行标签	全网销售额(元)
colorkey新品发布会！嘴嘟嘟嘟	3950845.4
欢天喜地迎新年#年货节	3167597.13
酵色专场来了	2993660.1
平安夜快乐～#圣诞美妆派对	1188743.5
情人节colorkey专场	963685.4
薇诺娜砖厂	2448635.7
总计	14713167.23

图 7-51

在"插入"选项卡的"推荐的图表"功能组中选择"柱状图"选项，删除图表网格线，添加数据标签，得到"30 天直播场销售额"柱状图，如图 7-52 所示。

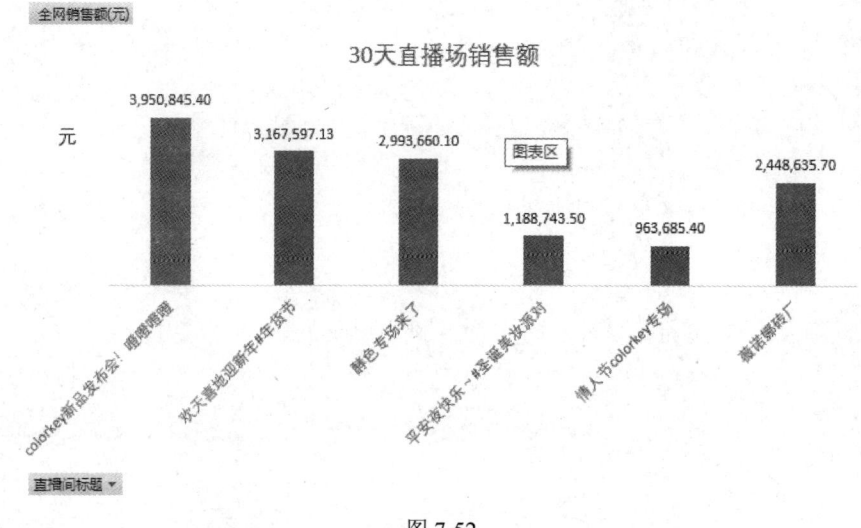

图 7-52

【图表解析】通过图 7-52 可知，近 30 天的直播场销售额都很可观，销售额几乎都突破了百万元；结合图 7-51 和图 7-52 可知，主播整体的直播效果很好，这样的主播能为企业带来可观的利润。

项目8 活动分析

【场景描述】

店铺A是一家主营女装的店铺，主要在线上的淘宝、天猫平台进行销售。为了更好地了解店铺营销活动的效果，店铺A想根据店铺后台的数据对聚划算、日常促销、双十一、双十二的活动效果进行分析。

【项目目标】

以店铺A的后台数据为基础，做一次活动分析。

【分析思路】

项目	任务	分析维度
活动分析	任务1：聚划算活动效果分析	■ 活动效果预测
	任务2：店内促销分析	■ 访客数对比情况 ■ 支付金额对比情况 ■ 支付买家数对比情况 ■ 支付老买家数对比情况 ■ 支付商品数对比情况 ■ 客单价对比情况
	任务3：活动复盘分析	■ 复盘表各指标分析

任务 1　聚划算活动效果分析

了解店铺聚划算活动效果分析的意义，掌握店铺聚划算活动效果分析的思路和方法，会使用 Excel 展现聚划算活动的效果，会解读分析给出的数据并做出结论。

注：该任务所用到的文件为"8-1 聚划算数据"。

【操作手册】

打开"8-1 聚划算数据"文件，如图 8-1 所示。

注：我们的目标是预测 129 元的商品参加活动的效果。

创建散点图。选中数据，数据范围为 B1:C12，如图 8-2 所示。数据中有两个变量，"价格"是自变量，"销量"是因变量。

	A	B	C
1	商品	销量	价格
2	A	6710	68.00
3	B	5770	78.00
4	C	5716	78.00
5	D	5945	79.00
6	E	6245	79.00
7	F	6065	79.00
8	G	4908	89.00
9	H	2732	149.00
10	I	2526	179.00
11	J	2123	199.00
12	K	1903	199.00

图 8-1

	A	B	C	D
1	商品	价格	销量	品名
2	A	68.00	6710	裤子
3	B	78.00	5770	牛仔长裤
4	C	78.00	5716	牛仔长裤
5	D	79.00	5945	牛仔长裤
6	E	79.00	6245	裤子
7	F	79.00	6065	裤子
8	G	89.00	4908	裤子
9	H	149.00	2732	裤子
10	I	179.00	2526	牛仔裤子
11	J	199.00	2123	裤子
12	K	199.00	1903	裤子

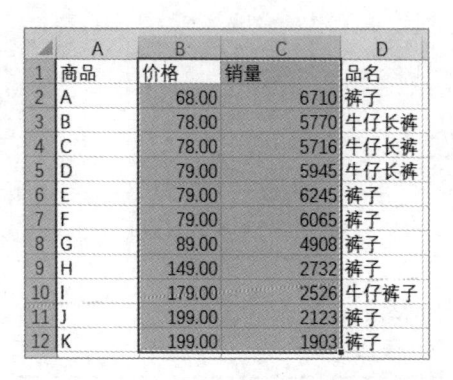

图 8-2

在"插入"选项卡的"推荐的图表"功能组中选择"散点图"选项，选择第一种散点图，如图 8-3 所示。

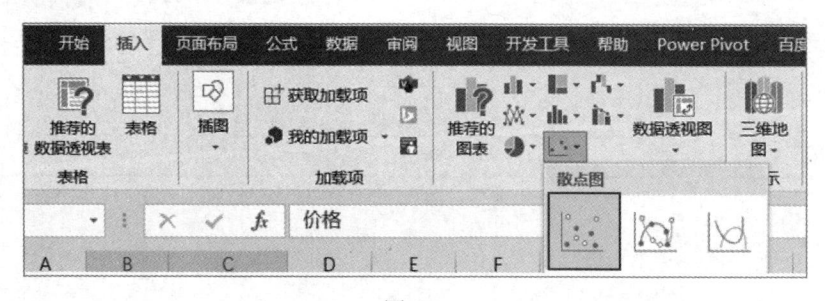

图 8-3

所创建的散点图如图 8-4 所示。

如图 8-5 所示，单击图表右上角的"+"按钮，在弹出的快捷菜单中，可选"坐标轴""图表标题""网格线""趋势线"复选框(可任意选择一种算法，在这里编者选择的是线性)。

右击"散点图"中的趋势线，在弹出的快捷菜单中选择"设置趋势线格式"选项，如图 8-6 所示。

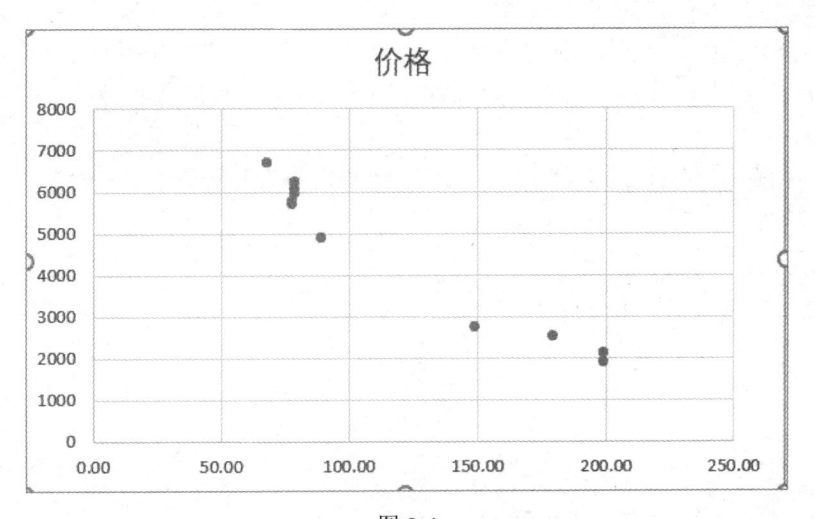

图 8-4

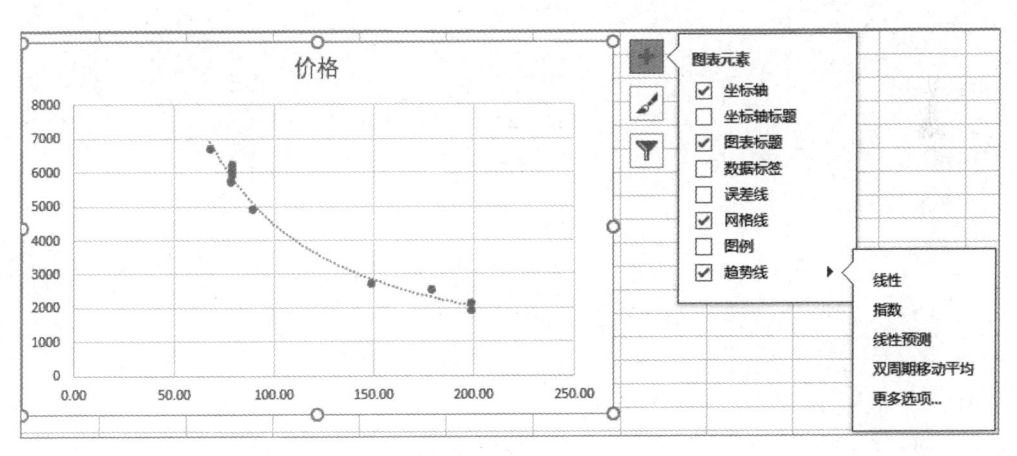

图 8-5

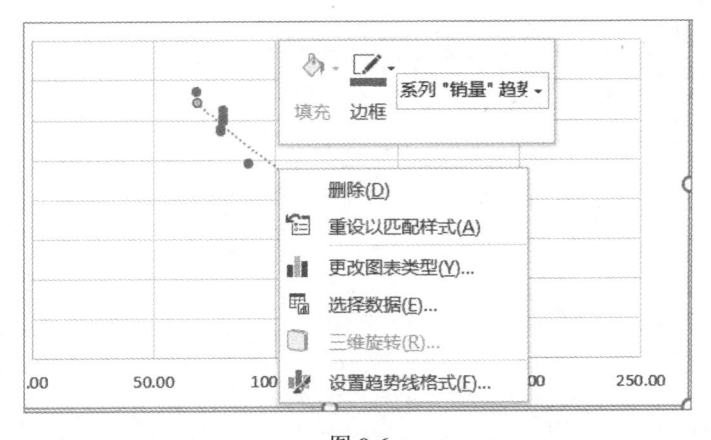

图 8-6

在"设置趋势线格式"窗格中勾选"显示公式"和"显示 R 平方值"复选框,如图 8-7 所示。

显示的公式是回归方程，通过方程可以计算相应数值，R^2 的值代表解释的程度，R^2 的值越接近 1，拟合度就越高，说明此方程的预测结果越精准。在实际应用中，R^2 的值要大于 0.6。

如图 8-8 所示，对比不同算法的 R^2 值，此时 R^2 的值最高是 0.9887，采用此值来进行计算。

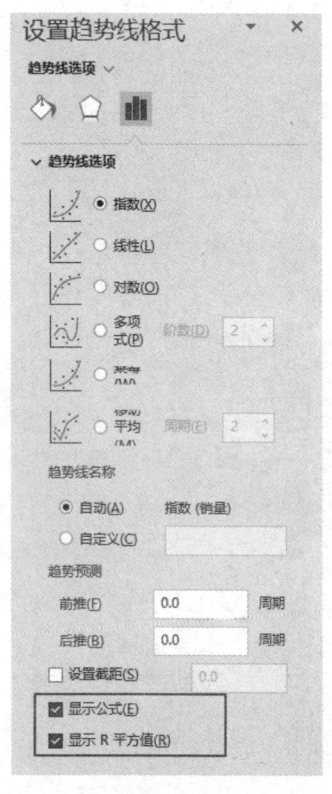

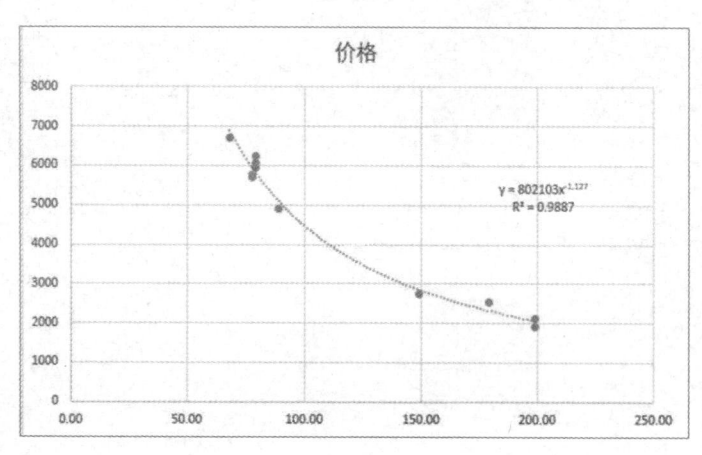

图 8-7

图 8-8

在 Excel 中应用预测方程，我们的目标是预测价格为 129 元的商品的销量。所以，需要在"价格"列中添加新的数据"129.00"，并且在"销量"列在对应位置添加计算公式："=802103*B13^-1.127"，如图 8-9 所示。

图 8-9

用此方程计算出价格为 129 的商品，在聚划算活动中的销量为 3354 件。一般预测的误差在±10%以内属于正常范围。根据预测结果，可以提前安排客服、仓库、快递等方面的工作。

任务 2　店内促销分析

了解店内促销分析的意义，掌握店内促销分析的思路和方法，会使用数据透视表展现店内促销效果的情况，会解读分析给出的数据并做出结论。

注：该任务所用到的文件为"8-2 店内促销分析"。

【操作手册】

从生意参谋的取数板块中取出店铺数据，分析"双十一""双十二"当天的销售数据和 11 月、12 月其他日期销售数据的区别。

打开"8-2 店内促销分析"文件，如图 8-10 所示。

统计日期	访客数	支付金额	支付买家数	支付老买家数	支付商品数	客单价
2020/11/1	900	10754	63	6	7	170.70
2020/11/2	929	9864	61	0	10	161.70
2020/11/3	973	10105	64	1	9	157.89
2020/11/4	1230	10480	65	1	13	161.23
2020/11/5	1531	11086	64	3	7	173.22

图 8-10

在"下载数据"工作表中复制"双十一"和"双十二"当天的数据，并粘贴放入新的工作表"促销分析"中，如图 8-11 所示。

统计日期	访客数	支付金额	支付买家	支付老买	支付商品	客单价
2020/11/11	6349	114334	570	26	29	200.59
2020/12/12	2225	35783	159	8	19	225.05

图 8-11

179

根据公式计算新买家数，新买家数=支付买家数−支付老买家数，如图8-12所示。

统计日期	访客数	支付金额	支付买家数	支付老买家数	支付商品数	客单价	新买家数
2018/11/11	6349	114334	570	26	29	200.59	544
2018/12/12	2225	35783	159	8	19	225.05	151

图 8-12

返回"下载数据"工作表，这次我们筛选出不包含"双十一""双十二"当天数据的其他数据，并且新建"筛选后的数据"工作表，将筛选后的数据复制到"筛选后的数据"工作表中，如图8-13所示。

统计日期	访客数	支付金额	支付买家	支付老买	支付商品	客单价
2020/11/1	900	10754	63	6	7	170.70
2020/11/2	929	9864	61	0	10	161.70
2020/11/3	973	10105	64	1	9	157.89
2020/11/4	1230	10480	65	1	13	161.23
2020/11/5	1531	11086	64	3	7	173.22
2020/11/6	2140	11637	62	2	8	187.69
2020/11/7	2077	11532	62	2	8	186.00
2020/11/8	2585	12386	61	7	8	203.05
2020/11/9	3185	11798	62	1	9	190.29
2020/11/10	4544	11417	55	6	6	207.58
2020/11/12	1073	9912	57	1	9	173.89
2020/11/13	915	9597	51	2	7	188.18
2020/11/14	1013	8042	43	4	6	187.02
2020/11/15	1129	8635	45	2	4	191.89
2020/11/16	1233	11921	57	8	7	209.14
2020/11/17	1054	11173	57	6	7	196.02
2020/11/18	1317	12628	61	5	3	207.02
2020/11/19	1172	12341	64	4	4	192.83
2020/11/20	1088	11700	64	4	7	182.81
2020/11/21	1043	10312	53	3	5	194.57
2020/11/22	1021	8785	45	4	4	195.22
2020/11/23	1120	9445	49	5	10	192.76
2020/11/24	1144	8197	41	2	5	199.93
2020/11/25	1399	10156	54	5	6	188.07
2020/11/26	1207	8706	49	6	6	177.67
2020/11/27	1314	12241	59	3	7	207.47
2020/11/28	1373	14413	71	6	6	203.00
2020/11/29	1467	14750	70	4	3	210.71

下载数据　筛选后的数据　促销分析

图 8-13

选中"筛选后的数据"工作表中的任意数据，在"插入"选项卡中选择"数据透视表"选项，将"数据透视表"放入当前工作表中，如图8-14所示。

对"数据透视表"进行设置，将"求和项：访客数""求和项：支付金额""求和项：支付买家数""求和项：支付老买家数""求和项：支付商品数""求和项：客单价"这几个字段放入"值"标签框，将"统计日期"字段放入"行"标签框，如图8-15所示。

单击"值"标签框中各个字段右侧的倒三角形按钮，在"值字段设置"对话框的"计算类型"选区中选择"平均值"选项，如图8-16所示。

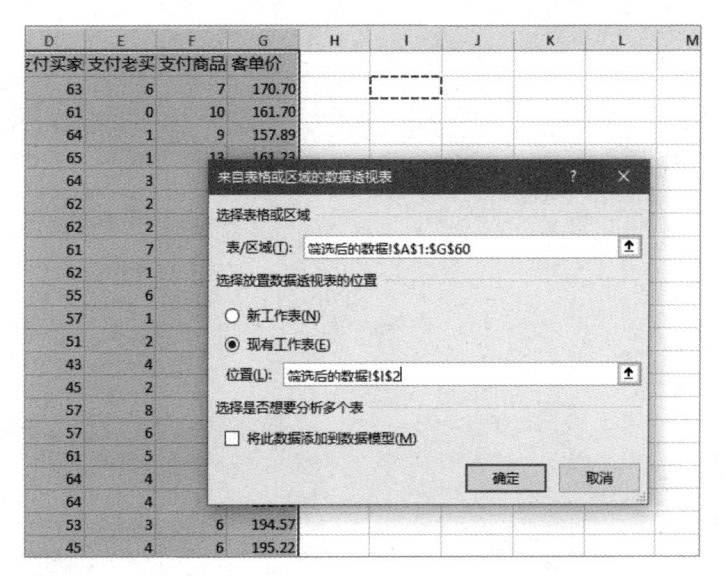

图 8-14

图 8-15

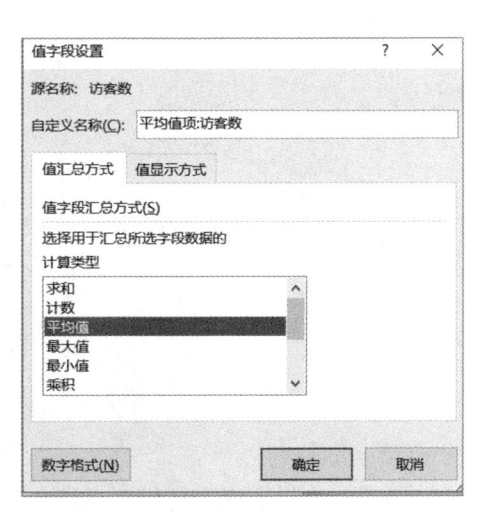

图 8-16

得到数据透视表结果后，再计算 11 月和 12 月的新买家数，如图 8-17 所示。

行标签	平均值项:访客数	平均值项:支付金额	平均值项:支付买家数	平均值项:支付老买家数	平均值项:支付商品数	平均值项:客单价	新买家数
11月	1469.793103	11027.68966	57.93103448	3.793103448	7	190.3427586	54.13793
12月	1483.566667	12767.8	59.43333333	6.1	7.4	216.1283333	53.33333
总计	1476.79661	11912.49153	58.69491525	4.966101695	7.203389831	203.4540678	

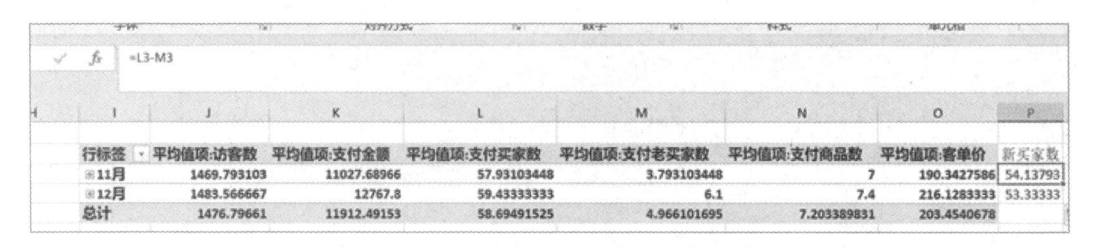

图 8-17

计算完成之后，同样地，将 11 月和 12 月的数据复制到"促销分析"工作表中，如图 8-18 所示。

	A	B	C	D	E	F	G	H
1	统计日期	访客数	支付金额	支付买家	支付老买	支付商品	客单价	新买家数
2	2018/11/11	6349	114334	570	26	29	200.59	544
3	2018/12/12	2225	35783	159	8	19	225.05	151
4	11月	1469.793	11027.69	57.93103	3.793103	7	190.3428	54.13793
5	12月	1483.567	12767.8	59.43333	6.1	7.4	216.1283	53.33333
6								

图 8-18

选中 11 月和 12 月的数值数据，右击该区域，并在弹出的快捷菜单中选择"设置单元格格式"选项，如图 8-19 所示。在"分类"选区中选择"数值"选项且不保留小数，如图 8-20 所示。

图 8-19

最后结果如图 8-21 所示。

"双十一"活动当天的支付金额、支付买家数和新买家数约为平时的 10 倍，支付商品数约为平时的 4 倍，说明活动对引流拉新和商品动销有实际的促进作用。活动当天的客单价均略高于平时的客单价，这是由消费者的凑单行为引起的数据变化。

图 8-20

统计日期	访客数	支付金额	支付买家数	支付老买家数	支付商品数	客单价	新买家数
2018/11/11	6349	114334	570	26	29	200.59	544
2018/12/12	2225	35783	159	8	19	225.05	151
11月	1470	11028	58	4	7	190	54
12月	1484	12768	59	6	7	216	53

图 8-21

任务 3　活动复盘分析

了解店铺活动复盘分析的意义，掌握店铺活动复盘分析的思路和方法，会解读分析给出的数据并做出结论。

注：该任务所用到的文件为"8-3 活动复盘分析"。

【操作手册】

步骤 1　构建活动复盘表

打开"8-3 活动复盘分析"文件，如图 8-22 所示。

单击"Sheet1"工作表中的任意数据，在"插入"选项卡中选择"数据透视表"选项，将"数据透视表"放入现有的"Sheet1"工作表中，如图 8-23 所示。

183

分类时期	统计日期	访客数	支付转化率	客单价	支付金额	支付买家数	加购人数	加购件数	支付商品数
第一期预热期	2020-10-21	9700	9.07%	43.71	38461.8	880	1160	1380	48
第一期预热期	2020-10-22	10400	10.19%	43.28	45873.5	1060	990	1140	66
第一期预热期	2020-10-23	8230	10.94%	48.42	43582.2	900	780	840	60
第一期预热期	2020-10-24	8270	9.31%	63.20	48661.4	770	860	1270	60
第一期预热期	2020-10-25	8980	11.02%	49.66	49163.3	990	1220	1550	72
第一期预热期	2020-10-26	8620	12.41%	58.52	62620.1	1070	820	910	78
第一期预热期	2020-10-27	8920	8.07%	44.14	31780.7	720	840	1040	66
第一期预热期	2020-10-28	9130	9.20%	43.17	36264.1	840	900	1000	66
第一期预热期	2020-10-29	9180	7.41%	51.34	34913.6	680	1290	1400	66
第一期预热期	2020-10-30	9250	4.86%	67.68	30454.2	450	1370	1590	60
第一期预热期	2020-10-31	10820	3.70%	45.58	18232	400	1630	1760	60
第一期销售期	2020-11-01	13240	18.96%	55.35	138929.6	2510	1680	2100	84
第一期销售期	2020-11-02	10750	10.88%	55.16	64535.4	1170	1150	1600	78
第一期销售期	2020-11-03	9360	13.57%	56.72	72039.9	1270	1240	1600	90
第二期预热期	2020-11-04	8750	8.80%	47.73	36751.9	770	920	1140	60
第二期预热期	2020-11-05	9140	9.96%	61.41	55883.1	910	1090	1370	84
第二期预热期	2020-11-06	10630	6.21%	47.89	31607.7	660	1400	1690	72
第二期预热期	2020-11-07	9870	5.78%	50.18	28605	570	1220	1420	48
第二期预热期	2020-11-08	9800	6.94%	46.86	31862.7	680	1280	1510	84
第二期预热期	2020-11-09	10360	5.21%	45.04	24322.9	540	1290	1490	60
第二期预热期	2020-11-10	16780	3.04%	40.62	20716.5	510	2650	3330	66
第二期销售期	2020-11-11	21610	25.78%	56.33	313734.4	5570	3080	5010	114

图 8-22

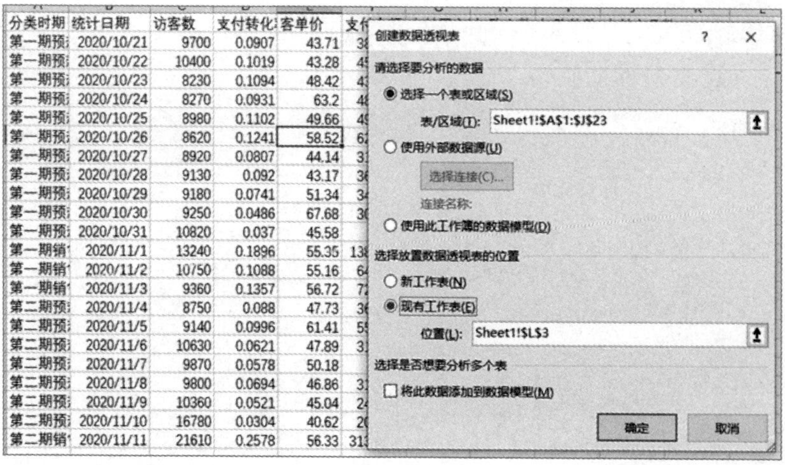

图 8-23

对"数据透视表"进行设置，将"求和项：访客数""平均值项：客单价""求和项：支付金额""求和项：支付买家数""求和项：加购人数""求和项：加购件数""求和项：支付商品数"等字段放入"值"标签框，将"分类时期"字段放入"行"标签框。"客单价"求平均值，其他指标求和，在"数据透视表"结尾计算支付转化率（支付转化率=支付买家数/访客数），如图 8-24 所示。

时期	求和项:访客数	平均值项:客单价	求和项:支付金额	求和项:支付买家数	求和项:加购人数	求和项:加购件数	求和项:支付商品数	支付转化率
第二期销售期	21610	56.33	313734.4	5570	3080	5010	114	0.257751041
第二期预热期	75330	48.53	229749.8	4640	9850	11950	474	0.061595646
第一期销售期	33350	55.74	275504.9	4950	4070	5300	252	0.148425787
第一期预热期	101500	50.79	440006.5	8760	11860	13880	696	0.086305419
总计	231790	51.00	1258996	23920	28860	36140	1536	

图 8-24

如图 8-25 所示，右击"支付转化率"列的数据，在弹出的快捷菜单中选择"设置单元格格式"选项；在"设置单元格格式"窗格的"分类"选区中选择"百分比"选项且保留 2 位小数。

项目 8 活动分析

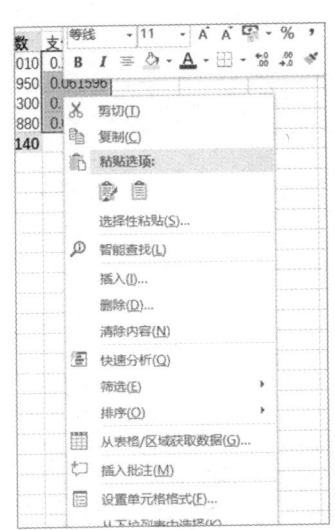

图 8-25

时期	求和项:访客数	平均值项:客单价	求和项:支付金额	求和项:支付买家数	求和项:加购人数	求和项:加购件数	求和项:支付商品数	支付转化率
第二期销售期	21610	56.33	313734.4	5570	3080	5010	114	25.78%
第二期预热期	75330	48.53	229749.8	4640	9850	11950	474	6.16%
第一期销售期	33350	55.74	275504.9	4950	4070	5300	252	14.84%
第一期预热期	101500	50.79	440006.9	8760	11860	13880	696	8.63%
总计	231790	51.00	1258996	23920	28860	36140	1536	

根据"Sheet1"工作表中"数据透视表"的内容对"未完善目标表"工作表进行填充。根据公式"差异=预热期目标–实际值",填充表格中的"差异"列,如图 8-26 所示。

图 8-26

步骤 2 对活动复盘表进行分析

填写完成后,解读已完成的目标表(图 8-26),找出差值较大的指标。根据总差异和完成率可以看出,支付买家数和支付金额的完成率较低。支付买家数和支付金额与支付转化率有关。

分析支付转化率出现问题的阶段和原因,在"Sheet1"工作表中选中"统计日期"和"支付转化率"两列数据,在"插入"选项卡的"推荐的图表"功能组中选择"二维折线图"选项,选择第一种折线图,如图 8-27 所示。

观察图 8-28 中支付转化率指标的变化趋势。

将"支付转化率"字段换成"客单价"字段,进行相同操作,观察图 8-29 中客单价指标的变化趋势。

将"支付转化率"字段换成"支付买家数"字段,进行相同操作,观察图 8-30 中支付买家数指标的变化趋势。

在"Sheet1"工作表中选中"统计日期""支付转化率""客单价"3 列数据,在"插入"选项卡的"推荐的图表"功能组中选择"组合图"选项。

185

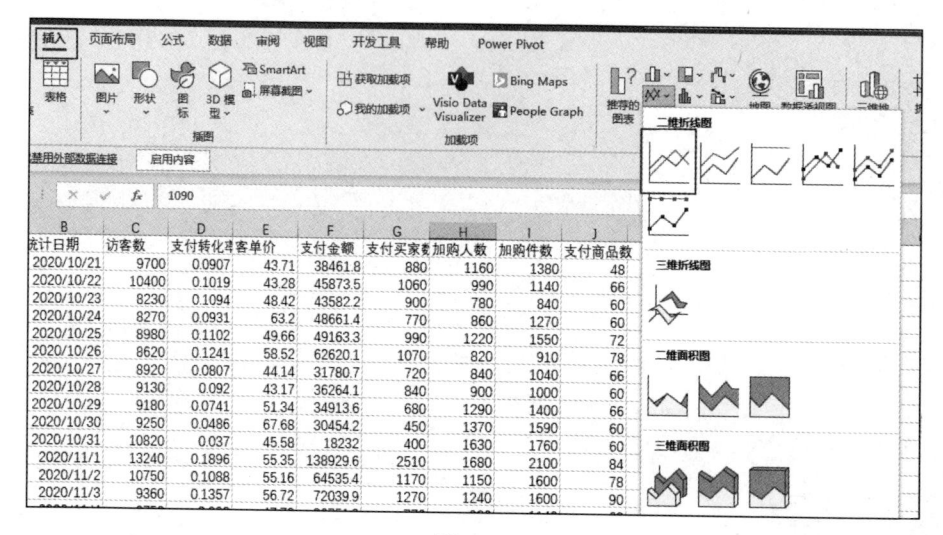

图 8-27

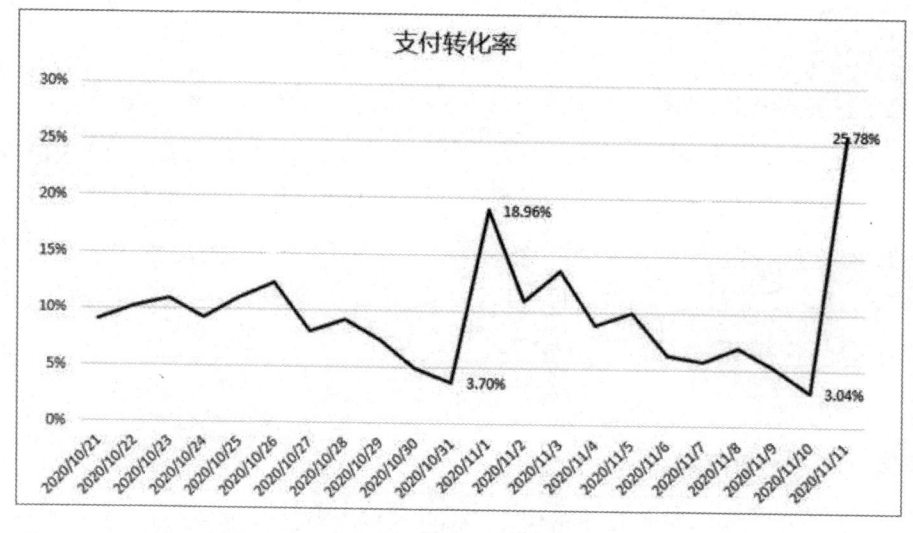

图 8-28

创建支付转化率和客单价的组合图，如图 8-31 所示。

分析客单价对支付转化率的影响：从组合图中可以看出，在客单价升高时，支付转化率在降低。客单价的升高影响了支付转化率完成目标值。

实训结论：按"双十一"活动时间线划分预热期和销售期，关键指标有访客数、支付转化率、客单价、支付金额、支付买家数、加购人数、加购件数和支付商品数。通过"双十一"目标表可以看出差异率较大的指标是支付买家数和支付金额，而这两个指标与支付转化率有关。通过观察支付转化率每一阶段的实际值、目标值和差异，并结合目标表整体数据可以发现客单价与支付转化率有一定关系。将支付转化率和客单价的数据以组合图的形式可视化，会发现在 2020 年 10 月 24 日客单价升高，支付转化率相应降低，2020 年 10 月 28 至 2020 年 10 月 31 也是如此。此次"双十一"活动店铺的支付买家数和支付金额的完成率受到了客单价的影响。

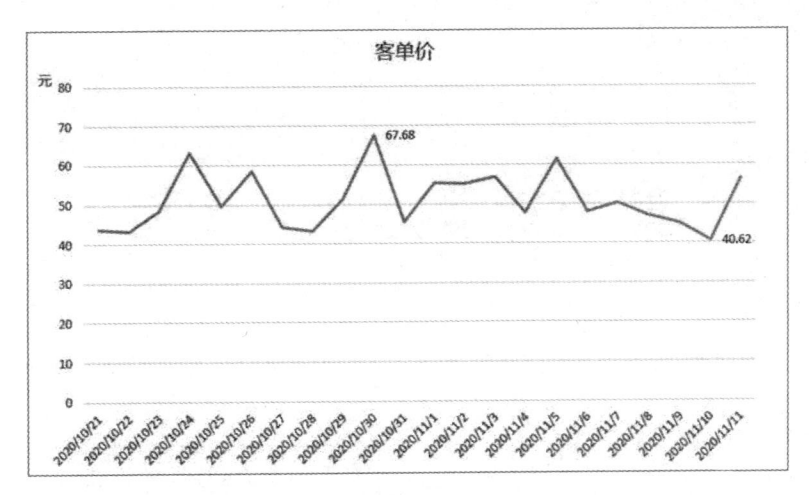

图 8-29

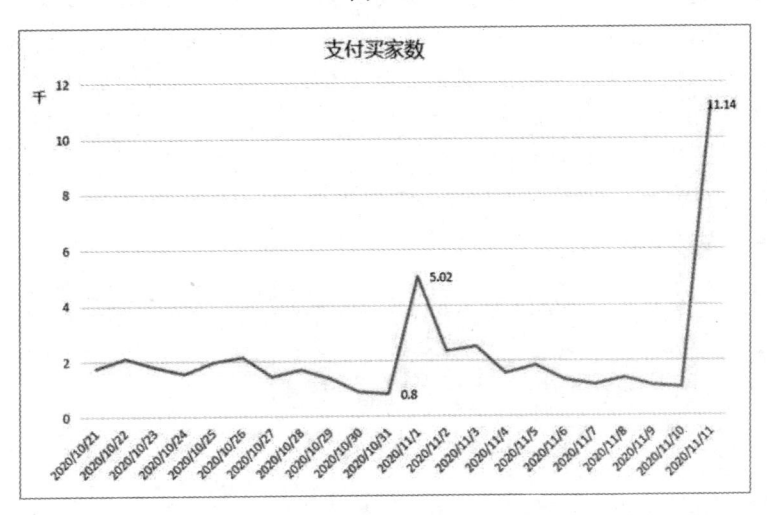

图 8-30

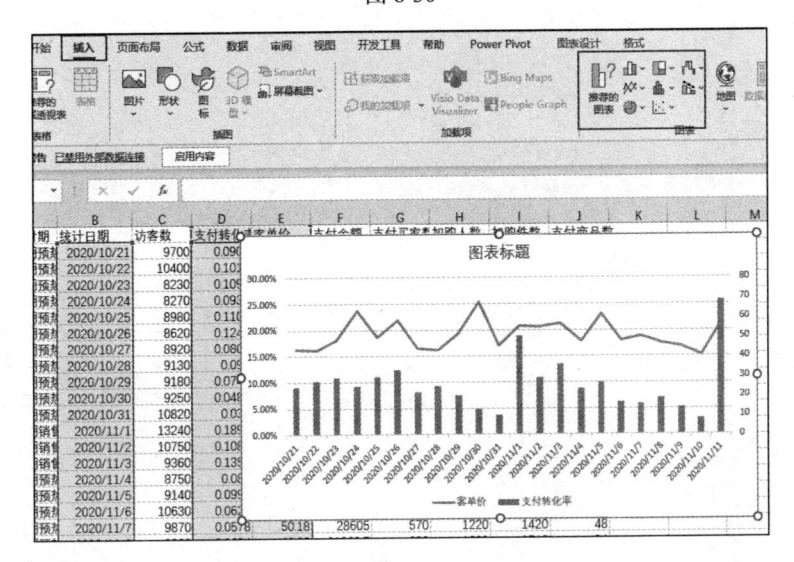

图 8-31

项目9　数据报告撰写

【场景描述】

企业 A 是一家自营电商企业，主营护肤类商品。随着企业规模不断扩张，数据分析变得格外重要。企业的数据部成员需要通过撰写数据报告来及时反馈企业情况，帮助企业找到运营中出现的问题及出现问题的原因，并给予相关建议，从而达到降本增效的目的。

【项目目标】

数据报告并不是模板化的，业务场景不同，数据报告的结构也有所不相同，但万变不离其宗。本次项目将根据企业 A 的实际情况，梳理出一个完整的数据报告撰写框架。

【分析思路】

项目	任务	分析维度
数据报告撰写	任务1：数据报告结构设计	■ 撰写标题页 ■ 撰写目录页 ■ 撰写报告综述 ■ 撰写报告正文 ■ 撰写结论及建议
	任务2：数据报告配图设计	■ 柱状图 ■ 条形图 ■ 折线图 ■ 饼图 ■ 漏斗图 ■ 词云图
	任务3：数据报告文案撰写	■ 数据报告撰写规范

任务 1　数据报告结构设计

了解数据报告的结构，根据内容实践提交一个贴合实际的数据报告框架。

【操作手册】

1. 撰写标题页

数据报告的第一页为标题页，在这一页需要写明数据报告的标题、撰写人(分析师)、日期、企业名和企业 Logo，如图 9-1 所示。

图 9-1

2. 撰写目录页

目录页列出数据报告的所有章节，使数据报告的结构更加清楚，同时也便于快速查找，提高效率，如图 9-2 所示。

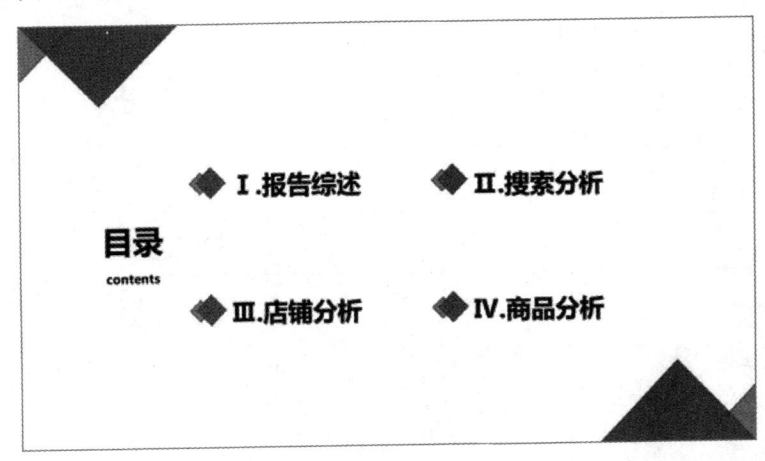

图 9-2

3. 撰写报告综述

把数据报告每一个模块的信息提炼成言简意赅的总结性成词，让读者能从报告综述中观察到整篇数据报告重要的信息，如图 9-3 所示。

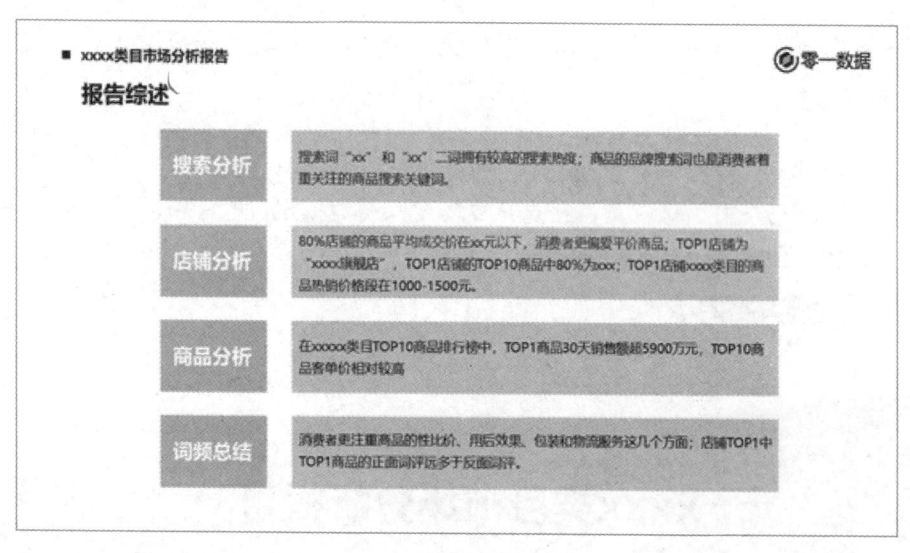

图 9-3

4. 撰写报告正文

通过图表和文字全面系统地展现数据分析的过程，说明数据分析的所用指标、结论依据，如图 9-4 所示。

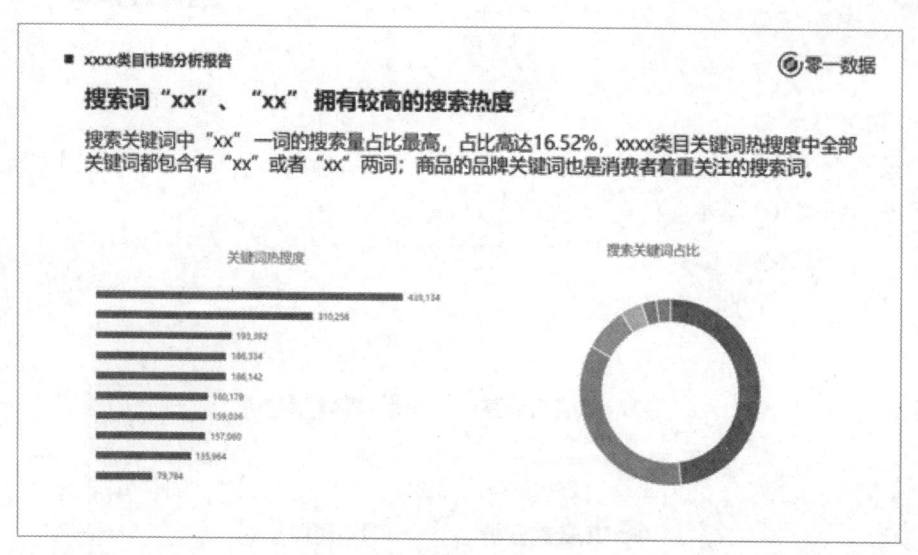

图 9-4

5. 撰写结论及建议

结论是分析的结果，要结合企业实际情况综合分析得出结论，在措辞上要做到严谨、准确、鲜明。建议是指根据企业所面临的问题和需求提出的优化方法，如图 9-5 所示。

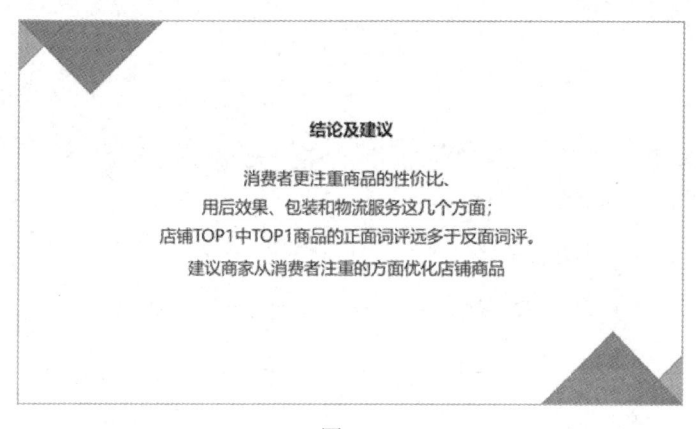

图 9-5

任务 2　数据报告配图设计

掌握数据报告配图设计的方法，根据实际情况设计数据报告配图。

【操作手册】

1. 柱状图

柱状图是最常见的图表之一，可以通过柱子的高度清晰地反映出各组数据之间的差异，如图 9-6 所示。

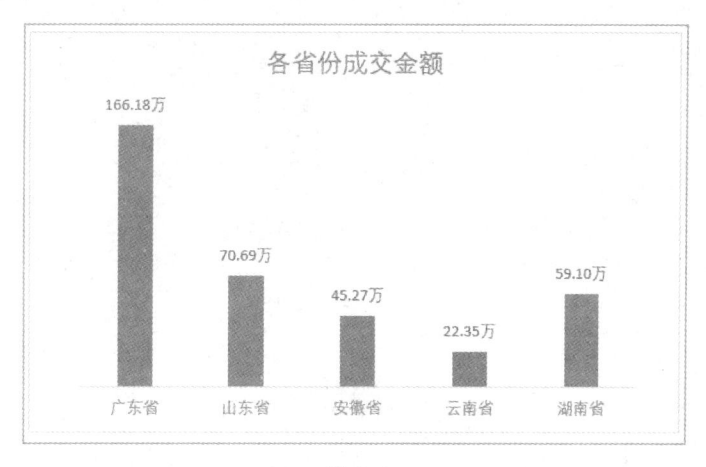

图 9-6

2. 条形图

条形图能够直观地体现具体的数据，显示各项指标的比较情况，如图 9-7 所示。

3. 折线图

折线图不仅能够表示数量的多少，同时也能够反映出数据变化的趋势，如图 9-8 所示。

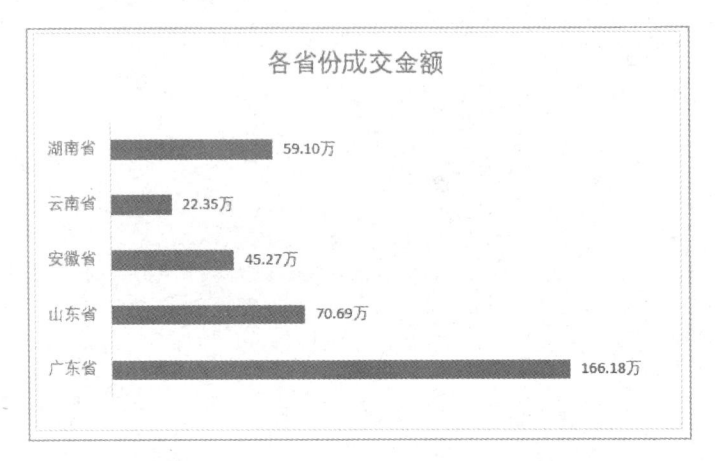

图 9-7

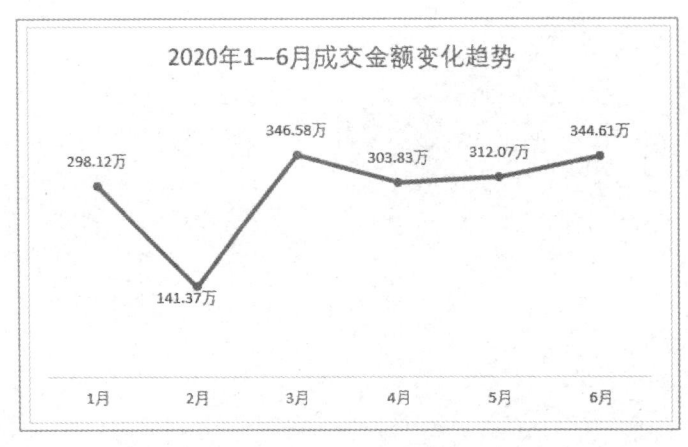

图 9-8

4. 饼图

饼图通常用来展示数据的占比情况，如图 9-9 所示。

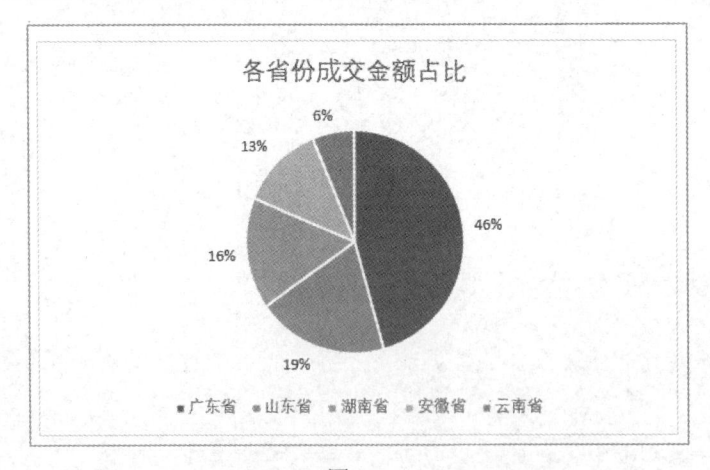

图 9-9

5. 漏斗图

漏斗图用来反映筛选的过程，如图 9-10 所示。

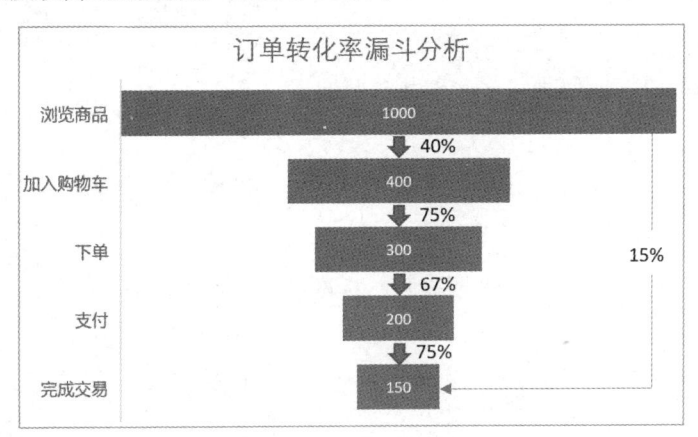

图 9-10

6. 词云图

词云图用来显示词频，广泛应用于用户需求分析当中，如图 9-11 所示。

图 9-11

任务 3　数据报告文案撰写

掌握数据报告文案撰写的方法，根据实际撰写出一份完整的数据报告。

【操作手册】

数据报告的撰写规范包括以下几方面。

1. 直接

数据报告应该用直截了当的语言，开门见山表达观点。

2. 确切

数据报告中的语言应笃而论之地表现主要内容。

3. 简洁

数据报告中的语言应具有高度的概括性，集中、准确、简洁地表述主要内容。

4. 规范

数据报告中所使用的名词术语要规范，标准统一，前后一致。

5. 谨慎

数据报告的撰写过程要谨慎，内容要实事求是。

项目 10　数 据 采 集

【场景描述】

数据是数据分析的基础,电商数据可以从多个渠道进行获取,如后台的数据下载、生意参谋各模块的数据下载、网页数据采集等。学会如何在网页中采集目标数据是数据分析中不可或缺的一步。

【项目目标】

通过 Excel 的 Power Query 采集网页端的静态和动态数据。

【分析思路】

项目	任务	分析维度
数据采集	任务 1：静态数据采集（一）	■ 如何使用 Power Query ■ 数据清洗 ■ 数据保存
	任务 2：静态数据采集（二）	■ 获取静态数据的 URL ■ 在 Power Query 中输入公式及 M 函数 ■ 数据清洗 ■ 数据保存
	任务 3：动态数据采集	■ 如何使用 Power Query ■ 获取动态数据的 URL ■ 在 Power Query 中输入公式及 M 函数 ■ 数据清洗 ■ 数据保存

任务 1　静态数据采集（一）

静态数据是指在网页源码中需采集的目标数据，而且是一次性加载到网页中的数据。

【操作手册】

在 NBA 数据网这个页面采集休斯敦火箭队球员最新赛季的历史数据，进入后的表现数据如图 10-1 所示。

图 10-1

如图 10-2 所示，在 Excel 的"数据"选项卡中，选择"自网站"选项，获取网站数据。

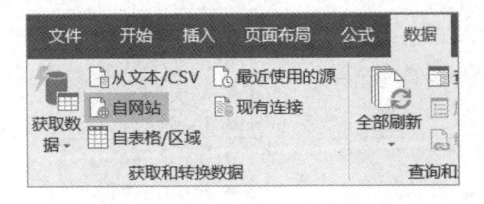

图 10-2

如图 10-3 所示，在弹出的"从 Web"对话框中，输入网址，单击"确定"按钮。

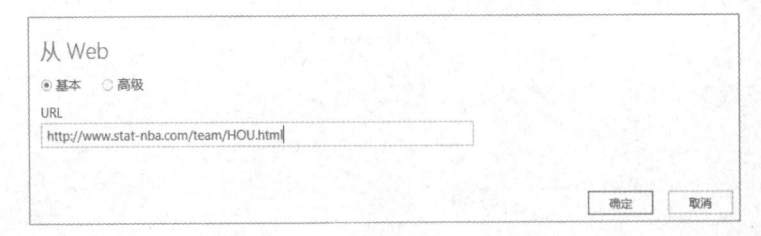

图 10-3

如图 10-4 所示，在"导航器"对话框中，通过表视图可以观察到"Table 0"是目标数据，单击"导航器"窗格中的"Table 0"表，再单击"编辑"按钮进入 Power Query 编辑器。

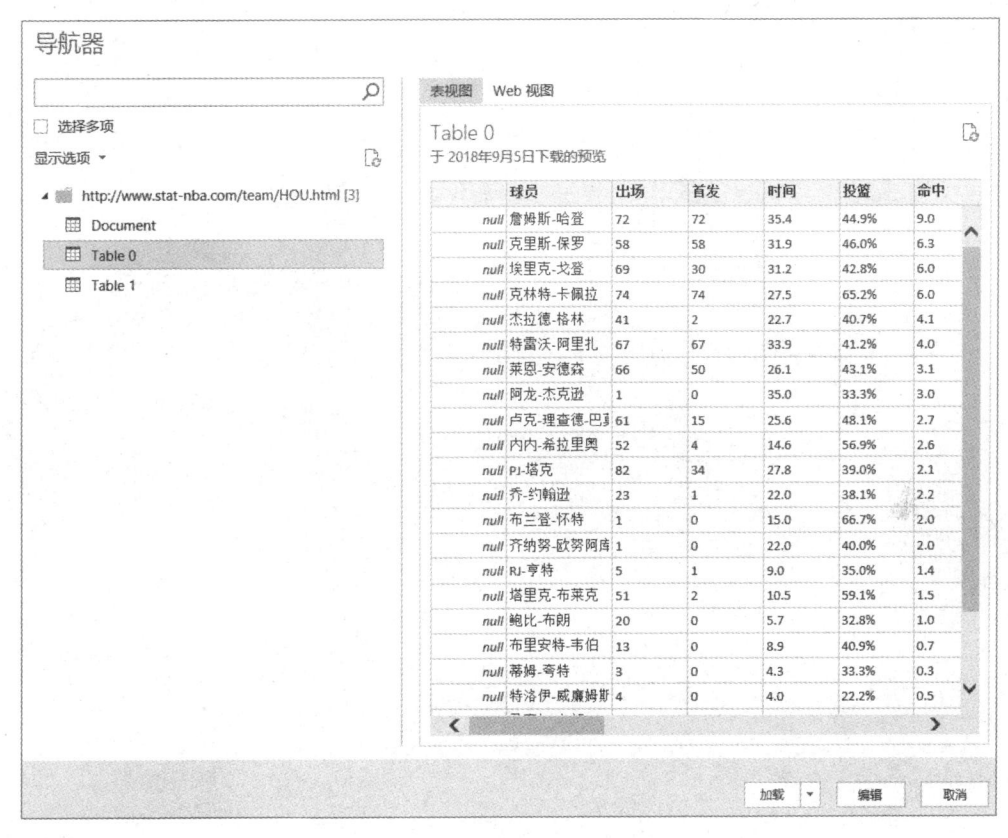

图 10-4

如图 10-5 所示，进入 Power Query 编辑器后，可以看到第一列为空列，右击第一列空列，在弹出的快捷菜单中选择"删除"选项，将该列删除。

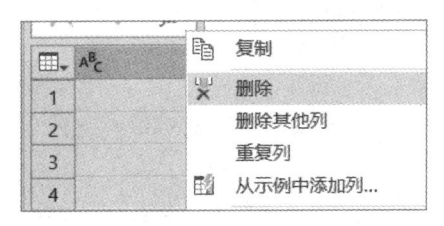

图 10-5

如图 10-6 所示，筛选球员数据，单击"球员"列右边"▽"按钮，取消勾选"总计""全队数据""对手数据"复选框，只选择需要的数据。

如图 10-7 所示，在 Power Query 编辑器"开始"选项卡中选择"关闭并上载"选项，将数据导入 Excel 中。

加载在表格中的数据，通过 Power Query 加载出来的数据如图 10-8 所示。

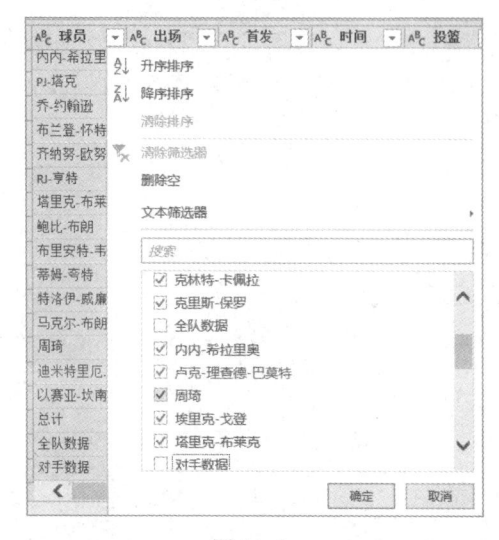

图 10-6　　　　　　　　　　　　　图 10-7

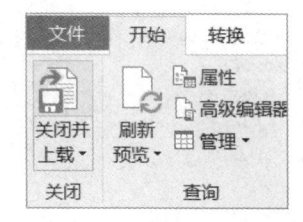

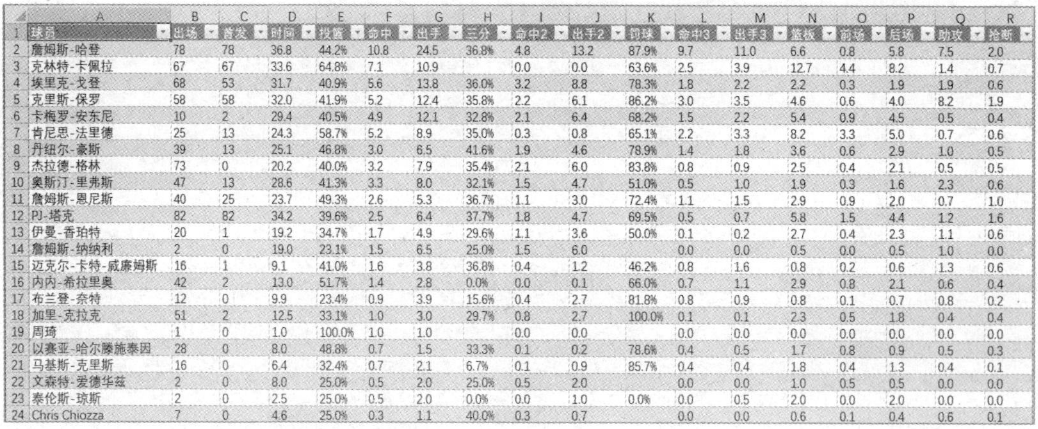

图 10-8

任务 2　静态数据采集(二)

除获取单个页面的数据之外,还可通过设置 URL 规则,一次性对多个网页的数据进行采集。

将表 10-1 中的数据填入 Excel 工作表,在"数据"选项卡中选择"自表格/区域"选项,将选中的数据导入 Power Query 编辑器,如图 10-9 所示。

表 10-1

球队名称	缩写	球队名称	缩写
马刺	SAS	小牛	DAL
灰熊	MEM	黄蜂	NOH
火箭	HOU		

如图 10-10 所示，由于数据不是表，因此会弹出"创建表"对话框，在对话框中勾选"表包含标题"复选框，单击"确定"按钮。

图 10-9

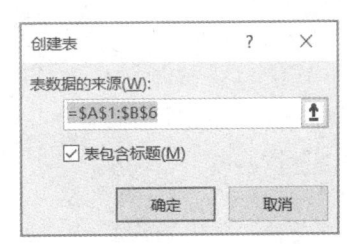

图 10-10

将数据导入 Power Query 编辑器后，先创建 URL，在"添加列"选项卡中选择"自定义列"选项，如图 10-11 所示。

如图 10-12 所示，在"自定义列"对话框中的"自定义列公式"输入框中输入"="http://www.stat-nba.com/team/"&[缩写]&".html""，将 URL 的几个部分合并在一起。

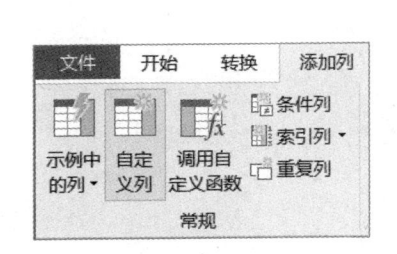

图 10-11

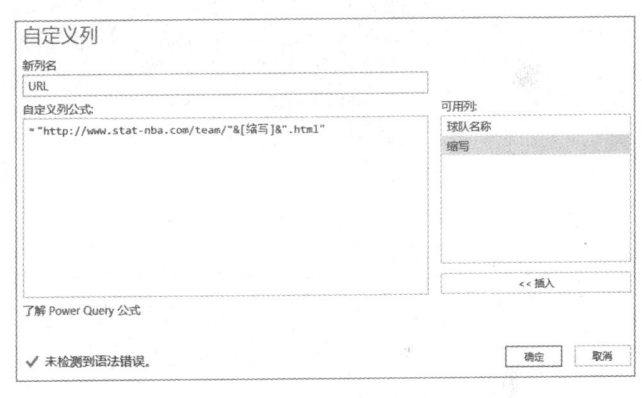

图 10-12

创建好 URL 后再次添加自定义列，采集 URL 数据，在"添加列"选项卡中选择"自定义列"选项，如图 10-13 所示。

如图 10-14 所示，在弹出的"自定义列"对话框中，在"自定义列公式"输入框中，键入"=Web.Page(Web.Contents ([URL])){0}[Data]"。

M 函数说明：

函数 1："Web.Page"函数以网页的方式加载数据。

函数 2："Web.Contents"函数将网页以二进制文件的格式下载。

"{0}[Data]"表示打开网页中的第一张表格，也就是上一个作业的"Table 0"。

如图 10-15 所示，确定自定义列后，如果是首次连接该域名就会提示数据隐私设置，勾选"忽略此文件的隐私级别检查。忽略隐私级别可能会向未经授权的用户公开敏感数据或机密数据"复选框，单击"保存"按钮即可采集到数据。

如图 10-16 所示，展开 Table，空列可以直接取消勾选，并且取消勾选"使用原始列名作为前缀"复选框。

如图 10-17 所示，展开数据后，取消勾选"总计""全队数据""对手数据"复选框。

199

图 10-13 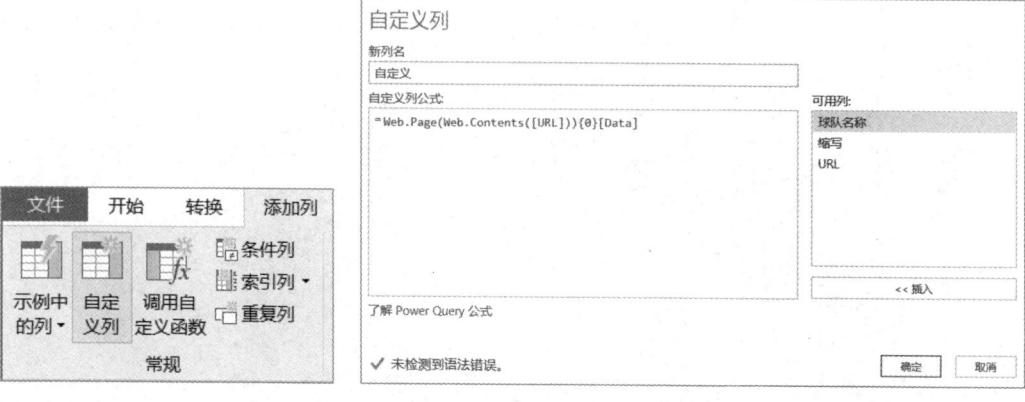　　　　　　　　　　　　　　　　图 10-14

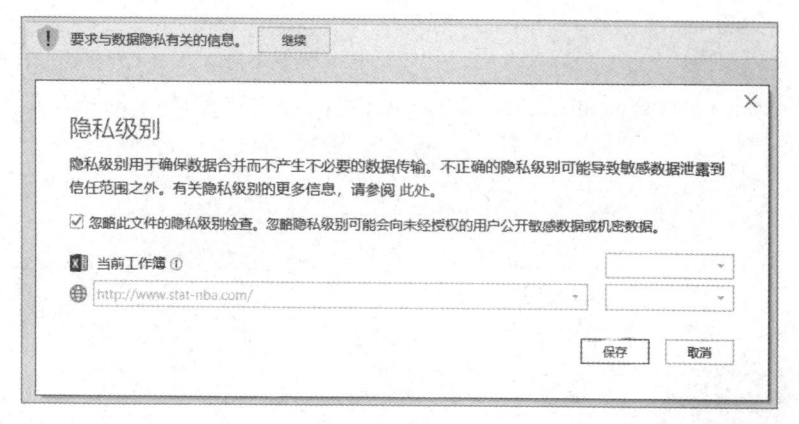

图 10-15

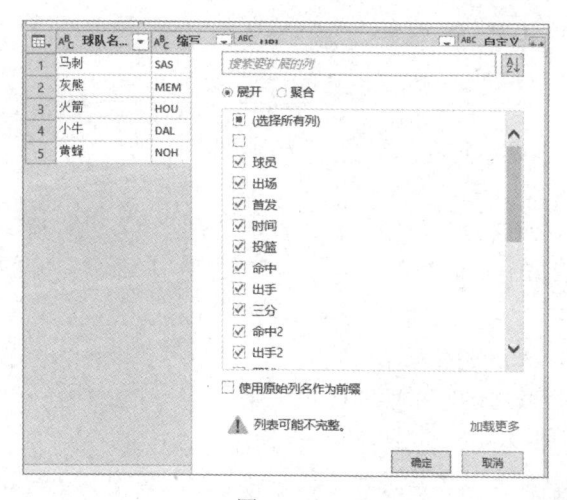

图 10-16 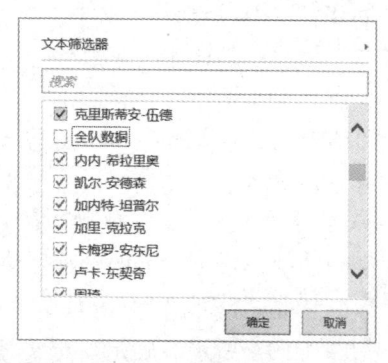　　　　　　　　　　　　　　　　图 10-17

如图 10-18 所示，按住"Ctrl"键，将不用的列选中并右击，在弹出的快捷菜单中选择"删除列"选项。

如图 10-19 所示，在 Power Query 编辑器的"开始"选项卡中选择"关闭并上载"选项。

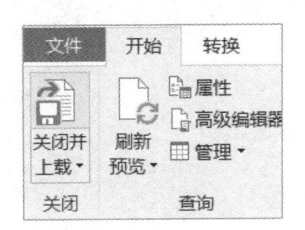

图 10-18　　　　　　　　　　　　　图 10-19

加载在表格的数据如图 10-20 所示。

图 10-20

任务 3　动态数据采集

动态数据是指在 JS 或 XHR 中需采集的目标数据，在网页中只有执行特定操作才会向服务器请求加载数据到浏览器中的数据。

【操作手册】

如表 10-2 所示，先根据球队名称、缩写和年份创建球队信息表。

表 10-2

球队名称	缩写	年份
马刺	SAS	2017
马刺	SAS	2018
火箭	HOU	2017
火箭	HOU	2018

如图 10-21 所示，在浏览器的开发者模式下，进入 NetWork（网络）界面，选择不同年份赛季，此时右侧的 NetWork 窗口的左侧会新增文件链接，单击该新增文件，在 Preview 窗口可查看文件内容。

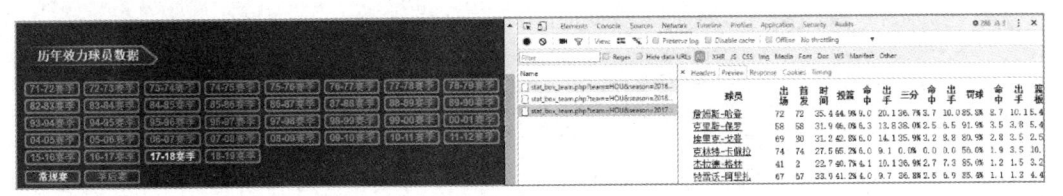

图 10-21

201

如图10-22所示，单击"Headers"按钮，从"Headers"窗口可以看到请求"RequestURL: http://www.stat-nba.com/team/stat_box_team.php?team=HOU&season=2017&col=pts&order=1 & isseason=1"。

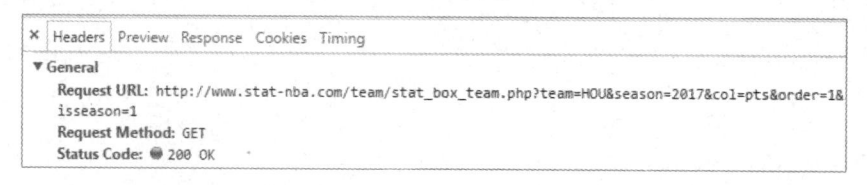

图 10-22

数据加载好后，就可以将需要采集的球队和年份数据作为参数导入采集过程。如图10-23所示，将表10-2中的数据填入Excel工作表，在"数据"选项卡中选择"自表格/区域"选项，将数据导入Power Query编辑器。

如图10-24所示，由于数据不是表格形式，因此会弹出"创建表"对话框，在对话框中勾选"表包含标题"复选框。

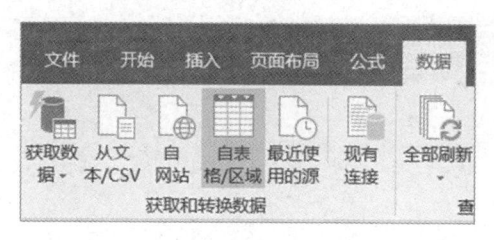

图 10-23 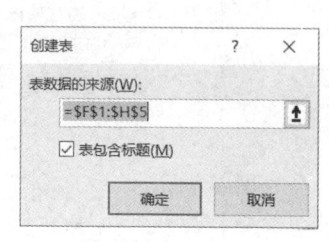　　　　　　　　　图 10-24

如图10-25所示，进入Power Query编辑器后，先将年份的格式设置为文本，便于后续作为参数传入URL中。

如图10-26所示，创建目标URL，在"添加列"选项卡中选择"自定义列"选项。

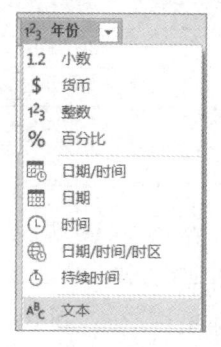

图 10-25 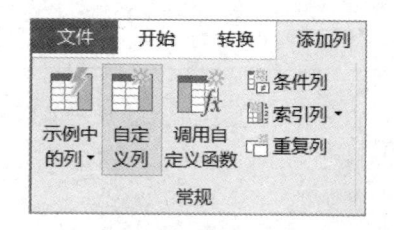　　　　　　　　　图 10-26

如图10-27所示，在"自定义列公式"输入框中键入"="http://www.stat-nba.com/team/stat_box_team.php?team="&[缩写]&"&season="&[年份]&"&col=pts&order=1&isseason=1""，并将新列名设置为"URL"。

创建好URL后，根据URL下载文件，如图10-28所示，在"添加列"选项卡中选择"自定义列"选项。

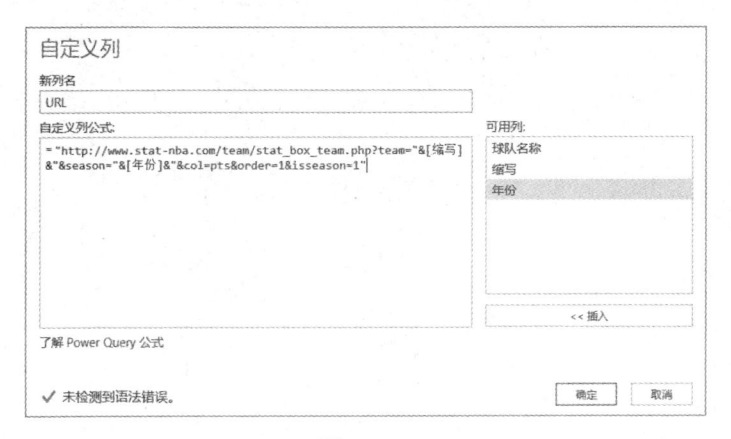

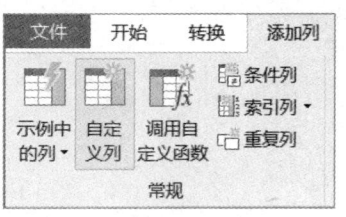

图 10-27　　　　　　　　　　　　　　图 10-28

在"自定义公式"输入框中键入公式:"=Web.Page(Text.FromBinary(Web.Contents([URL]),65001)){0}[Data]",并将新列名设置为"URL",如图 10-29 所示。

M 函数说明:

"Text.FromBinary"函数将二进制文件转成文本,其语法结构为:Text.FromBinary(binary as nullable binary, optional encoding as nullable number) as nullable text。本例使用该函数是为了解决乱码问题,第二个参数"65001"表示 UTF8 编码。

如图 10-30 所示,成功下载数据后,展开 Table,空列可以直接取消勾选,并且取消勾选"使用原始列名作为前缀"复选框。

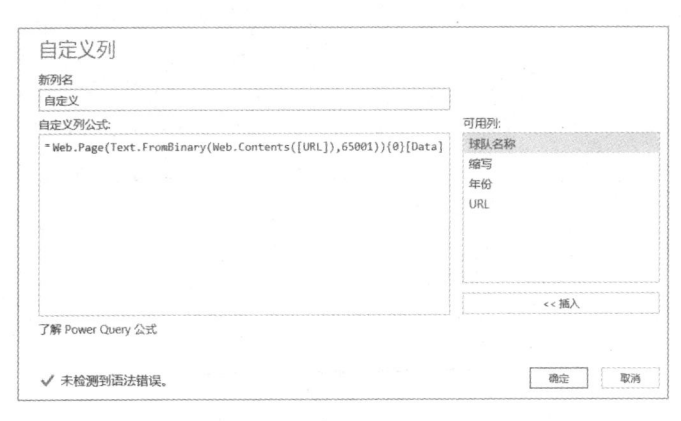

图 10-29　　　　　　　　　　　　　　图 10-30

展开数据后,取消勾选"总计""全队数据""对手数据"3 个复选框,如图 10-31 所示。

如图 10-32 所示,在 Power Query 编辑器的"开始"选项卡中,选择"关闭并上载"选项。

加载的球员表现数据如图 10-33 所示,这样就可以很清晰地对比球员的数据了。

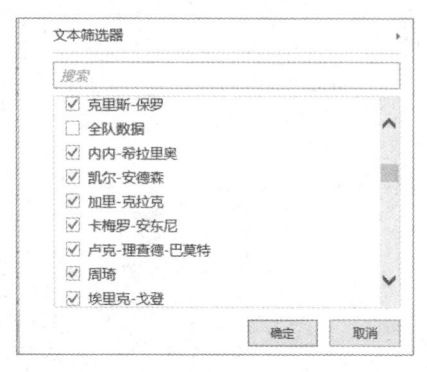

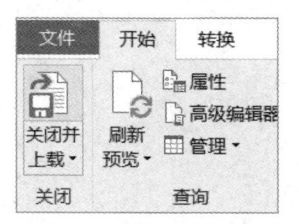

图 10-31　　　　　　　　　　　　　　图 10-32

	A	B	C	D	E	F	G	H	I	J	K	L
1	球队名称	年份	球员	出场	首发	时间	投篮	命中	出手	三分	命中2	出手2
2	马刺	2017	拉玛库斯-阿尔德里奇	75	75	33.5	51.0%	9.2	18.0	29.3%	0.4	1.2
3	马刺	2017	科怀-伦纳德	9	9	23.4	46.8%	5.8	12.3	31.4%	1.2	3.9
4	马刺	2017	鲁迪-盖伊	57	6	21.7	47.1%	4.4	9.4	31.4%	0.6	2.1
5	马刺	2017	保罗-加索尔	77	63	23.6	45.8%	3.7	8.1	35.8%	0.6	1.6
6	马刺	2017	帕特里克-米尔斯	82	36	25.7	41.1%	3.4	8.3	37.2%	1.9	5.0
7	马刺	2017	马努-吉诺比利	65	0	19.9	43.4%	3.1	7.1	33.3%	1.0	3.0
8	马刺	2017	丹尼-格林	70	60	25.6	38.7%	3.1	8.0	36.3%	1.7	4.6
9	马刺	2017	德章泰-穆雷	81	48	21.5	44.3%	3.3	7.5	26.5%	0.1	0.4

图 10-33